岭南民俗文化

叶春生◎著

广东高等教育出版社
Guangdong Higher Education Press
广州

图书在版编目（CIP）数据

岭南民俗文化/叶春生著．—广州：广东高等教育出版社，2011.8（2014.1 重印）

ISBN 978-7-5361-4119-3

Ⅰ.①岭… Ⅱ.①叶… Ⅲ.①风俗习惯-研究-岭南 Ⅳ.①K892.465

中国版本图书馆 CIP 数据核字（2011）第 160368 号

广东高等教育出版社出版发行

地址：广州市天河区林和西横路

邮政编码：510500　电话：87551597

广东省新华书店经销

佛山浩文彩色印刷有限公司印刷

开本：787 mm×1092 mm　1/16　印张：14　字数：251 千

2011 年 8 月第 1 版　2014 年 1 月第 6 次印刷

定价：25.00 元

目　录

第一章　导论：岭南民俗与百越文化

第一节　民俗文化的概念及其分类

民俗学与文化学从严格的理论角度讲，它们属于两个学科，它们之间有些叠合、交叉现象，“五四”运动以后，推广白话文，宣传通俗文艺，搜集整理民众的口头文学，使之逐渐融为一体，于是在1989年纪念“五四”运动70周年的学术讨论会上，钟敬文先生正式提出了“民俗文化学”这个概念。他说，“民俗文化”是世间广泛流传的各种风俗习尚的总称，它包括民间的物质文化、口头文学及一切非物质文化遗产。

一、传统概念的演绎

“民俗文化学”的含义是什么？钟敬文先生说，它是对于“作为一种文化现象的民俗”去进行科学研究。① 因为过去人们谈论文化只着眼于上层的精英文化，而忽略了中下层的大众文化；而研究民俗，也没有把它当做一种文化现象，只认为它是民众的知识、信仰和习俗，是流行于文化较低层的民族或保留于文明民族中的无学问阶级里的东西。英·班尼（C. S. Burne）包括最先使用“民俗学”（Folklore）一词的威廉·汤姆斯也说：民俗是在普通人中流传的信仰、传说及风俗。从Folklore这个词的组成，词根Folk本义为未受过教育的平民共同体，lore为知识、智慧。多年来，民俗学、民间口头文学同时使用这个词Folklore。但各国学者对它的理解并不一致，英法学者以它指代某一地区的传统风习、传说 、歌谣；德国学者侧重传统信仰、劝世良言、民间谣谚；美国则指公共场所的民间歌舞、节日庆典仪式和老者讲述传奇故事，苏联则把民俗学视为资产阶级的学说，很少有人问津，而以“口头创作”或“口头文学”来表述民间文艺。受这派观点影响，我国民俗

---

① 钟敬文．民俗文化学［M］．北京：中华书局，1996．

学式微达半个世纪。日本则指地域性、历史性的独特生活方式。

民俗文化学的倡导，正好把这些学科套叠、交叉的现象融合在一起。其实，早在19世纪后期，人类文化学的先驱英国学者爱德华·泰勒在其名著《原始文化》中，就把古代的一些民俗事象，如信仰 、习俗、艺术、知识等称为“文化遗留物”①，把民间物质文化、社会组织、意识形态乃至口头语言都纳入了他的视野，与当今非物质文化遗产的概念相应巧合。联合国教科文组织2003年10月17日在巴黎通过《保护非物质文化遗产公约》把非物质文化遗产的内涵概括为五大方面：①口头传统的表现形式。②表演艺术。③社会实践、礼仪、节庆活动。④关于自然界和宇宙的知识和实践。⑤传统手工艺。第一项，即我们通常理解的“民间文学”。第二项表演艺术，即戏曲、音乐 、舞蹈等，目前我国进入世界“非遗”名录的昆曲、古琴、粤剧等均属此项。第三项对民俗礼仪活动中涉及图腾、宗族神灵崇拜祭奠等敏感话题，谨慎而为。特别是第四项，“关于自然界和宇宙的知识和实践”，其中有许多神秘的不解之谜，按照西方自然科学“实证主义”的概念是无法解决的，而我国民众在实践中早已总结出丰富的经验，他们中有许多高人，所谓星相学家、阴阳先生、风水大师、神医、神针等，绝非子虚乌有的传说。我们的专家囿于泰勒的定论把这一项归结为“民间知识”，包含“天象、农耕、田猎、游牧、航海、历算、风水、强身、祖先崇拜及民间礼仪等方面的知识”。② 其实，还有更为丰富的中医、针灸、气功、星相、灵异、巫术、征兆、物候、遥感、问米等，单就传统中医药和风水两项，就是一笔很大的非物质文化遗产。目前关于中医药的申报，已经引起了有关部门的重视，而“风水”的理念，依然被视为雷区。

二、分类的标准和意义

民俗的类型较为纷繁，有按内容，有按地域，也有从方法论等方面区分的。就其内容而言，钟敬文先生主编的《民俗学概论》分为：物质民俗、社会民俗、精神民俗和语言民俗。如果细分，物质民俗还可分为生产民俗和生活民俗；生活民俗又可分为饮食民俗、居住民俗等。按地域分，也有大小之别。大区域如关东、中原、吴越、荆楚、岭南等，若细分各区还可自成许

---

① （英）泰勒. 原始文化［M］. 上海：上海文艺出版社，1992.

② 刘锡诚. 转变理念正当时［J］. 西北民族研究，2009（2）.

多体系。不同的体系，不同的事象，作为不同的研究对象，采取不同的研究方法。民俗文化的类型是一种民众共同创造、共同遵守的范式，在不同的地域、不同的群体中有不同的表现，造成这种现象的原因在于文化背景的差异，以及地域、时代、生活环境所铸造心理的不同，因而产生了不同的行为和审美价值取向。区域民俗学所研究的就是这些问题。

民俗学本身就已包罗万象，民俗文化学涵盖更广，这里边牵扯到民俗的定义、文化的定义、学科的范围界限、时空观念的变换等许多方面，历来众说纷纭，最早给民俗分类的当是英国的高梅氏（亦作哥麦，S. L. Gomne），他把民俗分为四大类：①观念和迷信的信仰，包括自然界的精怪，冥界的幽灵，法术、禁厌术、占卜等。②旧传的风俗，包括节俗、礼俗、游戏等。③旧传的叙事谭，包括童话、寓言、传说、故事、歌谣等。④民间成语，包括韵语、谚语、谜语等。班尼女士根据他的主张，把民俗修订为三大类：①信仰和行为。②习惯。③故事、歌谣和谚语。在宽泛的类目下，添加了许多的项目，如关于宇宙、生物、魂灵、命运、符咒、预兆、死亡等，还有各种习惯与仪式。她认为，民众心理方面的事物，与工艺技术无关，例如民俗学家所注意的不是犁的形状，而是用犁耕田时的仪式；不是渔具的制造，而是渔夫捞鱼时所遵守的禁忌；不是桥梁屋宇的建筑技术，而是建筑时所行的祭献。法国民俗家桑狄夫也作过一些分类，他把民俗分为：①物质生活、含经济生活、饮食居住劳动等。②精神生活，含语言、审美、观念智慧等。③社会生活，含血缘关系、地缘或政治结盟等，其中也有一些容易混淆的部分。

日本民俗学之父柳田国男把民俗分为三大类：①旅游人用肉眼直接观察到的有形文化，包括衣食住行、人生礼仪、婚丧嫁娶等风俗。②旅居、逗留人可直接听到的语言艺术（口碑），包括传说、故事、歌谣、谚语、俗语等。③非土生土长的人不可理喻的心意现象，包括信仰、迷信、禁忌、巫术、方术等。

我国学者惯用生产民俗，生活民俗（或细分为岁时、衣饰、饮食、居住、婚嫁、丧葬、社团等），游艺民俗，语言民俗，信仰民俗等，其中也有一些叠合、交叉的现象，具体到物质与精神、经济与文化、行为与心理，很多东西是密不可分的，如婚俗中的礼仪禁忌，住房风俗中的构建、心理，都包含着物质和精神的两个方面。须知民俗的生成是客观的，不是因应后人的分类需要而产生的，因此分类也不必强求一致。

在现实生活中，民俗也会因为研究分类的异样而去削足就履。分类是为了更好地研究梳理，传承或扬弃，改造或创新，使之更好地为新生活服务。民俗大部分属精神范畴，所以它的精神因素、心理因素较明显，作为一种精神调适和寄托，于构建和谐社会甚有裨益，是我们建设文化强省不可忽略的一个方面。

三、区域民俗的界定与研究

区域民俗是指特定区域（如岭南、荆楚、关东）内由于人文地理的原因而形成的具有共同特点的民俗事象，研究这些共同民俗事象的成因、特征、功用、关系等的学科，就是区域民俗学。这一“特定的区域”，和自然区域、行政区域、方言区域有一定关系，但不完全等同。如岭南，从自然区域上看，它泛指五岭（越城岭、都庞岭、萌渚岭、骑田岭、大庾岭）以南的区域，若从行政区域的角度看，它包括广东、广西、海南和云南东南部分地区；从语言（方言）区域看，它涵盖了粤方言、闽方言、客家方言和北方方言的西南官话，还有闽南方言的次方言（雷州的黎话），但从区域民俗的角度看，区域民俗既要考察山川自然对物产风情的影响，作出像《岭表录异》、《岭外代答》这样的报告，也要从行政区域的设置与变迁来考察它与区域民俗的关系，如现广西的钦州地区，过去属广东湛江地区管辖，其风土人情，包括语汇方音，都与粤西地区相似。与粤西地区山水相依从的广西梧州，素以西江水系跟广东一脉贯穿，故衣冠习气，几同广东，梧州还有“小广州”之称。

这些特定区域内的民俗事象，经过多年的历史积淀，不少已成定格，深深印在人们的脑海中，成为该区域的人文特征或某一方面的代表。如食在广州，玩在苏州，住在杭州，死在柳州；北京人什么话都敢讲，东北人什么事都敢干，上海人什么衣服都敢穿，广州人什么东西都敢吃。讲到饮食风格，人们自然会说：南甜北咸，东辣西酸。山西人爱吃醋，那是出了名的，历史上的“晋商”，也是出了名的。说到经商，除了“晋商”之外，还有个“温州帮”和“潮州帮”，他们都是驰骋商场的好手，提到湖北人，人们自然会想起九头鸟；见到江西人，人们自然会呼一声“老表”。陕北的婆姨情怀火热、江南的姑娘温存柔美、东北的汉子强悍豪爽。就是这些细微的事象，凸显着区域民俗的性格，使之成为一门不可或缺的学科。

我们研究区域民俗，就是为了探究它的来龙去脉，发掘它的文化底蕴，把握它发生、发展的特点和规律，以决定对它的扬弃或传承，协调它与民生的关系，促进社会的繁荣稳定。

（一）探究来龙去脉

每一种区域民俗的发生，都是因应生活的需要，根据当地的条件而产生的。客家围龙屋很有特色，一般建筑在依山傍水的丘陵上，外观呈半圆形，层层叠起，宛如一条盘缠的巨龙。整座建筑就像一个营垒，大的可住三五百人，是我国五大传统民居之一。围龙屋多用黏土加石灰、糯米、糖浆等夯成，坚固厚实，具有较强的抗震防风和抵御外敌的能力。这与客家族群几度南迁时遭遇的艰辛有关。他们的居所布局也很讲究，晒坪前有一弯半月形的池塘，天井里假山、鱼、花木错落有致，门楣书有本族堂号，标明他们是中原某某望族的后裔，两侧贴有楹联，表现了客家人强烈的宗法观念和怀旧意识。这也从另一个侧面反映客家先民刚强自信、艰苦创业的性格。他们自中原落籍岭南山村，希望有朝一日重振伟业，光宗耀祖。他们的业绩，树起了客家人的光辉形象，也为岭南民俗文化增添了一笔财富。

（二）发掘文化底蕴

对区域民俗的认识也有一个过程，局内人久居芝兰之室而不闻其香，见宝不识宝；局外人旁观者清，可能被异乡的新事象所吸引，但要深入了解其内涵还要细致观察，周密了解才能觉察它的奥妙，发掘它的文化品位。如广州骑楼建筑，在外省人眼中它成了广东建筑文化的特色，上海有条广东街，就是因为它有“骑楼”。这在广东却很平常，一说“骑楼”大家都懂，那是指楼房前座跨入人行道架空而起的部分，它使两旁的房屋连成一体，形成一条长廊，可替行人遮风挡雨，防止日晒，特别适合岭南地区高温多雨的特点，给长廊店铺的橱窗遮挡阳光，招徕顾客，是商业城市的产物。这种建筑最早盛行于南欧、地中海一带。那里高温多雨，有许多古典式的卷廊建筑，鸦片战争后传入中国，与广州传统的飘檐式建筑相结合，演变为轻巧通透的“骑楼”，最早于 1888 年出现在广州一德路，后各商业区争相效仿，上九路、下九路、中山路、将军东、人民南一带相继出现，辐射至全省各市镇，如中山市的孙文西路、佛山市的普君圩乃至广西的梧州一带。它不但是商业城镇的标志，也是中外文化交融的结果。现不少地方把它打整一新，作为商业步行街，就是看到它的这一文化价值。

（三）把握特点规律

区域民俗的差异，有目共睹。区域民俗的相互影响和交融也是有规律可循的。民俗作为一种文化现象也和文化交融一样，弱势群体的影响一般不如强势群体，特别是政治、经济上占主导地位的群体，其影响力必然大些，它甚至可以采取一些强制的手段，推行他们的生活方式，所谓“上导之为风，下习之为俗”，就是这个道理。南唐宫廷的缠足之风，因为统治阶级的倡导，使中国妇女遭受了很多苦难，但它还是横行了几百年；清朝统治者要臣民留象征“一统中原”乌龟辫，辛亥革命时，革命党人又要人们“留头不留辫，留辫不留头”，都带有一定的强制性。强制的活动，很难习以成俗，如“四人帮”横行时强制人民搞“三忠于”活动，跳“忠字舞”等，一阵风就过去了。

20世纪50年代初期，政府部门为了某种经济的目的，让人们不分男女老少，都穿苏联花布，闹了许多笑话，很快也就终止了。某些民俗，由于它有特殊的美感，又适应生活的需要，就自然在群众中流行起来，如唐装、旗袍、中山装，几乎成了某个时段中国的国服；而某些民俗，尽管政府大力倡导、扶持，由于受主流文化的强烈冲击，也几乎湮没了。掌握这些特点，顺应生活的需要，因势利导，才能收到更好的效果。

随着全球经济一体化的进程，经济强势与政治强势对区域民俗的影响也发生了变化，经济强势越来越显示了它的威力。20世纪80年代以来，东南沿海及珠江三角洲地区的经济飞速发展，大批民工从内地奔赴上海、江浙一带打工，上海一些服务业在招聘雇员时规定，能操吴方言者优先；广州的茶楼，原本就是商业社会的产物，因此迅速传遍了大江南北，到处都可“饮早茶”，吃“生猛海鲜”，影视传媒也操几句不咸不淡的广东腔，许多风俗习尚也向经济强区看齐。研究区域民俗要把握这些规律，及时调整我们的策略，跟上时代的步伐。

（四）褒扬新风美俗，促进民生繁荣，建设幸福家园

民俗因民生而起，民生的荣辱兴衰与之关系甚密。区域民俗得以长久流传者，必然经过历史的陶冶，多为美俗良俗。今天研究区域民俗，就是要找出该区域最有特点的新风美俗加以褒扬、推广，协调人际关系，构建和谐社会，促进民生繁荣，建设幸福家园。

目前不少部门都已注意到这个问题，但多从经济着眼，许多地区利用民间信仰，大肆建庙设神，搞游神赛会，争夺旅游资源，影响极坏。我们应该科学地开发和解读以上资源，以促进社会和谐。民间信仰中有一些资源是可以挖掘升华的，如陕西参拜黄帝陵，经过打造，现已成为中华民族始祖崇拜的一种仪式，是增强民族凝聚力的一种手段。海南、高州等地的冼夫人信仰，从她维护国家统一、民族团结的风范中发掘，把冼夫人诞辰闹军坡变成纪念先贤、爱国爱乡的美俗，把冼夫人当年驻军琼山新坡时钟爱的五种农作物：番薯、芋头、韭葱、桑叶、橘叶视为五大吉祥物，包装上市，延续了

1 300 多年，已有一定的营商色彩。

这种效应有直接的也有间接的，有些风俗的改变不一定能产生直接的经济效益，但它能给人健康、积极、向上的力量。如成人节，自古以来就有，古时男子 20 岁行加冠礼，女子 15 岁行加笄礼，近期不少地方组织 18 岁男女青年在国旗下宣誓，表示忠于祖国、忠于人民、服务社会、服务民生，已渐成风气。近年随着知识经济的升温，人们求知欲强，家长望子成龙，各地孔庙、文庙均有开笔仪式，请名师到场训导，教习方法，传授经验；还有的地方建设当地文化名人长廊，设置历届高考状元榜，激励学子勤奋好学，早日成才。虽然渗入了一点商业色彩，但也不失为一种新风。

区域民俗的差异还提醒我们，对于我国这么一个地域广阔、民族众多、风俗各异的大国，在制定有关政策的时候，一定要考虑到这些因素。同样，开发也必须顺应历史的潮流和文化的渊源，符合民众的需求。民俗活动不能用行政命令去推行或取消。民俗作为一种文化现象，它是上层建筑，是依附于经济基础的，但它可以反作用于经济，为经济基础服务，不过千万不能作为经济的标签。

我们研究区域文化，并非要把我们的视野局限在一个区域之内，而是要把它摆到中华民族的大视野中去审视、去比较、去分析，为弘扬传统文化、铸造新风美俗、建设精神文明和物质文明服务。

第二节　岭南三大民系的形成与特征

历代迁居岭南的中原人，以及黄河流域、长江流域的群落，与当地土著民族融合后，分别构成了岭南东部汉族的“大三民系”。即：广府民系、客家民系和福佬民系。

一、广府民系

最能代表岭南文化特征的是广府民系，它是岭南三大民系中最早形成的居民共同体，是由古越人和南迁的中原移民融合而成的。历史上中原人入越较大规模的有四次，第一次是秦朝时发卒 50 万戍五岭；第二次是汉武帝派伏波将军率数十万大军南征，留守岭南九郡；第三次是北宋时高宗仓皇南逃，部分中原人随隆佑太后散落珠江三角洲；第四次是南宋末年皇室南逃，大批将士及庶民随帝南下，流散于珠江三角洲一带。这些中原移民，构成了广府民系的主流。他们所居住的地域，主要是珠江三角洲，还有粤中、粤西的一些县市，所操语言为汉语粤方言，属壮侗语族，这是以古越族语为主，融会了中原古汉语成分的一种方言。由于珠江三角洲一带土地肥美，气候温和，水系纷繁，作物丰茂，为多层次的农业经济构架提供了有利的条件，又有得天独厚的贸易大港广州作依托，所以在两宋时代，珠江三角洲的开发已初具规模，南宋时成为岭南著名的粮食产区和经济作物基地，明代后期已开始向商品化的方向发展。19 世纪中叶广州就已成为具有世界影响的华南商品交换中心，这就决定了广府民系的群体心态与性格特征：他们不怀旧，不拘泥于历史，富于冒险，勇于开拓，容易接受外来的新事物，又善于融合、消化、吸收，商品意识浓，价值观念强。他们精明能干，嬗变兼容，淡泊政治，讲求经济实效。表现在日常生活中，他们一方面对于西方物质文明大胆追求，尽情享受，另一方面又不忘本土文化。广府处处是中西文化撞击的火花，又体现出经过中原文化哺育，并有百越古族遗风的韵味。

最能体现广府民系市井风情的是广州的茶楼，那豪华的门面，趋时变奏的内部装修，园林式的清池画舫，充满艺术情趣的诗画对联，古玩盆景，精巧的中西美点，清淡鲜嫩的正宗粤菜，都是他处所少见的。人们在茶楼上交朋结友，洽谈贸易，文人雅集，江湖聚首，相面卖唱，迎来送往，宴请宾客，果腹消遣，无奇不有。茶楼就是广州社会的缩影，人情磁场的大观园，是个活的橱窗。广州的茶楼，自 19 世纪末兴起之后，到 20 世纪二三十年代，已风行整个珠江三角洲，连《中华全国风俗志》也叹为观止："广东之酒楼，可谓冠绝中外。其建筑之华美，陈设之幽雅，器具之精良，装潢之精致，一入其中，辉煌夺目，洵奇观之。"在那里不仅能领略岭南饮食文化的风味，还可看到广东社会的人生百态。

还有开放灵动的西关文化，也是岭南文化一张亮丽的名片。那商贸繁盛的十三行，商贾云集的西关大屋，渔舟唱晚的荔枝湾风情，特别是那仪态端庄、温文尔雅、秀外慧中的西关小姐，甚至大屋的趟栊、吊脚门，麻石小街，街边小食，飞机榄，云吞面，五百罗汉寺，西来初地的五眼井，粤曲私伙局等，都能勾起人们对历史的记忆。由西关小姐到东山少爷，由西关大屋到东山的小洋楼，即如民谚所云："有权有势住东山，有钱没势住西关，没钱没势住河南（今海珠区）。"这就是当日广州的写照。

再就是充满岭南传统节日气氛的广州除夕花市。那十里长街，摆满各种鲜花，任君选购。爱花惜花的广州人，络绎不绝，穿梭其中。还有"卖懒"的少儿，招摇过市，那热闹的情景，也是非亲临者所难以品味的。还有那元宵灯会的花灯剔透玲珑，多姿多彩，令人目不暇接。再有广州七夕风俗之纤巧，重阳登高之踊跃，冬至节日之隆重（广州人谓“冬至大过年”），这些都是很能反映广府民系亮丽新奇，嬗变多姿的民俗风情。

二、客家民系

最能反映岭南文化与中原文化交融变异的是客家民系的风俗。现在居住在广东的客家人，大多是两晋时期中原地区的“衣冠望族和朝廷命官”，亦有部分在黄河流域和长江流域的群落，先后经过三次大搬迁，才到粤、闽、赣山区的三角地带落籍的，后有一部分又迁入广西。开始他们生活在四面封建割据的小王朝包围之中，基本上不与土著居民交往，长期过着以家族为核心的集体生活，宗族观念很强，多次迁徙和重建家园的劳动，培养了他们吃苦耐劳的性格和一定的“山地意识”，后与当地土著畲族部分融合，构成客家民系。

“客家”是相对于“主家”而言的一种称谓。“客而家焉”，作客他乡，并以之为家者，即谓客家。他们是汉民族中一支特殊的民系，有独特的生活习俗、独特的文化和语言，是中原先民经过多次迁徙南来，落籍于粤、闽、赣三省交界处山区的群落。他们有强烈的自我认同意识，自成一方区域社会，自操一种方言（客家话），乃汉语七大方言之一。客家人有强烈的祖先崇拜和深沉凝重的历史意识，浓厚的乡土情结，即使漂洋过海，离乡背井，也不忘故土亲人的情谊，那是农业社会、农耕生活传统的一个显著特征。客家人崇拙尚简，民性质朴，气习劲毅，不求华侈，特别是客家妇女，勤俭持家，吃苦耐劳，无不与粗犷的农耕生活相关。在农耕社会里，人们世代生活在乡村的故土上，“乡土情结”渗透在客家文化中，铸造了他们求真务实的品格，培育了他们强烈的祖先崇拜意识，对先贤开基创业的敬重与缅怀，表现出一种深沉凝重的族群历史感。客家人关于“伯公”、“公王”的信仰，实际上就是把这些开埠的先贤神格化。

故此，有人把客家民性概括为五个方面，即：客性、山性、祖性、土性、神性，亦可谓一家之言。①

客家人始终操持着别成一系的客家方言，恪守“宁卖祖宗田，莫忘祖宗言”的谚训。该方言与北方方言接近，是从中原古汉语衍化而来的，至

① 邱远，等．试论客家民性的特质［M］//吴善平．客家文化学术研讨会论文集．哈尔滨：黑龙江人民出版社，2010.

今仍保留有较多的古汉语单音节词。这些“衣冠望族”的后裔，虽被迫辗转逃入岭南，但仍念念不忘祖宗盛德，常以族谱、家谱、堂联等方式向子孙宣扬本家族的荣耀。他们多以族团围屋而居，形如堡垒，时刻防范外人的袭击。围屋大门楣上都有本族堂号，大门两侧贴有堂联，标榜自家是某某望族后裔，决心光宗耀祖，重振家声等。他们也真是身体力行，克勤克俭，艰苦创业，在海内外远播声威。客家人尊师重教，崇尚诗书，秉承了中原文化“书香门第”的特质，具有较高的文化素养。客家人一向以读书为荣，以读书识字为“一技之长”。不少家族设有公学田，以农产收入作为族中子弟读书之用。客籍华侨捐资办学，蔚然成风。客家人最密集的梅县素有“文化之乡”的美誉。这个诗书礼仪之乡，确是出了不少人才，在岭南文化史上有着光辉的一页。这一文化氛围促成了客家民间的歌唱风俗，客家山歌成了客家民俗的典型风习。客家人爱唱山歌，确是到了“一日三餐歌送饭”的地步。上山打柴，下地犁田，谈情说爱，开会发言，甚至吵架，都用山歌。人们出口成章，才华横溢。客家地区到处歌声嘹亮，此起彼伏。每逢元宵或中秋佳节，各县市都有盛大的山歌打擂台活动，五华县还有五年一度的“山歌醮”。客家山歌风格迥然于广东其他民歌，以其纯朴自然，想象丰富，比喻贴切，双关巧妙著称，从中不难看出它在手法上对《诗经》赋、比、兴的继承和发挥，体味到中原诗风的光大。特别是它那形象生动的比喻和联想，具有强烈的艺术感染力，使人久久难忘。近年，人们还在此基础上创造了山歌剧、山歌舞等形式，使客家山歌更能展示客家的人文风情。

客家文化是中国汉民族文化中一个独具特色的民系事象，它源流长，历史悠久，内容丰富，影响广泛，不是一般的地域文化内容所能涵盖的。客家人遍布全球的每一个角落，起着文化交流、传播使者的重要作用。

三、福佬民系

福佬民系，是指操闽南、闽北方言的群体，地域分布为潮州、汕头以及海南岛一带，并有一部分由福建迁入广西。福佬民系的形成，是由当地的土著居民闽越族人与两晋以来移入该地区的中原汉人融合而成的。潮州地区先秦时属闽越，汉时还是一处未开发的海滨荒芜之地。直到东晋时代，才开始受到重视。东晋义熙九年（413 年）设立了义安郡，郡治就在今天的潮州市。唐天宝元年（742 年）置潮州郡，这是潮州文化繁荣的重要起点。唐宋以后，潮州商业贸易迅速发展，成为粤东最大的商业中心。“自省会外，潮郡为大”，“他郡县皆不及”（《潮州府志》）。清朝康熙、雍正年间，海阳、澄阳两县的商贾，生意做到沪杭、津门一带，省内远至雷州和海南岛。后来他们还远到东南亚等地经商，为当地的开发和商业文化立下了汗马功劳。至今潮汕人仍具有强烈的商品意识，参与商品经济特别活跃，都与这一潜质有关。商业经济的交往，人际关系的开拓，需要一种从容典雅的气氛，潮州功夫茶成了人们待客交友，休息闲聊不可缺少的饮食艺术，它不同于广州茶楼那种综合性的享受，而表现出一种古雅、飘逸的风格，正好反映了古老而又年轻的潮汕平原的风土民情。不论男女老少，士农工商，没有一个不喝茶的。旅居国外潮籍华侨，还以此来认同呢！那小巧玲珑的茶壶，配套齐全的茶具，精工泡制的技艺，礼仪考究的程式，都不亚于日本的茶道，表现了潮州人精雕细琢，香浓可口的美食风格。这与潮州人喜欢“食糜（稠粥）”，用餐时端着大碗小碟，随便席地而坐，形成了强烈的反差。那富丽的潮剧，典雅的乐曲和充满乡情野趣的游大标、扣英歌不也是这样吗？这大概也是古老而年轻的又一表现吧！

作为福佬民系中心的潮州市，不仅具有丰富的人文历史资源，文物古迹保存也相当完好，城内大片明清时期的民房和古城墙建筑，青石板的马路，金碧辉煌的大小祠堂，会把人们的情思引向遥远的过去。到了春节、元宵、中秋等传统节日，人们演春色、赛大标、斗锣鼓、扣英歌、游灯屏，城乡大小谜坛击鼓报猜，好不热闹；还有那充满神奇色彩的湘子桥，现已修整一新，真是“到广不到潮，白白走一遭；到潮不到桥，白白走一场”。据此，人们总结了福佬民俗的五大特点：①重教兴学，书院林立，文风鼎盛。②亲宗社团，活动频繁，凝聚力强。③娱神活动，五花八门，艳心炫目。④赛会攀比，争强好胜，夸耀乡里。⑤精明务实，工趋淫巧，美奂绝伦。实不为过。

四、百越古族与水上居民（疍族）

（一）百越古族

原广东境内虽有七个少数民族聚居，其中满、回、苗、瑶族，都是在各个特定的历史时期，由于各种原因而先后从外地迁入广东定居的，只有黎族、壮族、畲族是广东土生土长的少数民族，其中壮、黎二族即岭南百越古族的后裔。故此，在风俗文化方面依然保留着古越族的一些特征，并与其他民族、民系的风习相互影响，构成了岭南文化的群体征象。

原广东少数民族人口最多的是黎族，主要聚居在现海南省五指山地区，即古百越族的一个支系——骆越族人聚居之所；其次是壮族，是由古代百越族中西瓯、骆越人发展而来的，现居住在广东的壮族同胞主要分布在连山、连南、怀集等县，他们是五百多年前从广西迁入的。再就是瑶族，广东的瑶族大部分“自荆南五溪而来”①，亦有部分是从广西迁入的。早在隋唐时代，粤北地区已有不少瑶胞居住。中唐著名诗人刘禹锡被贬连州时曾写有不少描述瑶族风情的诗歌。广东的瑶族大致分为排瑶与过山瑶两大支系。排瑶聚村（排）而居，主要集中在连南、连县一带。过山瑶较为分散，流动性大，分布在粤北和粤西山区。他们都自认为盘瓠的子孙，奉盘古王为他们的祖宗，信奉狗图腾。每年十月十六（有的地方是八月十二）为盘古王诞，便是他们最盛大的民间节日，届时要举行隆重的“耍歌堂”活动（每3年至5年一次）。与排瑶“耍歌堂”相似，过山瑶有“坐歌堂”（或称“唱歌堂”）活动，多在室内以家庭为单位进行，时间也不限于十月十六，凡有节日喜庆都可举行，多在晚上，请来师公、歌婆，唱歌酬神，祭拜祖宗，祈求丰收。现已变成了民间庆丰联谊的一种文化娱乐。

再就是畲族，那是岭南地区一个古老的民族。现浙江、福建、江西、安徽等省的畲族同胞，都是从广东迁去的。他们的祖籍就在广东潮州凤凰山。不过，由于历代封建王朝的压迫，他们多次大规模的迁徙，现今广东境内的畲族同胞，仅剩下3 000多人了，畲族同胞公认他们是龙犬盘瓠的后代，长期保存着记述本民族起源的《高皇歌》，还有绘制着盘瓠画像的“祖公图”，每逢年节祭拜，每隔三五年还要举行一次隆重的大祭，《高皇歌》中说：“广东路上有祖坟”，“进出蓝盘雷祖钟”，确认他们的祖先盘瓠死于广东，葬在凤凰山。

每逢春节、端午、中秋，便是祭祖公的日子。祭奠由男性长者主持，先拜门外，恭请狩猎大公回祠，再回身拜正壁中央的祖公图，然后讲述本族的光荣历史。畲族的祖先崇拜，明显带有古代图腾崇拜的遗迹，并反映了他们民族历史上狩猎的特长，严谨的祭奠仪式，保存了民族的传统文化，增强了民族的凝聚力，这无疑是对封建高压的一种反抗。畲族妇女至今保持穿“凤凰装”的习惯，据说这是高辛皇后赐给小公主的嫁妆，代代相传至今，成为该族衣饰文化的一个特征。

这些土著民族，与后来先后迁入广东的苗、瑶、回、满族同胞以及汉族人民一起，在南粤大地上辛勤劳作，努力耕耘，创造了丰富多彩的岭南文化。

---

① 顾炎武．天下郡国利病书［M］．卷一四〇，广东八．

（二）水上居民

广东直至新中国成立前夕，仍有水上居民 20 多万人，栖居在 3 万余艘不同类型的船艇之中。① 他们聚居在珠江口一带，包括番禺、顺德、三水、新会、台山、东莞、中山、珠海、深圳乃至香港等地。他们长期泛舟江河，以捕捞鱼虾，运输贩盐为生，史籍上称之为“蛋民”，根据不同的作业，又有鱼疍、蚝疍、木疍之分，他们居无定所，以舟楫为家，长年累月袭居水国，分散在广东省江河湖海之畔，过着水上的“游牧”生活。特异的生活环境铸造了水上人特异的性格和习俗，使它有别于其他人类共同体，而备受人类学家、社会学家和民俗学家的注意。

“蛋民”由于没有固定的地域居所，其以为家室的舟楫漂泊不定，分布又相当广泛，体质特征与珠江口各县水网地段的陆上居民相似，其群体内通用语言为粤方言，虽然语音上有所变异，但未发现有属于其他语系语族的特殊要素，所以新中国成立后没有被认定为一个“民族”。这个群体的来源与古越族有关，但秦代以降，由于中原汉人的渗入，他们最迟在明代初年已不附于少数民族，而成为汉族的一个复合群体。② 历史上封建统治者蔑称他们为“蛋僚”、“蛋蛮”，广东人又认为“蛋”无出头之日，视为不恭之语，因此新中国成立后一律改称“水上居民”，他们虽无语言、文字、地域的特定因素，但由于共同的经济生活以及表现在共同文化上的共同心理素质有别于其他群体，展示了特异的人文风貌，成为岭南风俗中引人注目的一个部分。

水上居民生活习俗的最大特点就是“浮家江海”、“以舟为居”，陆居者亦多于江河沿岸搭个简易的“茅寮”或“水棚”，一叶扁舟，既是他们的居室，又是运输和生产工具。长期的水上生活，练就了他们一身好水性，“蛋人俱善没，旧时绣面文身，以像蛟龙。行水中三四十里，不遭特害，称为龙户”。③ 水上人家的小孩，不论男女，都喜欢戴个银镯子，刻上“长命富贵”、“出入平安”等字样，有的戴上小玉扣，以红绳绑在手上，能爬会走之后，背上都绑个葫芦之类的浮水物，上面贴着符咒，以防小孩没水。水上人的名字，男的多带一个“金”字，女的多带一个“娣”字，希望她能带来个弟弟。孩子都有乳名，多用动物名称，如猫仔、狗仔、猪仔之类。水上

---

① 陈序经．疍民的研究［M］．上海：商务印书馆，1946．
② 张寿祺，等．珠江水上先民“蛋家”考［J］．社会科学战线，1988（4）．
③ 清·范端昂．粤中见闻［M］．广州：广东高等教育出版社，1986．

居民的男青年喜欢结拜兄弟，女青年也喜欢结拜姐妹。两人叫“相知”，四人叫“会友”，六人叫“友堂”。“天后诞”他们又叫“送大舅节”，言是日大舅来给天后娘娘贺诞，必有南风起，次日转为北风，送贺诞的大舅回归。三月初一为水上居民“买力日”。其时妇女必向陆上行人呼喊：“一二帮快，帮快，姑娘婆嫂的力都来哩！”据说这样可以“借力”，以应付终日舟楫之劳。水上居民“拗鱼”很有办法，往往是先煮好饭才下罾找菜，或者是一边煲粥，一边下罾“拗鱼”，鲜美可口，现在广州一带的“艇仔粥”就本此而来，成为一种风味小食。水上居民男人喜欢饮酒，女人喜欢吃姜，这与他们的水上生活有关，姜、酒都可驱寒去湿。平常喜欢的“打边炉”、“剥虾筒”、焖狗肉都离不开姜、酒。由于水上生活比较艰苦，他们养成了粗犷、豪爽、顽强、刻苦的性格，一般水上人臂粗、臀大、脚板宽、腰板硬，姑娘尤为显著，这与他们终日撑船摇桨有关。水上人的婚娶，相当富有诗意，男女恋爱自由，以歌为媒，“咸水歌”的衬词多以“兄哥”、“姑妹”作结。迎娶、婚宴都在船上进行。出嫁前要哭三天三夜，由姐妹陪同，唱“叹命歌”，出口成章，文词生动。饮宴时把十几只小艇并泊在一起，艇头相对，用红布在艇上搭起凉篷。经济条件好的请来楼船，紫洞艇，张灯结彩，非常热闹。“洞房”之夜，男方请来许多能歌善唱的朋友，一边“打糖梅”，一边唱歌取乐，直至深夜。

水上居民的民间歌唱主要是“咸水歌”，这是一种以粤方言演唱的渔歌。传统咸水歌的内容多以情歌为主，男女对唱，曲调较简单，男唱前两句，女唱后两句。一般为七字句，中间可任意拖腔加衬词“哎、呀、阿罗”等，男唱词结尾多用“姑妹”，女唱词多用“兄哥”，别有一番韵味。

综观以上三大民系、百越古族、水上居民的主要风俗，不难发现，岭南地区自秦汉以来，便受到中原文化的强大影响，由于汉民族的大量南迁，改变了本地区的人群结构，加上中原汉人先进的文化技术，他们不但很快在岭南立足，而且反客为主，包括至今仍称为“客家人”居住的客家地区，也出现了纯客户的乐土，如今梅县、兴宁、五华、大埔、蕉岭、平远等县，仍是清一色的客家人。现在广府民系的当时的部分古越族人，虽然表现出对南迁的“中原人”的强烈的抗拒力，使广州话至今仍保留有“古越语的词汇”，但始终抵挡不住强大的政治经济攻势。岭南民族的融合，在武力和自愿的交错中迈着艰难的步伐。至今我们仍然可以看到，许多记录着岭南先民开基创业的优美的神话，反映他们作为龙的传人的自豪的传说，表现他们宽广情怀，兼容开放的爽朗故事，以及那充满南国情调的丰富多彩的民间歌唱。民俗方面，节日的庆典，民居的演进，饮食的品味，衣饰的发展，娱乐的变迁，处处可见出岭南民俗与中原民俗的传承，特别是节日民俗方面，大同小异，主要节日如春节、元宵、清明、端午、中秋、冬至等，基本承袭中原而来，活动内容也大致相同。如春节迎神祭祖，贴春联，放鞭炮，守岁，吃团年饭，舞龙舞狮，唱大戏等，只是各地的生活习惯不同，又略有变异，北方人吃团年饭必包饺子，广东人主要是杀鸡杀鸭，“无鸡不成宴”，还讲究“年年有鱼（余）”。北方舞狮是西域传入的四脚真狮，广东舞的醒狮是一只独角“唓”兽，舞法也不一样。从中原迁来的客家人吃不上饺子，因当时广东没有面粉，只好做豆腐角，在豆腐内夹进肉馅煎之，以“豆腐角”代替饺子，寄托对中原故土的怀念。

第三节 区域民俗的嬗变及其开发利用

一、岭南民俗嬗变的特质

（一）善于吸收外来文化的开放风气

从古老的民间传说开始，就具有一种与众不同的开放心态，至今南海神庙中还立有波罗国使者达奚司空的圣像，西来初地还有达摩祖师的遗迹。通过“海上丝绸之路”，印度、阿拉伯的古代文化以及近代欧、美的文化科学早已传入广州，被吸收、改造成为本土文化的一个部分。著名的岭南画派，就是在继承国画传统技法的基础上，借鉴了西洋画的复生法及几何远近比较法之优点以及摄影等技术之长处而形成。广东音乐大胆采用了外来乐器，以其音域宽广丰厚，旋律优美嘹亮而逗人喜爱。饮誉世界的粤菜风味，不但吸取了国内八大菜系的技艺，也吸取了西菜烹饪之精要。有胆识的实业家大胆采用机器生产和资本主义的经营方式，促进了岭南地区民族工商业的发展。在文化思想方面，他们极力主张“博考各国民族之所以自立之道，汇择其长者而取之”。① 通过兴办学堂，创办报刊，组建社团等形式，宣传西方文化，加速“西学东渐”，不但在文化界产生了深远的影响，在工商界亦产生了积极的效果，历史上影响较大的“广铁”、“广彩”、“广船”、“广纱”、“广钟”等，都是南北技术融合，中西文化交流的结果，特别是改革开放以

---

① 梁启超．饮冰室全集．

来，广东人更发挥了这方面的潜质，博采中西之众长，广纳天下之贤士，在全国率先敞开大门，在对外经济、文化的交流中扮演了引人注目的角色，这并不是偶然的。

（二）努力超越“传统导向”的进取精神

所谓传统导向，是指在人们的思想和行为中，由于对传统的崇拜而形成的一种极力维护传统的现象。这种“传统导向”在人类社会早期有一定的标杆作用，而随着社会生产力的发展，它的积极作用就逐渐减弱，而消极保守的一面则日益显露。岭南地区远离中国传统文化内核，处处迸发出一种超越“传统导向”的进取精神。这一方面表现在对固有文化传统精华的吸收，另一方面则是大胆革除传统之弊端，提倡“创造新器”、“著作新书”、“启发新俗”①。在近代文化史上，涌现了一批努力超越传统导向的文化名人，如岭南画派祖师高剑父，民主革命家孙中山，思想启蒙运动的先驱康有为、梁启超，第一个“睁开眼睛看世界”的抗英虎将林则徐，第一个跳出狭隘圈子的农民革命领袖洪仁玕，还有我国飞机制造业之父冯如，铁路工程改革专家詹天佑等，这些灿烂的群星，代表了岭南文化的思想，他们的言行与业绩，亦可见出岭南文化的特异风格。

（三）实利重商的文化倾向

广东得天独厚的地理条件，使它在唐宋时代已经成为我国重要的对外贸易区，以珠江三角洲为中心向外辐射，除广州、佛山外，东面还有潮州，特别是清中叶以后，随着国际市场对茶叶、丝绸需求量的增加，刺激了当地商品经济的发展，除广州、佛山两大商埠外，江门、石岐、九江、石湾、龙山、大良等一批商业市镇相继兴起，仅龙山一乡，就有三个桑丝圩市，西樵、鹤山种茶业迅速发展，茶叶远销欧美和东南亚。潮州商人的足迹，“上沂津门，下通台厦”，远至新加坡、暹罗一带，与珠江三角洲的商人遥相呼应，形成了当时商业系统著名的“广东帮”。商品经济的发展，对本地区的文化生活和社会心理产生了深远的影响，铸造了岭南文化讲求实利实惠，偏重商业的倾向。这种意识，在近年商贸农业的开发，文化、体育的商业化的实践中，有了进一步的发展。

从以上简略的分析中不难看出，岭南文化的发展大致上经历了三个阶段：古老的百越文化、中原文化移植岭南所产生的移民文化和西学东渐后中西方文化撞击而产生的近代文化。这些历史的因素，加上自然环境、人口源

① 康有为. 请厉工艺奖创新折.

流、经济背景诸因素，导致岭南民俗的形成。俗话说，“一方水土养育一方人”。这除了说明人们生活对经济的依赖之外，从文化人类学的角度看，生存的环境对于人类的气质、素养、观念、习俗都有重要的影响。

二、与中原文化的位差

岭南传统文化是中国传统文化的一部分，它是在大量吸收中原文化的基础上发展起来的，岭南文化根在中原。但由于地理环境、政治经济、人群构成、语言习惯等方面的原因，又有其特殊的形态，与中原文化有明显的位差，主要表现在以下三方面。

（一）文化背景的位差

中原传统文化是以封闭的自然经济、血缘宗法制度和稳定的封建社会结构为背景的，在这封闭性的社会经济模式中，广大人民过着“以农为本”的、以一家一户为单位自耕自足的生活。政治体制上则以“天地君亲师”五位一体。从上到下形成了一种盘根错节的血缘政治纽带。岭南文化在总体上亦依托这一背景，但由于鸦片战争以后西方资本主义经济的入侵和影响，使岭南、特别是广州的经济模式具有较强的开放性和通融性，逐渐形成了“以商为本”的经济结构，政治上亦由于历代封建王朝鞭长莫及，把岭南作为官员贬谪流放之地，封建宗法制度较为脆弱，社会结构也没有那么严谨，致使岭南人容易摆脱中原内核文化的束缚，接受外来文化思潮的影响。

（二）文化交融方式的位差

中原统治者一向以为自己是天朝大国，至高无上，视他邦为蛮夷，拒绝一切外来文化的输入，岭南地区则以边缘文化为特征，具有极大的包容性，由于缺乏内核文化那种强大辐射传递力，所以变异性较强，对他种文化的移植有较大的宽容性。广州的蕃坊、十三行夷馆都可见证。由于这种文化思想的影响，使得岭南民俗丰富多彩，活泼明快，自由浪漫，这是一个主要原因。

（三）文化核心的位差

首先，表现在价值观念方面，中原文化把自己禁锢在小农经济的天地里，不谋求客观环境的改造，不注重人生的价值观念。广东人眼界比较开阔，自强求富，崇尚实业，也务求功利。其次，在思维方式上，中原人表现为一种封闭、单向、直觉的趋向，失去了活力和创造；广东人的思维较活跃，开放、敢为人先，积极进取，反对保守、中庸、安分、随缘的民俗心理。

三、开发利用的前景

区域民俗的开发和利用，已成为当今经济开发和旅游资源的热点，人们越来越认识到，传统民俗文化的开发对提高旅游的文化品位，具有重要的意义。各地都在利用自己的传统品牌加以开发，有成功者，也有失败者，关键是对这一传统民俗文化意义的理解和定位。深圳民俗文化村办得很成功，许多地方纷纷效仿，但大多失败了，如一批草草建起的“汉城”、“唐城”、“宋城”、“大观园”等。广西南宁国际民歌节的“大地飞歌”唱响了，并坚持至今，但不少地方的歌会、歌节勉强办了一两次就成了“绝唱”，只要我们认真研究，就不难发现个中的奥妙。

浙江宁波的梁祝文化，早已闻名于世，其故事传说被写成各种戏剧、曲艺、音乐、电影作品，成为绘画、雕塑、诗词的重要题材，产生过许多脍炙人口的经典名著。戏曲中的《梁山伯与祝英台》、《山伯访友》、《十八相送》等，已成传统剧（曲）目，小提琴协奏曲《梁山伯与祝英台》响彻全球，日本音乐评论家小泽征尔说这支曲子神圣到“必须要跪着听”的地步。苏联最高苏维埃主席伏罗希洛夫看了“梁祝”的演出，说其“化蝶”的理想，“表现了人民的意志和力量”。周恩来总理说它“超过英国的《罗密欧与朱丽叶》”，“因为它不仅写了悲剧，而且写了理想”，这一传统历史文化题材，给宁波民间构建了一系列“梁祝”习俗：三月初一祝英台生日，八月初一梁山伯生日，梁山伯庙都要举行盛大的庙会，八月十六梁山伯巡视姚江殉职日，要举行宫祭大礼，秉烛诵经到天明。梁山伯在宁波人心中成了“梁圣君和义忠王菩萨”，成了保一方安康、幸福、富饶的万能之神。“若要夫妻同到老，梁山伯庙到一到”成了当地的口头禅。他们搜集了大量的梁祝文化史料，挖掘梁祝文化的民俗底蕴，构筑梁祝文化公园，使之成为人间爱情的殿堂，每年接待中外游客超过50万人。1999年，他们成功举办了第一届中国梁祝婚俗节，特邀99对新婚夫妇举办玫瑰婚典仪式和800对已婚夫妇举办百合婚庆大典，进行浪漫温馨之旅，还通过全国媒体进行蝶恋花世纪情婚联征集大赛，收到了很好的效果。2002年5月，由国家民委、国家旅游局和宁波市人民政府联合举办了第二届中国梁祝婚俗节，组织了全国56个民族的集体婚礼，编撰了500多万字的《梁祝文化大观》，举办了梁祝文化国际学术研讨会，上演了以“梁祝”为主题的传统越剧、芭蕾舞、交响乐，以及仿古的婚嫁仪式和各种游园活动，群众热情参与，从5月1号开幕至5月7号狂欢，计有30万人之众。前来参加盛会的联合国教科文组织的青岛泰之先生认为，这是一项很有地方特色的民俗活动。为此国家旅游局把它定为2002年“中国民间艺术节”系列活动之一。成为区域民俗开发利用的一个典范。

广东德庆悦城龙母庙，信众一拜三年不断，一个小镇的诞会，每年也有几十万人参加，经济效益超过千万。还有一个典型事例，即番禺沙坑的醒狮生菜会，每年正月初八，沙坑人男女老少，个个喜笑颜开，穿着光鲜的礼服，迎接到来的每一位客人。在村里的祠堂、广场上排开了800多席，招待来宾。来的都是客，坐满就开台。餐后举行醒狮大赛，每届都有邻近县市的几十支醒狮队前来参赛，以狮会友，以狮贺诞。沙坑醒狮生菜会一年比一年热闹，沙坑的经济一年比一年繁荣，2002年就跃上了亿元村的行列。古老的生菜会，成了吉祥的“生财会”，成了沙坑村民美好心灵的寄托。村民们说：那才是我们自己的节日！1997年，他们成立了沙坑龙狮团，全村许多青少年，还有一批中年妇女参加了他们的队伍，大家勤学苦练，1998年在巴黎国际雄狮争霸赛中勇夺冠军。又在苏州国际狮子节上获南狮冠军。2000年被定为国家醒狮集训队，2003年在村里建起了国家级的体育训练场馆，成为香港国际青年旅行社指定参观景点，每天都有上千人来沙坑观看醒狮表演。类似上述开发利用传统民俗，振兴区域经济的例子还有很多。近年广东王老吉凉茶的生产性保护，更是一个成功的案例。广东人素有饮凉茶的习俗，过去是家庭自制或作坊式生产的。2005年，广东凉茶登上了全国非物质文化遗产的名录，从此声威大震，产品供不应求，他们在保留凉茶核心配方的前提下，采取产业化经营和生产技术的革新，产值从2005年的3亿元飙升到2008年的300亿元，大有超过可口可乐成为全球最畅销的饮料之势。

第二章　口承文艺的文化轨迹

第一节　神话：五羊神话的文化机理

先秦时期岭南地区的历史情况，文献缺乏记载，只是从后代的考古资料中得到了有关信息。“马坝人”的发现，证明广东距今10万年前就已有人类活动，这是南越人最早的祖先。到了新石器时代晚期，岭南大地上已形成了五个较发达的经济文化区，这就是珠江三角洲和韩江、北江、西江、东江区域。夏商两代，这些区域的南越人最先结合成部落联盟。商末、西周至战国时期，岭南便进入了青铜时代。① 目前见到的岭南地区的最早的神话传说，就是西周时代的五羊神话。

据著名历史学家岑仲勉先生考究：“西周末期，王室衰微，诸侯崛起。楚人蚕食诸姬，汉阳姬族不胜楚人压迫，逐渐沿湘水流域，向南移徙，同时携其家畜、农作物，传播于南方，是为吾粤入开明文化之第一步。”② 他认为，五羊神话是一则史前拓殖神话。

早期关于五羊神话的史料记载有两处：《五羊城故事与广州语系民族》，见《广东文物特辑》1948年版。

周夷王时，南海有五仙人，衣各一色，所骑羊亦各一色，来集楚庭。各以谷穗一茎六出，留与州人。且祝曰：“愿此阛阓，永无荒饥。”言毕腾空而去，羊化为石。今坡山有五仙观，祀五仙人。少者居中持粳稻，老者居左右持黍稷，皆古衣冠。像下有石羊五。

① 百越民族史研究会．百越民族史论集［M］．北京：中国社会科学出版社，1982：165－166．

② 岑仲勉．五羊城故事与广州语系民族［G］．广东文物特辑．1948．

这段文字，本于《太平寰宇记》。

另，卷六“五谷神”条下又记：

> 晋吴修为广州刺史，未至州，有五仙人骑五色羊负五谷而来，止州厅上。其后州厅梁上图画以为瑞，号广州曰五羊城。

这段文字，似从《说郛》所收《广州记》“五羊衔谷萃于楚庭，故图其像为瑞”衍生而来，前后有些矛盾，暂且勿论。后世关于广州之五羊神话，多本此二说而生。而今，五羊已成为广州的城徽，“羊城”之别称，渗透到广州生活的每个角落。书有《羊城古钞》，报有《羊城晚报》，画有“羊城八景”，许多楼宇商标、社团名胜均以“羊城”命名。“五仙观”如今尚存，“仙人姆迹”依然可见，仙湖街、仙邻巷、五仙门等都还粘有一点“仙”气，“五羊仙”的神话，可谓影响深远！

我们知道，古代神话体现着古代人民的理想和意愿，它并非一种单纯虚构想象的产物，而是有所依托的。作为一种早期文化的神话，最初以口耳相传的形式保存下来，它蕴涵着哲学、宗教、艺术、语言、风俗等观念和事象，并将对这一民族或地区的文化发生深远的影响，这是大家所公认的。根据这一原理，我们首先来探究一下五羊神话的文化机理以及它对后世文化的影响，从中透视南北文化的不同风格，摸清其规律，因势利导，使传统文化更好地为今天全面建设小康社会服务，这是很有好处的。

一、“五”的神秘含义

数字在神话中并非单纯的序号，而是同世界上的一切事物都密不可分，并构成了一个系统，以隐喻、描述人和世界的各种关系，每个数字，都有它特定的语义。如“1”起源于对太阳的迷信，是“完美”、“同一”的形象；“2”起源于上古二方向定位的观念，是二元对立的基石，它是分与合的表征，又是这两者谐和同源的吻合；“3”是数系列的发轫，是至善、至尊的形象，是宇宙及社会体制的基本常数，是动态完美的象征；“4”则是静态完美之意象，被用于宇宙创造神话以及表达方位，如四方、四极、四域、四季等；“5”则是一个圣化的数字，它是大宇宙和小宇宙种种关系组合的代码，如五元、五方、五金、五官、五脏、五行、五道、五戒等；“7”是一个魔幻数字；“9”表示“多”、“完”；“12”被视为吉祥数字；“13”作为灾厄之象征。通过对神话中这些数的含义的研究，可以帮助我们了解古代神话的一些观念，以及古人思维、构想的一些规律。这是数叙说的一般情况。

在我国，“5”还有它特殊的含义。这里首先要说到的是“五行观念”。古人以木、火、土、金、水五种符号，指代天地万物构成的元素，在天则为木星、火星、土星、金星、水星，在地则为木、火、土、金、水五种物象，在人则为仁、义、礼、智、信五种德性，在方位上则为东、南、中、西、北之代表。北宋《广州重建五仙祠记》明确记载：“仙人之服与羊各异色，如五方。”这就是最好的证明。古代占星学家还认为，地上有多少人，天上就有多少星，巨星陨落是不祥之兆，预示地上某一大人物将要归西。天、地、人是一个相关的统一体，还有“五行相生相胜”说，相生即互相促进，木生火，火生土，土生金，金生水，水生木；相胜即相克，水胜火，火胜金，金胜木，木胜土，土胜水。而且东、南、中、西、北，春、夏、秋、冬都可与五行配伍，东配木，南配火，中配土，西配金，北配水，联及四季，即东春、南夏、西秋、北冬等，同时衍生出许多以“五”配称的观念，除上文所及外，还有五丁、五礼、五伦、五更、五经、五毒、五辛、五香、五帝、五色、五灵、五典、五德、五味、五虫、五岳、五体等，形成一种“强五”观念。“阴阳五行说”发展成为一种综合性的基本理论，对我国的天文、历法、宗教、伦理、医药、农业、艺术都产生了深远的影响。这一学说，产生于西周，盛行于战国，这与五羊神话所载“周夷王时，南海有五仙人，衣各一色，所骑羊亦各一色，来集楚庭”，时间上较为吻合。明嘉靖四十年（1561 年）黄佐修《广东通志》载：“自汉末建安至于东晋永嘉之际，中国之人，避地者多入岭表，子孙往往家焉。”清·郝玉麟修《广东通志》亦云：“自秦以中土人与赵佗风俗已变。东晋、南宋，衣冠望族向南而趋，占籍各郡。”① 这正是五行观念盛行之时，即岑仲勉先生所谓“强五”观念，这就是五羊神话中的仙人五数、衣五色、羊亦五色的来由。

二、五位仙人的排位及持物

五仙观所祀五位仙人，“少者居中持粳稻，老者居左右持黍稷”，这一现象，屈大均已经注意到了，他在《五仙观》诗中写道：“作观楚庭西，五仙列成行。少者反当中，老者左右方。”“手持五谷穗，芃芃三尺强。黍稷居两旁，粳稻居中央。”何以这样排列？不会是无意义之分配吧？

---

① 胡林安．中华全国风俗志：上编［M］．石家庄：河北人民出版社，1988．

考黍稷为北方大田作物，“岭南少以为食，故见黍稷，往往不辨”①。这里显然是对此类谷物之统称。在我们的先民南移之初，未审水土，最先带来的农作物是黍稷一类，后种植失败，或因粤人不重视（“吾粤最重占米”——屈大均语），岁凶才以鸭脚、狗尾等黍稷充饥，乃遣其后人带来粳稻。因为“北方寒，粳性多凉……故粳入肺而解热”，较之“岭南之粳性热，惟土人宜之”为优。现代考古发现，岭南新石器时代晚期墓葬中有粳稻谷粒，以籼稻为主，可为佐证。五仙所带来的又是一茎六出之粳稻，对于当时的移民来说，是个更受欢迎的良种。所以，老少所持之物不同，不但象征先后的意义，而且对考究岭南的农业经济及其开发的历史，也有重要的作用。

对于五仙的排列，为何少者居中？仅从现代人关于尊老爱幼的观念来理解恐怕是不够的。必须从上文所提及的神秘数字，以及和它相关的八卦九宫，五方帝与五佐神等方面去考察。五位仙人被奉为“五谷神”，据说是因“此方谷为五仙所遗，一仙遗一谷，谷有五，故为五仙”。关于五谷的名称，原神话中只提到稻、黍、稷三种，当是泛指。但有一点是可以肯定的，即对五谷的排列，有明显的宗教意义，佛教徒祈祷的目的不同，使用的五谷也不同，有以稻为首的，亦有以麻、麦为首，稻居中的。五谷神既被供于五仙观内，其宗教意义不可忽视。五仙中四位长者，可作为东、南、西、北四方移民的祖先，既是五谷神也是祖宗神，少者居中，正是第五位神仙，这与《黄帝内经》中，以“三、九、七、一、五”表示“东、南、西、北、中”以及九宫图中的数字排列，都是一致的（如下页图）。据学者何新考究，中国传统上的五方帝与五佐神的结构，也是不断变化的，② 汉高祖刘邦立自己为黑帝，任嚣、赵佗、刘龑亦可以立自己为各种各样的“帝”、“王”。西汉初年，赵佗自立为南武王，后被汉高祖封为南越王，传了五代，在普通话中，“武”“五”同音（赵佗是河北正定人），况兼上述的“强五”观念，这正是“五”居中为王的原因。

---

① 清·屈大均．广东新语［M］．北京：中华书局，1985：卷十四“黍稷”条．

② 何新．诸神的起源［M］．北京：北京工业大学出版社，2007：第十七、十八章．

		南		
	4	9	2	
东	3	5 中	7	西
	8	1	6	
		北		

（图中方位循易图惯例）

三、羊城的“羊”

人类驯养的家畜第一是狗，第二是猪，第三才是羊。移居羊城的先民，何以把它带来呢？

先说狗，由于它具有某些特殊的灵性，早已成为人类的朋友和助手，在生产低下的时代被涂上了许多神秘的色彩，成为古代民族的图腾标志，特别是南方百越诸族，以狗为图腾的不少，至今广东的瑶、畲、苗等族还保留着狗崇拜的遗俗，在他们的口头传说中，认为狗是他们的祖先。狗成了这些民族的始祖神，神而圣之，所以没有作为一种具有经济价值的家畜来饲养。再说猪，这是人类驯养的第二种家畜。从《曾子杀猪》、《孟母买猪肉》、《祭官劝猪》等故事中，都可明显看出，我国早在春秋战国时代，养猪业已相当普遍。在广州的先民南迁的日子里，本来他们是可以赶猪而来的，但他们带来的不是猪，而是羊，可能是由于路途遥远、猪的行动缓慢、成批驱赶不便，再加上在古代传说中，猪的形象并不圣明，尧帝命令羿去射杀的怪兽中，就有一头大野猪（封豨）；而养獬豸（独角神羊）者却是尧的一位公正的法官皋陶的好帮手，一向得到人们的敬重。神羊的形象就本此而来。五羊城的仙羊与这头神羊是否有关，无从查考。但羊城之羊确是从北方输入的，这一点畜牧学家可以为证。羊的繁殖力强，适应力强，有较高的经济价值，至今广东仍有“种姜养羊，本少利长”，“羊不离胎”之说。加上它行动快速，便于驱赶，这是当日南迁之先民携带的理想家畜。

据史籍记载，西汉初广东已有养羊业，但其种养依然来自北方，赵佗臣服于汉，但刘邦死后，吕后专权，以南越为敌，禁止贩运马、羊母畜给越地，致使赵佗再度割据称王，后经陆贾再次劝说，才取消王号。广东之养羊业可从中窥见一斑。此后明朝的《广东通志》、清朝的《统一志》、屈大均的《广东新语》均有记载，可知当时雷州、罗定、英德一带都有养羊，人们凡遇“吉凶大事，则宰杀猪羊及牛”。至今海南万宁，还有著名的东山羊。可见五羊神话中仙人骑羊，除象征其从北而来外，从心理、道德、经济上均有考虑。羊为其所携家畜，是有一定依据的。

四、拓殖神话的开放基因

综上所述，五羊神话是一则史前拓殖神话，这已非常明显。它是粤地踏入开明文化的第一步，也是南北文化交流的象征。

这一古老的神话，自晋代裴渊《广州记》收录之后，基本上保持了它原有的轮廓，至北宋的《太平寰宇记》中所记年代有所差异，一说“晋”时，一说“周夷王”时，当以后一说更为确切。除此之外，其内容、情节都无大的变化，保持了我国古代神话纯朴、浑厚的特征，千百年来没有人再去添枝加叶，反映了南来的先民对中原的故土并不依恋，因而也不注重历史的反思。他们之中，有的是战乱的避难者，有的是纷争的排斥者，有的是朝廷的放逐者，来到了濒临南海的地方，以为是到了南天的尽头。面对茫茫的大海，前无去路，后有顾忧，唯有探索、冒险、开拓，才有出路。以至后来小说家衍生的崔炜神游越王墓，取得镇国珠宝，骑仙羊而还的故事，① 也多少带有“墓宫探宝”的冒险性质。这些历史积淀的文化基因，铸造了广东人的性格：实干精明，奋发追求，勇于开拓。广东的华侨遍及全世界，成为当地的拓殖者，他们不愧为五羊神话所孕育的后代。

由于濒临大海，对外交往频繁，人们增长了见识，冷静地分析了中西文化的优劣，吸取了西方文明中的有益成分，使之在我们的古老文化中增添新的光彩。就在祭祀五仙羊的五仙观里，有一口大铜钟，又称“禁钟”，无事禁止撞击。该钟是明洪武十一年（1378 年）所铸，重约五吨，传说原来悬吊此钟的是一条葛藤，鸦片战争后，一个外国传教士闻说此事，以一根大铁链为代价骗去了。后来，他把“仙藤”拿到珠江边去洗涤，“仙藤”遇水，变成了一条细长的鱼，串到珠江上游，现当地人称为“猪乸葛”。如今悬挂那口大铜钟的，还是那条铁链。这个故事和一般的洋人盗宝故事不同，一般盗宝故事都说，洋人把宝物盗走（或破坏了），那个地方就从此衰败了，以此来表达人们反对侵略、反对掠夺的心理。而在《禁钟与仙藤》的故事中，

---

① 裴铏. 崔炜［M］//. 太平广记.

宝物依恋故土，没被盗走（海珠石的传说也一样，珠宝潜入江中巨石之下，夜间闪闪发光，故名“海珠石”，那条江也因此得名为“珠江”），用以表现人们对乡土和祖国的热爱，也表现了反侵略、反掠夺的思想。但在宝物异地潜藏之后，原来的地方并没有因此衰败，仙藤换上了铁链，铜钟依然悬挂在那里，那铁链就是西方先进技术的象征，虽然我国冶炼业也有一定水平，但已是另一个范畴要讨论的问题，此文暂且不论。

广东人并不盲目排外，因此他们把波罗国船队的落伍者（一说是印度摩揭陀国来使）达奚司空奉为神明，和南海神祝融供奉在一起，把马可·波罗塑在五百罗汉之中，怀圣光孝寺和清真先贤古墓至今保存完好，并留有许多动人的故事。可见他们善于把握先进文化的内核，扬弃其附丽于表面的尘垢。正如在改革开放初期的洪流中，喇叭裤、时代曲、摇摆舞随着西方的先进技术和管理科学一起涌来，前者只像轻风一样从广州掠过，却在内地掀起了轩然大波。一些男青年穿着花衣服，留着长头发，提着录音机在街上显示自己的“文明”，这样滑稽的场面在广州是很少见的。他们抓紧这有利的时机，在进行智和力的拼搏，使广东的经济起飞了，这不能不说是历代文化熏陶，人文素质不同的结果。五位仙人若有灵知，想必也会为他们的后人感到高兴吧！

富于开拓精神，自尊自强，崇尚豪贤，注重道义，讲究法度和温存的生活方式，这是广州故事的特点，也是广州人的风格。这些性格特点的形成，和五羊拓殖神话的精神是一脉相承的。后来流传的广州故事，如《花地的来历》，说明花地之所以繁花似锦，集天南地北之名花于一地，是由于菜农给燕子提供了一个良好的生态环境，燕子把世界各地的花种给采来了。花地作为花城的缩影，广采博收，笑纳天下之名士，这是广州繁荣昌盛的奥秘。所以在广州故事的人物画廊中，许多可敬可爱的形象都是“外江佬”。神仙太守鲍靓是山西上党人，他为政清廉，任用贤才，受到广州人的爱戴；他的女儿鲍姑，是一位心地善良的神医，至今还被供奉在香客盈门的“三元宫”中；医药学家葛洪是江苏句容人，方士安期生是山东琅琊人，现都被广州人奉为尊神；清官吴隐之是山东鄄城人，名将林则徐、刘永福，大作家苏东坡、韩愈等都不是广东人，但他们为南北文化的交流，为拓展岭南的基业作过贡献，都在广州故事中留下了美名。① 这些故事的内涵将远远超过这些人物本身。经过历代文化的熏陶，使广东的人文气质别具一格。他们重道义而

① 叶春生. 广州的故事和传说［M］. 广州：新世纪出版社，1986.

不外露，喜开拓而又持重，能容忍而不悲怆，勇于冒险而求实。他们把一切都看得很开，把功名看得很淡，那不是消极沉沦，而是在等待时机。一旦时机到来，他们就去拼搏，去奋战！近年广东开放改革的成就，还可从中找到其人文基因。这就是五羊神话给我们的启示。

五、巫术与宗教渊源

一则神话的产生，有多方面的因素，包含着多方面的原理。前面，我们着重从社会学、人类学和文化学方面探讨了五羊神话的机理；下面，我们再从原始巫术与宗教方面去探究它的渊源，解开五仙·五羊·五谷一体之谜。

熟悉各种精灵故事和动植物幻化神话的人都不难发现，五羊神话中的"五仙"、"五羊"都是谷精的化身，是植物精灵表现为人形和动物的外在形态，此中的"五仙"即"五羊"即"谷精"，因为在原始人看来，谷精幻化为人类形体或动物形体，这两种概念是完全一致的。

弗雷泽在他的名著《金枝》中生动地论述了这个问题。他说："谷物在风中摇摆时，人们或者说五谷妈妈在谷中走过，或者说五谷狼等等在风中走过。""在最后割的谷子里，或最后打的谷捆里，不是说有五谷妈妈，就是说有五谷狼等等。""有些地方，拿一捆谷造成人形，称为闺女、玉米妈妈等等，从这次收获保存到来年收获时，以求谷精的不断保佑。""人们还想象谷精变化为其他动物形式，如狐狸、鹿、獐、绵羊、熊、驴、老鼠、鹌鹑、鹳、天鹅和鸢。如果要问为什么想象谷精变化为动物，而且是那么多不同的动物呢？我们可以回答说：在原始人看来，某种兽和某种鸟在谷物中出现一下也许就足以表示动物与谷物之间的神秘联系；……因为在收庄稼的时候，像兔子和鹌鹑之类的许多野生动物由于收割的进展，一般都被赶到田里最后一块谷物里，当最后一块谷物割下后，它们就逃掉了。……在原始人看来，变魔术似的变换体形似乎完全是可信的，他们觉得再自然不过的事就是谷物的精灵被人从他成熟谷粒的老家里赶出来，它会变成动物逃走，当最后一块地里的谷物在收割者的镰刀下割倒的时候，人们眼见这个动物从最后一块谷地里窜出去。所以，说谷精是动物与说谷精是过路人二者互相类似。陌生人突然在谷田旁边或打谷场边出现，在原始人看来，这就可以说他是从割下的或脱粒的谷物中逃走的谷精。"①

---

① （英）弗雷泽．金枝［M］．北京：中国民间文艺出版社，1987：第48、49章．

在今天看来，这一论述还缺乏充足的论据，但弗雷泽对他的论点是坚信无疑的。因为他是从同类相生和接触感应的原理来论述原始巫术与宗教的。书中所描述的这些古老的风俗各地都有，甚至在近代乃至现代还可以找到它的投影。清远唱禾楼歌和阳江跳禾楼的风俗，实际就是谷精人形化演变的结果。每当禾苗抽穗扬花的时节，禁止生人和大牲畜到田里乱走，以免禾胎受惊，灌浆不满，形成稗谷。为了补救这方面的损失，使禾胎灌浆，人们便在田间搭起牌楼，称为“禾楼”，歌舞其上，祈求神灵保佑。《阳江县志》、《广宁县志》均有一段相同的记载：“六月村落各建小棚，延巫者歌舞其上，名曰跳禾楼，用以祈年。”清远还有《禾楼歌的传说》，谓乡民此举感动了仙女，使之下凡，用自己的乳汁灌洒禾胎，于是禾穗结实丰盈，获得了大丰收。这明显是用巫术手段来达到他们某种需求的仪式。传说中的仙女用乳汁灌洒禾胎，至今肇庆一带尚有《乳血育嘉禾》的故事，乃是一种拟人化的手法，是谷精人形化的表现，此中的仙女，便是谷精。同样，阳春县一带农民在每年春节前一天，有插“禾花树”的习惯。是日砍一棵高一米左右的小树，披红挂绿装扮一番之后，由家中主要的男劳力把它插到田里，这种春祭的仪式同样蕴涵着敬奉谷精的意义。这树精也就是谷精，在古代植物神灵中不难找到，如俄罗斯的列斯奇、古罗马的福恩、古希腊的萨蒂罗斯等，都是半人半羊的精灵，常在森林和庄稼地里行走，他们是树精，也是谷精。人们认为这些树精能促进庄稼生长，可见古人早已懂得保护森林以促进农业丰收的关系。还有各地农民常在地里扎稻草人，给他戴上斗笠，穿上衣裳，这也不只是驱赶鸟兽，守护田地的作用，其远古的意义就是五谷的保护神，是谷精。有些地方祀有禾谷夫人或禾花仙女，或以为后稷之母姜嫄，或以为神农氏的曾孙女，实则为先农田祖，无屋无坛，亦无神格，视为人形谷精更为适宜。还有古代各地立春日迎春祀土牛一事，届时舞春牛，扮“拗春童”、“拗妈妈”的习惯，弗雷泽认为这已“清楚地表明牛体现谷精的概念”，可惜他还不知道桂林及粤西一带有“拗妈妈”的称呼，否则定采为人类形体和动物形体“完全一致”的佐证。

这类半人半羊的树精、谷精，在世界上流布甚广，专家们认为，这是由于“山羊喜欢到树林去啃树皮”的缘故。“一个植物神，竟然依靠它们所体现的植物为生，这种矛盾原始人的心里是感觉不到的。神祇不再存在于植物本身，逐渐成为该植物的所有者或主人，于是就会产生这类矛盾；占有这种植物的观念自然导致享有这种植物的观念。”至于我们羊城的羊，它是怎样地和稻的穗结合在一起的呢？“五仙人骑五色羊负五谷而来”①，到底是仙人骑羊手持谷穗，还是仙人骑羊，羊负谷穗？没说清楚。屈大均在《五仙观》诗中说的是五仙人“手持五谷穗”，而裴渊《广州记》却说“五羊衔谷穗萃于楚庭”，因而后世的绘画与雕塑中，有以仙人手持谷穗的，亦有以五羊口衔谷穗的，并无人提出疑义，人们所供奉的“五谷神”，到底是“五仙人”还是“五羊神”，也没有人细加考究，多偏以为五仙，实亦有为五羊的，广州的城徽就取了五羊。直至最近一位画家设计“三阳开泰”和“仙女下凡”的羊年明信片时，又偏取了仙羊口衔稻穗腾云驾雾而至的神韵，也是很独到的。其实此中的五仙和五羊，实际就是密不可分的统一体，在古人的心中，五谷神有时幻化为人形，这就是五仙；有时幻化为动物形，这就是五羊。在瑞士、意大利和苏格兰农村，人们在庆祝收获节时，往往把收割最后捆谷子的妇女，用谷穗做成花冠把她打扮起来，到处游行，人们称之为“谷物山羊”；在法国农村，人们还用谷穗和鲜花编成花环，挂在羊角上，牵到田里边走边唱，把它当作谷精。这就是仙人、神羊、谷穗的统一体。也可作为羊城、穗城、花城、五仙、五羊统一于广州的注脚。

以上事实也使我们注意到，这些古老的风俗虽有一定的仪式，但无固定的场所和专门的执行人，即无祭司也无神殿。谷精在岭南虽被奉为“五谷神”，但它的神职也只限于自然的某些部门，不像显赫的神灵那样对于自然和生命的许多领域都有致福或降灾的能力，各自的身份和历史都广为流传，因此，它的“神格”还不够完备，把它视为“精灵”更为合适，因为它是仅存于谷物内部的观念，而不是外在的，能控制自然的神祇。

从理论上说，导致一种观念向另一种观念转变的思想过程往往是先从其内部衍化开始，由动物或自然的拟人化，到存在于其内部的精灵，再抽象为其外在的神祇。也就是说，存在于宇宙万物之内的精灵逐渐具有愈来愈多的人类的属性，由“拟人化”而为“类人精”。神愈是被人格化，它们的自然属性就愈少，它们与原来的自然物体的分离就愈远，甚至被抽象化为一种观念，一种理想的寄托，或者是一种宗教的要求，但这只是一部分社会成员的理想，社会的发展永远不可能要求所有的成员同步前进。在另一部分社会成员中，却永远死守万物有灵的观念，他们不接受任何超脱物体本身的新的精灵或者是神灵，特别是重实际，轻玄想的广东人。于是为了弥补这一空白，他们就创造出一个有血有肉的东西来，填补老精灵升格而为神后所空出的位

① 清·屈大均. 广东新语［M］. 北京：中华书局，1986：“五谷神”条.

置，这就是同一自然物在神话传说中有两种或两种以上的东西代表的缘故。广州的谷精，应以五羊为本，衍而生出五仙，再而为五谷神，皆谷精而已。这还可以从最早记录此事的晋代裴渊的《广州记》中得到证明：“广州厅事梁上，画五羊像；又作五谷囊，随像悬之。云昔高固为楚相，五羊衔谷萃于楚庭，故图其像为瑞。六国时广州属楚。”可见晋时还未有五仙出现，直到北宋时《太平寰宇记》方有五仙人出现，后被明末清初的屈大均所采录，影响甚广。而屈氏在其同一著作《广东新语》中所采录的同一传说，在卷五《石语·五羊石》中说是周夷王时的事，在卷六《神语·五谷神》中又说是晋代的事，前后矛盾，可见他未有细加考究，当以裴渊所记为本。

再从州厅梁上所画的五羊图像和所悬挂的五谷囊来看，除了“图其像为瑞”之外，已有明显的纪念、祝愿和信仰的意义。古人以羊为祥瑞的象征，古文“羊”、“祥”相通，“吉羊”即“吉祥”，许多美好的东西都与“羊”相关，“美”字本身就从“羊”从“大”，肥大的羊为之“美”；鲜美的“鲜”字从“羊”；善良的“善”字也从“羊”；就连我们中华民族的祖先炎帝的姓氏“羌”，也与“羊”有关，“羌”字就是人跪着一条腿挤羊奶的形象，这就是古诗之“羊有跪乳之恩”吧！这种“尊羊”文化的曙光，随着中原文化的南移，早已照耀着南粤大地，以致早在两千年前的楚庭官府的州厅梁上，也画有五羊的图像，并随像悬挂着五谷囊，显然是把它当作谷神来礼拜的。向它祈求吉祥，祝愿此地永无饥荒，这已明显包含着祈祷和信仰的意义。来年春祭时就把谷囊中的谷子撒向土牛，这种仪式，无疑是用联想来企图影响自然进行的一种巫术。而这在古人看来又是平平常常地合乎情理的，所以为民父母的州官也率先为之，这也是这一谷精后来升格为“五谷神”的道理。仙人的祝愿，使我们想起了巫术的咒语。“愿此阛阓，永无饥荒”。这良好与神秘的语言，很容易引起神迹的重演。这则“带有巫术意味的神话”，更加印证了著名人类学家马林诺夫斯基的论断：“神话的功能，既不是解释的，也不是象征的，它乃是一种非常事件的叙述，这件事的发生，即从此建立了一部落的社会秩序，经济组织，技术工艺，或宗教巫术的信仰和仪式。神话的继续存在并不专靠本身故事的叙述所引起的文学兴趣，它乃是一种原始现实的描述，而发生作用于社区的现行制度和活动中。它的功能就在于它能用往事和前例来证明现存社会秩序的合理，并提供给现社会以过去的道德价值的模式，社会关系的安排，以及巫术的信仰等。”这种神话的“功能在于追溯到一种更高尚，更美满，更超自然的，和更有实效的原始事件，作为社会传统的起源，而加强这传统力量，并赋予它以更大的价值和地位”①。这就是五羊神话经久不衰的原因。

第二节　传说：广东涉外传说的开放心态

广东对外开放较早，这与广东的人文地理密切相关。反映在传说故事中，与外国人友善相处，互相帮助，取长补短，平等竞争，表现出博大的襟怀，与外省流传的“洋人盗宝”故事表现出的锁国心理，完全是两种情调。

一、传统涉外故事——“洋人盗宝”的锁国心理

传统涉外故事中“洋人盗宝”型的最多，特别是近代。这类故事的传统模式是：我国某地有一宝物，外观平平，国人不识，后被某一外国商人或传教士发现，重金购去，或以各种手段骗取，甚至武力抢夺，但由于宝物依恋故土，不愿出洋；或到了洋人手中失去灵性，不听使唤；或在争夺中损坏，变为废物。从此这个地方就衰败了，老百姓过着穷苦日子，似乎这一切都是可恶的洋人盗窃了我们的宝物所造成的。后期的这类故事还增加了一些洋人如何受到惩罚的情节，以慰民心。

这类故事所宣扬的爱国爱乡主题是应该肯定的，特别是面对帝国主义的侵略和蹂躏，祖国的大好河山葬送在外族侵略者的铁蹄之下，应该唤起群众的民族义愤，同仇敌忾，反抗侵略者，这是每一个有民族气节的人所应有的共识。但过去在宣传这类故事时，往往只着重这一方面。被禁锢得鼠目寸光的国人，不知外界发生了什么变化，把贫穷落后的原因归罪于“洋人盗宝”，编造了越来越多的同类故事，使之成为涉外故事主旋律。这种情况，新中国成立后有了根本改变，但仍可听到一些令人啼笑皆非的传闻。

识宝传说早在汉代就已产生，西汉人东方朔和西晋人张华都是当时著名的识宝者，这在《史记》和《晋书》中都有记载，不过这两位都是中国人。东晋王嘉的《拾遗记》中，记述了一个胡女翔凤“妙别玉声，巧观金色”，“悉知其所出之地”的异闻。这算是最早的洋人识宝传说。南朝宋人刘敬叔的《异苑》中也记载了俩胡人识永康王矿井的洗石内有黄金鸟之事，这就是胡人识宝传说的先声。到了唐代，由于国力强盛，政治开明，商业繁荣，文化发达，大量胡人来华朝贡，并以“朝贡为名，互市为实”，争相开辟海

① （英）马林诺夫斯基．文化论［M］．北京：中国民间文艺出版社，1987：73.

陆商道，与华贸易。不少胡人在内地各大城市定居，西域文化对我中原文化产生了不可忽视的影响；西域民间故事传说也随着流入中土，并被唐人笔记所采录，唐朝段成式的《酉阳杂俎》中所记的“波斯王女”的故事，牛肃《纪闻》中写到的那颗原产大食国（阿拉伯）的神奇的“水珠”，显然都是从西域民间传说中来的。

唐代的胡人识宝传说有一个明显的特点，即唐人与胡人的关系是互助友善的，买卖是自由平等的，它真实地反映了当时唐朝与西域各国的贸易关系，这与近代“洋人盗宝”传说反映的洋人对华的掠夺有本质的区别。唐代“上自政治文学，下迄阉宦奴婢，在在皆有蕃胡”①。在唐代历史上，胡人在华供职功勋卓著而名垂史册的也不少，所以反映在故事传说中，盲目排外的思想是较为罕见的。另外还有一个现象值得注意。即在林林总总的唐代胡人识宝传说中，多次提到胡商在海上遇险的情节，可见当时胡人来华经商多取道海路，海路的起点就是广州。当时影响较大的两则传说，都与广州有关，第一，南海书生崔炜，在仙人鲍姑的引导下，神游越王墓，获取了南越王赵佗的陪葬宝物——阳燧宝珠，此乃大食国流失于中土的珠宝。于是该国商人奉命前来搜寻求购，此事便发生在广州。第二，薛用弱《集异记》所载李勉救助胡商，因获厚报，日后胡商之子，万里寻父取珠的故事，虽然发生在当时的汴京开封，但此中的李勉，确有其人，他曾任广州刺史及岭南节度观察使，后任浚仪（开封）尉。所记之事，与他在广州任职期间大量接触胡商及各种珠宝有关。在上述两个故事中，胡贾的面目还不是狰狞可恶的。

洋人识宝的故事发展为“盗宝”，大量出现是在鸦片战争以后。帝国主义对中国的侵略与掠夺，激起了国人对侵略者的仇恨，识宝传说演变为反抗帝国主义侵略的“洋人盗宝”传说，这一爱国反帝的主题无疑是值得肯定的，它是当时众多的反帝传说如义和团传说，太平天国传说，捻军传说，上海小刀会传说，三元里抗英传说等的一个支系、一个部分，它是从唐代胡人识宝传说发展而来的。这类传说中的宝物全是中国有的（识宝传说中的宝物有的是外国流入中土的，胡商高价赎回），而且不少宝物与当地的山川风物联系在一起，成为乡土和民族的象征，是根本无法买卖的。外国侵略者为了得到这一宝物，不择手段，哄骗、偷窃、抢夺甚至开枪杀人，和识宝传说中胡商与唐人友好、公开的交易已完全两样。这一质的变化反映了当时的社

① 冯承钧. 唐代华化蕃胡考［J］. 东方杂志. 1985：27卷. 117.

会现实：帝国主义列强瓜分中国，使中国沦为半封建半殖民地，中国人民奋起反抗，产生了许多可歌可泣的故事。这是它的思想价值。这种思想，在中国可以说是深入人心的。我的家乡云南河口县是一个边陲小镇，对面是法帝国主义长期占领的越南老街，直到1953年，那里还住着法国侵略军。我很小的时候就听老人们说，过去河口是一个繁华的小商埠，那时河边的小湖上有一对宝鸭，每逢月朗风清的夜晚，这对宝鸭就在湖面上游来游去。湖的对面是法国人建筑的谷柳炮台，外国人天天晚上在那里吹号，吹呀吹呀，想把那对宝鸭欺骗去，可一直没能得手。后来日本人打来了，两颗炮弹打落在湖边的关帝庙，把宝鸭抢走了，桥也炸断了，火车也不通了，河口才成了破破烂烂的这个样子。这一切，一直留在我童年的记忆之中。后来我发现许多地方都有类似的传说，可见它势力之大。加上新中国成立初期，就遇上了全民总动员的反对美帝国主义侵略朝鲜的战争，对帝国主义的新仇旧恨交织在一起，迸发出强大的以反帝为主题的文艺火花，民间文艺作为其中的一翼，自然也不例外。后来在极“左”思潮的影响下，这种宣传越来越片面，似乎得出了这么一个公式：洋人就是帝国主义分子，排外就爱国，崇洋媚外就是卖国求荣。特别是乡间的搜集整理者，为求发表，投编者之所好，写出了一大批“反帝蔑洋”的作品。不难发现，比较有代表性的“洋人盗宝”传说，多是这一时期“创作”出来的（请注意“创作”一词，即它不是以科学的态度搜集整理的）。如《中国民间故事选》第一集收录的《渔童》，用外国传教士勾结中国县官抢夺一个白玉鱼盆的故事，来说明帝国主义与封建官僚狼狈为奸，掠夺国宝。搜集整理者承认，其中许多地方是他“加工”时添进去的，如小渔童一身中国式的打扮，县官和老渔翁大段的对话，穿插其中的八句歌谣等，原来都是没有的，是根据需要“创作”的。这种倾向当时却得到了民间文学界的肯定，作品中所表现出来的片面的思想，也为当时的舆论所赞同，在社会上产生了广泛的影响，它在文学史乃至思想史的功过，还有待于历史论证，本文暂不论及。这里只想提醒大家注意，这是特定时期复杂的环境中一种被扭曲的心态的产物，不应与民间自然流传的“洋人盗宝”故事一般看待。

二、广东盗宝故事的自然形态

处于与洋人打交道前沿的广东，这类故事的发展，并不十分“离谱”，仍然保持着较单纯的识宝—盗宝的基调。当然随着社会生活的变化，它所反映的生活面扩大了，情节丰富了，但依然是那么古朴、纯美，没有一点追赶政治浪潮的痕迹。

较早记录粤地洋人盗宝的传说如《粤囊》上卷所载："其称五羊城、穗城者，五仙人骑五羊持穗而至，衣及所骑各如方色，羊化为石。为周为秦，传时各异。五仙祠在坡山之阳，肖仙像而祀之。仆游祠见仙前各置一石，常石耳。云羊石为贾胡所窃，道士以常石补之。祠前高阙上悬大钟，纽之以藤，亦为贾胡潜易而钟遂哑，甚哉！贾胡之狡也。"（见该书"越城"条）此书为清朝乾隆年间檀萃所撰，说明贾胡窃羊石，潜易仙藤的传说当时已广为流传。对盗宝洋人的指责也只有轻描淡写的一句话："贾胡之狡也。"后来民间传说虽然添加了许多细节，但对贾胡亦未加伤害。传说那悬挂大钟的藤，乃是仙人吕洞宾赠与轿夫的一条葛藤，贾胡以一根大铁链换取，铁链至今仍吊着大钟，更为可信。而贾胡取到仙藤之后，拿到珠江边洗涤，亦合乎自然。仙藤遇水，变成了一条鱼，窜到珠江上游去了。现珠江上游还有一种鱼叫猪乸葛，长长的像条藤。这是盗宝传说与风物传说之附会，其他地方亦有。

广东盗宝传说最著名的是《海珠石的传说》，如今此石虽与陆地连成一片，但广州仍有海珠路、海珠广场、海珠桥、迎珠街等，都与这一传说有关，可见它的影响。这一传说与上文提到的唐人传奇《崔炜》的故事有关，《崔炜》可能是裴铏在唐代识宝传说的基础上加工创作的。裴铏的传奇在唐、宋之世颇为流传，当时亦正是说话与讲唱文学兴起之时，相互的影响是难免的。裴铏的传奇保存了识宝传说的基调：贾胡识宝（并能预卜宝物去向及归来之时辰），与持宝者公平买卖，获宝而归。广东的这个民间传说增加了一些情节：宝石依恋故土，在贾胡运往国外途中跃入江中，潜藏于巨石之下，使得这颗巨石充满了珠光宝气，因而得名"海珠石"（广州人称江为海）。这与同类传说中宝物被盗失去了灵性，此地从此衰败的结局相反，海珠岛一直是传说中的一幅美景，以至清代"羊城八景"中还有一幅"海珠月夜"，显现了此类故事的另外一种风格。另有一说"海珠石"原是光孝寺内的一块青石板，持宝人赵举人不识宝，被一外国珠宝商人购去，锯开一看，乃是一幅锦绣山河图，在运往外国时船翻沉没，第二天，就在沉船处浮起了一颗闪闪发光的巨石，这便是海珠石。与史籍所载："南海有沉水之香，又有浮水之石"，刚好印证。作为风物传说，解释风物成因的不同，可视为同一母题的不同异文。但这两则传说都与洋人盗宝有关，宝物与风物契合，形成了具有象征意义的锦绣山河图，显然是近代的作品。对盗宝者的惩罚也较之前者厉害了一点，让盗宝者的船只翻沉，自然盗贼也就葬身大海了。《偷不走的铜宝珠》（见《广东民间故事选》）也是一样，盗宝洋人三次重金收买盗贼去偷佛山祖庙上的铜宝珠，耗尽财物，偷来的铜宝珠又跑回去了，最后洋人活活气死。这两个盗宝者命运虽然可悲，但面目并不狰狞，他们没有强取豪夺，更没有杀人放火，都是付出一定代价的。

唯一带有强抢性的传说是海幢寺《猛虎石》的传说。这是抗日战争时期的作品。传说抗战期间，日军侵略者曾多次强抢海幢寺中的那块形似猛虎的太湖奇石，派工兵凿，用汽车拖，用炸药爆破，都没能达到目的，而且派去抢夺的人，去一个，没一个；去两个，没一双，都叫神虎吃了！这传说有事实依据：海幢寺确有一块猛虎石，现今尚存。日军占领广州期间，曾把它拉回自己的宪兵司令部，准备运回日本，不久日本战败，阴谋破产。民间据此衍为传说，情节单纯、古朴，似初期的识宝传说；但盗宝者不择手段，面目狰狞，又似后期的盗宝传说。这在广东同类传说中还是比较少见的。

此外的其他涉外传说，除鸦片战争抗英故事面对明火执仗的敌人，以牙还牙之外，其他正常交往的故事，包括传教、经商的故事，都表现了广东人民深远的谋略和广阔的胸怀。就是在抗击英国侵略军的尖锐斗争中，也还流传着抗英的主帅林则徐与英国遇难船员的友好佳话。这类故事著名的如《波罗庙的传说》、《西来初地的传说》、《光孝寺的传说》、《光塔寺的传说》、《清真先贤古墓》，都记录了广东人民与外国商人、传教士友好往来的实迹。《波罗庙的传说》虽然记及庙中铜鼓上的金蛤蟆为番人所窃，“鼓致缺落，其声遂石”的情节，类似后期洋人盗宝的传说，但其重点还是记述波罗国人达奚司空来华播下友谊种子的故事。《粤囊》卷下“南海神庙”条载：“中门之左，有达奚司空立像，黑面白眼，跂而前望，若有所招呼。司空外番波罗人，随贾舶来，泊黄木湾，携波罗子植于庙，回望舶已举帆去，且望且泣，立化于此，庙人因其状加衣冠而像之。至今千年，勃之如生。树迨今茂，故庙与江且因以易名。”该庙原来主要供奉水神广利王，后配以六侯，第一名便是“助利侯达奚司空”。可见后人对他的敬仰，不但立像封侯以祀之，连扶胥江也改名为波罗江，南海神庙亦改名为波罗庙，该神诞亦改名为波罗诞，至今仍热闹非常。诞会上出售的一种纸制工艺品“波罗鸡”，每届销量都在十万只以上。这一传说的广泛、深入、持久，由此可见一斑。《粤囊》纪时，故事发生已有千年，而今又经历了五个世纪，愈演愈烈，波罗神庙今又修葺一新，波罗诞会更盛况空前，人们是把它当作中外文化交流的一个史迹来怀念的。

把一个外国人尊为神、封为侯，在广东民间传说里并非绝无仅有。除达奚司空外，还有意大利旅行家马可·波罗。他在元朝京都做了十多年官，但却在广州被封为神，在广州西关华林寺的五百罗汉中，便有一尊马可·波罗的塑像，还有印度高僧达摩，被奉为中国禅宗的祖师，供奉在广州佛教圣寺“西来庵”中，至今清远峡山飞来寺旁，还有一块“达摩石”，传说是达摩祖师为民伏虎坐禅的地方（见《羊城人仙神》），西来庵教民为周围百姓行医治病的故事至今还在流传。其他如阿拉伯传教士艾比·宛葛士，他所创建的怀圣光塔寺和他长睡的清真先贤古墓，至今保存完好，还有许多动人的友好故事。据说光塔寺建好后不久，塔顶上藏了个蛤蚧精，吃掉了不少登塔瞭望的教徒，使得他们惊恐万状，寺庙也一度衰败，后有一个中国道人经过此地，看出了此中有妖气，设计为他们斩除了妖怪，使他们得以安心在此传教。考宛葛士曾两度来华，第一次是隋文帝开皇七年（587 年），第二次是隋炀帝大业五年（609 年），还带来了《可兰经》30 册，在中国流传，直至功德圆满。此传说隐约反映了这一艰难的史实。他们来华初期，可能遇到许多困难，甚至不能立足，返回原籍。但他们不畏艰辛，再度来华，在中国友人的帮助之下，才得以安身立业，传说虽有一些迷信色彩，但其基调是十分友善的。

在广东的涉外故事中，“洋人盗宝”的故事并不多，从现存的盗宝故事来看，它和内地盗宝故事一样，经历了大致相同的发展阶段，从洋人识宝到洋人盗宝，从平等交易到强取豪夺。但广东的后一类故事较少，矛盾也没有那么尖锐激烈，大多数反归初期识宝故事的形态，识宝者与持宝者自愿买卖，重点表现的是宝物重金购不走，以宝物对乡土的依恋来反映人们爱乡爱国的心态，而不是识宝者与持宝者的矛盾和斗争。更多的涉外故事都是歌颂中外人民在经济和文化交往中的传统友谊的，这在近百年来闭关自守、盲目排外的思想压力下是难能可贵的。

三、广东涉外故事的人文氛围及其辐射效应

广东涉外故事反映了广东地方在特定的历史时期内人民的生活、生产、心理、风俗及其所表达的人民的是非观念、道德观念、伦理观念、审美观念等，表现了人们对生活的认识、体验、思考、想象、愿望以及所持的态度，从科学研究的角度来看，这些都具有很高的人文科学的价值。这些故事的形成，有它特定的人文氛围，其代代相传所形成的“人民心理积淀”（列宁语），反过来又作用于他们的生产、生活，而“物质生活的生产方式制约着

整个社会生活、政治生活和精神生活的过程”①，自然也制约着人们的思想意识，影响他们的行为乃至心态，长此以往，便铸造了一代人的性格，不单影响本地人，也传导到邻省及内陆各地，这就是它的辐射效应。

广东的识宝传说在唐以后多半仍保留着原始的基本形态，特别是鸦片战争以后，其他地方的识宝传说纷纷向盗宝型转化，增加了反帝的主题，而处于鸦片战争前沿的广东，这类传说却不多，包括原有的识宝传说也没有随意拔高增添反帝的内容，新产生的盗宝传说更少，这并不意味着广东人民在轰轰烈烈的反帝斗争中无动于衷，而是反映了他们面对现实的客观态度。在这一时期，广东也产生了如《三元里抗英》、《林则徐销烟》、《大摆灯笼阵》等许多优秀的反帝主题十分鲜明的传说故事。但友谊归友谊，侵略是侵略，泾渭分明，这与他们有较多的机会接触不同民族，不同语言，不同风俗，不同品格的各式各样的人有关。繁荣的商品经济和实利重商的思想倾向，使广州文化表现出一种与完全自然经济为基础的中原文化迥然不同的色彩，显得兼容、灵活、宽阔、新颖。它以经世致用为其基本精神，具有兼收外来文化的开放风气，超越传统导向的进取意识和讲求实效的社会心理。广东文化的这些特质，构成了广东民间故事的传统内核，使之区别于封闭式的内陆文化以及在这基础上所产生的“洋人盗宝”故事，这是很自然的。

中国传统文化是以儒道两家思想为主干的伦理政治型文化，它以人本主义为基本格调，重道轻器，经世重教（指教化），崇尚礼义、气节、亲情、自强自尊自信。以儒家文化为主的自足心理，使中国人在相当长的历史时期内，将自己的国度看做世界的主体、世界的中心，一向以“天朝上国”自居，傲视周边各族和异域他邦。因此，当西方文明以各种途径，如旅行、传教、经商等传入中国时，我们先是感到惊讶，进而加以神化，我们的伦理观念在别人先进的科学技术面前暴露了生存竞争的弱点之后，便流露出典型的“东方式嫉妒”，特别是在西方的坚船利炮，敲开了久久闭锁的国门之后，这种惊讶的情绪变成了惊恐，政治、军事交锋的失利，更使人们丧失了信心，他们只能从传统道德中去寻求心理的平衡。洋人识宝—盗宝故事就是这种心理的表现。

识宝的洋人，不管是旅行家、传教士还是商人，一定是某些方面具有较高科学技术水平的能人，他们能慧眼识宝，如《金鸭儿》故事中的洋人，

---

① 马克思．《政治经济学批判》序言［M］//马克思恩格斯选集：第二卷．北京：人民出版社，1995：31.

一眼就看出小姑娘手中的石头里边有个金鸭儿，《光孝寺与海珠石》传说中的外国珠宝商，一眼就看出了寺里的一块青石板内有一幅美丽的山河图，这绝非特异功能所致，而是知识、科学的力量。在科学不发达的古代，人们为这些识宝者神奇的本领所倾倒，这是自然的，这些新奇的逸闻像插上翅膀似的，在民间广为流传，不断添枝加叶，越传越神，也是符合民间文学发展规律的。这类故事盛行于唐代，这与唐朝国力的强盛，与西域各国频繁的交往，海陆交通的发达，都有密切的关系。唐帝国的疆土一度拓展到中亚和西亚，与波斯接壤，而波斯、罽宾（今克什米尔）等国盛产珍珠、翡翠、宝石，当时长安西市就有许多胡人开的珠宝店，因此，这类传说多发生于长安、广州、扬州等对外贸易较为繁荣的地方，也是可以理解的。这些故事后来向"盗宝"型发展，并由城市扩展到乡村，洋人的形象也越来越丑恶，这与近百年来帝国主义对我国的侵略有关。而广东地区这类传说却大都保留了原来的面貌，只是情节有所拓展，反映的生活面更宽了，这是由广东的文化氛围所决定的，特别是盗宝型传说大多数是新中国成立后整理出版的，广东这方面的"成果"也不多，更说明了这个问题。

这一点，可以从广东传统文化的特质上去考察。

历史上，广东地区的经济开发比中原地区晚，一向被中原统治者视为蛮烟瘴雨的"化外"之地，成为流放罪犯的地方，使得广东的封建宗法制度和社会结构的严谨性和强固性较之中原地区脆弱，传统文化远离中原文化圈的内核，土生土长的古老文明不多，因此较易于接受外来文化，形成了一种开放的风气，因此在广东涉外故事中，很少有盲目排外现象，不仅和外国人友善相处，为他们解难分忧，当他们为中国人民的事业作出贡献时，还尊之为神，参拜纪念。就是在鸦片战争爆发以后，民族矛盾十分尖锐的时代，一方面颂扬着林则徐销烟，英勇抗击英帝国主义入侵的业绩；另一方面也流传着林则徐热心体恤英国遇难船员的故事。

由于远离中原文化圈的内核，广东文化的传统导向并不明显，反而迸发出一种超越传统导向的进取意识，如博取中西绘画技术之长的岭南画派，被称为中国画的改革派；广东音乐摆脱了中原古曲的呆板格调，大胆采用外来乐器，形成了清新明快、活泼优美的音韵而享誉中外；广州工匠早在清代便学习西方工艺技术制造的自鸣钟，以其精巧新颖被赞为"广钟"，还有"广纱"、"广瓷"、"广船"、"粤菜"、"粤剧"等，亦都名噪中外，这一切都可见出广东传统文化演进的轨迹，并体现了一种超越传统导向的精神。反映在涉外故事中，没有内陆故事那种以洋为奇，以洋为祸的封闭思想；更没有内地识宝故事发展为盗宝故事那种单一片面的倾向，盗宝故事所表现出来的思想，也是比较豁达和宽阔的。五仙观悬挂铜钟的仙藤被盗去了，换来的是一条代表西方工业技术的铁链；仙藤变成了一条鱼窜到了珠江上游，洋人只是望江兴叹而没有受到惩罚，不像内地盗宝故事那样，金钟把洋鬼子罩到潭底，永世不出头（《金钟记》），金佛一个耳刮子把偷夜明珠的洋鬼子扇得栽了个狗吃屎（《金佛打洋鬼子》），金凤凰啄瞎了洋鬼子的眼睛，煽起大火，烧掉了教堂（《金凤凰》）等，五羊城也没有因五仙观的宝物被盗而从此衰败，铁链悬挂着大钟显得更加稳固了。在这中西文化的撞击中，广东人善于吸纳对方的长处，健全壮大自身，而不是总以同化或消灭对方为快事。

由于广东得天独厚的地理条件，广州成为我国最早的通商口岸之一，长期商业经济的熏陶，使广东传统文化具有一种讲求实利的重商倾向，人数众多的商人阶层遍布珠江三角洲，地方官吏不少也参加了商业活动，他们反对中央政府的海禁政策，主张开海通商。林则徐一面严禁鸦片贸易，一面主张准许正常的对外经商活动。这一切，不但促进了外向型经济的发展，冲击了落后的封建制度的传统意识，对本地区的文化生活和社会心理也产生了一定的影响，使广东得世界文明风气之先，成为西方文化辐射的第一站。因此，广东的涉外故事，特别是识宝、盗宝故事，许多都与商业贸易有关。识宝者多为商人，取宝形式一般是重金购买或以物易物，表现了一种自由平等的买卖关系。

以上便是广东涉外故事形成的政治、经济、地理、人种、语言、风俗诸因素。这些故事展现了广东传统文化的特殊形态，改变了它原有的文化位差，从近代开始向内地辐射，它不但对内陆故事产生了重要的影响，对本地人的思想观念、行为规范也产生了深远的影响，形成了广东人迥然不同于内陆各地的精明、勤奋、务实、开通的性格，对今天广东的开放改革的顺利进行也产生了积极的作用。

综上所述，造成广东涉外故事的开放心态的原因有四：其一，广东地处南疆，离传统文化圈的内核较远，又濒临沿海，海岸线长，地缘上就形成一个开放的格局，易于接受外来文化的影响。其二，由于特殊的地理原因，历代封建王朝一向对广东实行灵活的经济政策，促进广东商业贸易的发展，广州最早成为我国对外通商口岸和手工业基地。其三，广东人的祖先多是由于逃避中原战乱或在统治集团的内部斗争中受到打击、排挤而南来的，他们对中原故土无多依恋，也没有古代文明衰败后的失落感，处于中西文化要冲的广东，当两个层次的文化冲突的时候，广东人更容易接受外来文化的影响，导向现代文化的变通心理。其四，广东华侨遍布世界各地，在中外文化交流中起了重要的沟通作用。这一切都构成广东涉外故事开放性的因由。

第三节　故事：从六祖故事看佛教文化对广东的影响

惠能六祖是佛教禅宗的第六代继法人，我国南宗教派的创始者。他本姓卢，原籍范阳（今北京城西南），父亲卢行瑫，原为京官，于唐高祖武德三年（620 年）被贬至新州（现广东新兴县），与埛村女子李氏结婚，落籍新州夏卢村。李氏于唐太宗贞观十二年（638 年）生下惠能。三年后他父亲辞世，惠能跟随母亲卖柴度日，后得乡人相助，到湖北黄梅东禅寺拜五祖弘忍为师，得传衣钵，回到韶州（今广东韶关）南华寺大倡顿悟法门，宣传“见性成佛”，成为南宗始祖。他的言论被弟子们编成《六组坛经》，流传于世，不但对广东民间文化产生了广泛的影响，而且对整个中国佛教的发展也起了重大的作用。在中国佛教史上，惠能可谓一位功勋卓著的改革家。

一、生辰故事的神秘色彩

农历二月初八是六祖诞辰。相传李氏分娩时天色已黑，但产房里却满室红光，屋内芳香异常。天刚亮，便有两个和尚上门化斋。一和尚对卢行瑫说：“施主，你家贵子非平凡之辈，我们是专程来给你送名的。”卢行瑫道：“敢问师傅要给小儿取何贱名？”和尚说：“惠能。”卢行瑫一听像个出家人的名字，便问究竟，和尚解释道：“你家贵子本是佛爷再世，日后必有可为。惠者，施惠万民，普度众生；能者，法力无边，超凡出众也。”言毕飘逸而去。卢行瑫谨记和尚贵言，把儿子叫做“能儿”。这能儿一出世便不食母乳，不饥不渴，因为天神给他喂以甘露，得以洗髓易筋，脱胎换骨，成为一代宗师。

这一传说，与佛祖释迦牟尼降生的取意是一样的。传说释迦牟尼诞生之时，晴空万里，阳光普照大地，空中天女散花，天使奏乐，九龙喷洒香液，为太子沐浴，故后世把佛诞称为“浴佛节”。这一圣婴诞生之后，便会行走说话。他在四面八方各走七步，右手指天左手指地，说道：“天上地下，唯我是尊。”他每行一步，就生出一朵莲花，显兆日后普度众生。这些传说，显然是后世信徒为推行本教而附会的。他们把自己的祖师夸言为超凡入圣的灵体，实际是抬高自己的一种行为。世代相传沿袭，派生出更多的故事。敦煌传说中的《三危佛光》和《莲花女》的故事，已可见这些印迹（见《敦煌的传说》，上海文艺出版社，1986），莫非是说明佛地的圣灵和佛祖的非凡而已。传说释迦牟尼的母亲摩耶王后怀孕之前，曾见晴空有一头长着六根长牙的白象，在五彩祥云的驾护下，从她右肋钻进腹中，后释迦牟尼就是从右肋处出生的。《六度集经》中有个六牙象王的故事。这六牙象本是个慈悲为怀、勇于牺牲而又法力无边的圣体，率领着500只大象共同生活在山林中，后来遭人嫁祸投生到天上去了。这大概就是后来转世为释迦牟尼的六牙白象，500只大象即后来的五百罗汉。六祖降生前他母亲亦曾梦见百花竞放，白鹤双飞，还有说梦见一头白鹿的。鹿与莲花同是佛经中的圣物，传说佛教不杀生的教义就是从《鹿王本生》来的（见《大正藏》第三卷32页）。现新兴集成镇（六祖故乡所在地）尚有白鹿台，相传为两千年前南越王赵佗猎获白鹿之所。现实中并无白鹿之闻，此乃佛地圣境之神兽矣！相当于印度的六牙白象。离新兴不远的德庆县悦城龙母传说中，也有过一头三足白鹿，乃是秦时龙母坐骑之神兽，善鸣，且非常灵验，能预卜贵人所至方向（见《广东新语·兽语》）。此后的《粤中见闻》、《广东考古辑要》等，均无白鹿之记载。估计白鹿不会是绝迹的珍稀动物，而是虚拟的神兽。而这一切的目的，都是信徒们给自己所崇敬的人物涂上的一层神秘的色彩，展示他光辉的前程，并为天意所注定，从而增加崇敬的力量。

两个和尚神奇的出现以及为六祖命名之事宜，也表明了天意的安排。否则婴儿刚刚生下，和尚怎么知道，并且无人邀请，主动前来为之命名？按照佛教的规矩，信徒们生下孩子，就要请僧侣来命名的。卢李二人虽非信徒，但儿子既是佛爷转世，前世有缘，僧侣便上门来，这是很自然的。我国许多地方，直到明清两代，甚至新中国成立之前，请佛、道家命名或到寺庙、道观寄名的风俗都很盛行，华北地区还有“跳墙和尚”奇俗，皆源于此。命名“惠能”，已预示了六祖的前程。正如和尚所说，这是施惠万民，超凡出众的贤人。僧人中法号取“慧”（或“惠”）者不少，如东晋高僧慧远，新罗高僧慧超，都是造诣佛迹之士。佛经中之“般若”，乃“智慧”之梵语音译，义理神深，功德殊胜，故僧人多取其义。“慧”字再加上“能”，即智慧之佼佼者。“惠能”一名，于这位佛教禅宗之祖师是再贴切不过了。

至于惠能出生之后不食母乳，其母常梦见天神喂以甘露等，依尘世实为虚妄之言；依佛陀或许是体证之语，正如“陀罗尼”（真言）之神效，暂不可解。《心经今释》作者修文大师认为，“这是古代一种特殊文化的反映”，暂且勿论。

二、学佛故事的色空悟性

惠能离家学佛的故事，充满了佛法的“色”、“空”观念。所谓“色”，泛指一切有形体、有互碍、有变化的物质，包括日月星辰、山河大地、草木金石，以及人类所创造的各种物质。所谓“空”，是指空其自性，不是一切皆无叫“空”，不是否定现实的客观存在，而是从具体事相上显示的本体性空。这“空”是从具体的“有”上显出的。“有”在无性的“空”上成立。空有相成，本体实一。

从六祖卖柴听经，心性开悟，然后决心学佛，到湖北东禅寺拜五祖为师，巧对佛偈，都体现了他对佛法色空的悟性。舅父不忍他离家远去，要他拜开村头的巨石，方许出家，实际上是想断绝他出家的念头。巨石哪能拜开？同时也反映了广东地方尊重舅舅的风俗，所谓“天上雷公，地下舅公”，唯此为大。舅舅不同意，自然也就去不成了。谁知一切皆为天意安排，由于他精诚所至，金石为开，惠能拜了七七四十九天，巨石果然劈成两半，至今仍耸立在埘村路口，人称“别母石”。

六祖拜别母亲和舅舅，千里迢迢来到湖北东禅寺，要拜五祖为师。起初五祖不肯收留他，说：“汝是岭南人，又是獦獠，若为堪做佛？”惠能曰：“人虽有南北，佛性本无南北。獦獠身与和尚不同，佛性有何差别？”（见《六祖坛经》）正体现了般若观照是用因缘观、因果观来观照一切的道理，正中五祖下怀，于是把他留下，差往碓房舂米劈柴。八个月后，五祖遴选嗣法人，命各弟子取本心般若之性，各作一偈。当时十大弟子之首神秀偈云：“身是菩提树，心如明镜台；时时勤拂拭，勿使惹尘埃。”五祖云其“未见本性，只到门外”，后惠能作了一偈：“菩提本无树，明镜亦非台；本来无一物，何处惹尘埃？”众人惊讶。五祖恐人加害于他，佯说：“亦未见本性。”次日，五祖潜到碓房，见惠能挂着坠腰石舂米，语曰：“求道之人，为法忘躯，当如是乎？”又问：“米熟也未？”惠能答道：“米熟久矣，犹欠筛在。”这些话显然都是双关之语，可见惠能与五祖心息相通，有如释迦祖师在灵山会上说话时手拈一花，沉默不语，唯弟子迦叶破颜微笑，于是得祖师传正法眼，成为禅宗初祖一样。五祖又以杖击礁三下，示意惠能三更入室，秘受禅法，传以衣钵，并嘱咐说：“衣为争端，止汝勿传。”令其迅速南逃，“逢怀则止，遇会则藏”。惠能遵嘱回到广东怀集、四会一带，隐匿在深山猎户之中，16 年后，适逢高僧印宗法师在广州法性寺（今光孝寺）

开讲“涅槃经”，惠能混在三千听众之中听讲。是时风吹幡动，众僧引颈而望，便发生了“风动”还是“幡动”的辩论。惠能说：“不是风动，不是幡动，仁者心动。”可见他对佛学之“因缘所生法”之观照，已大彻大悟。此中所谓“心”，即与“色”（物质）相对而言之“精神”。用今天的话来说，就是：不是幡自动，也不是风吹使幡动，是你们的精神不集中了。这一高论，自然博得了印宗的赏识。惠能因此出示衣钵，削发剃度，正式被拜为禅宗六祖。这些故事，完全是按照佛学的色空观念编造的，都可在《六祖坛经》中找到出处。此“坛经”乃六祖当年谈道之书，门人法海收录成集，形成于大师圆寂后20余年，当是根据大师当年教诲之思想，所以玄虚之处，是可以理解的。

在此期间，民间对他学佛之艰苦卓绝另有传说，流传最广的《坠腰石》的故事（见《韶关民间故事选》）谓六祖初到东禅寺，被派往碓房舂米，因为个子矮小，踏不动碓子，于是想出了一个妙法，在腰间坠一块石头，踏起碓来又快又省力，只是石块把屁股打得通红。后来他把石块磨成扁圆形，中间挖个洞，拴在裤腰带上，又省力又好看。那块坠腰石至今还保留在韶关南华寺中。故事除了歌颂他的聪明才智之外，也突出了他艰苦磨炼的精神，这正是佛家所要求的。另外他家乡新兴还有两则传说，一说他初到东禅寺，和僧侣们一起种菜，别人窃取他的劳动成果，拿去报功，谁知五祖一看，凡惠能亲手种的菜，每片叶子上都有虫子爬过的痕迹，绣成“惠能”二字，五祖一看便心知肚明。此事虽已有点神化，但惠能根基清净，心如止水的品格已经可见，这也是佛家所要求的。另一则是关于五祖派早餐的传说。一天，五祖先给每人发了三个煎饼，众门徒不解其意，囫囵吞下，唯惠能觉得别有蹊跷，因为五祖平时是不会亲自发早点的。于是他只吃了两个，留下一个。接着五祖又给每个发了一个碗，碗底是穿洞的，他要每人用此碗吃三碗滚烫的粥，不准洒落地上。众僧无计可施，只有惠能不慌不忙，以煎饼贴着碗底，若无其事地吃完了三碗粥。五祖看了非常高兴。这一世俗故事，取义“心有灵犀一点通”，表现了惠能的悟性，生活色彩更为浓烈。

三、显法故事的功能

惠能传得衣钵，星夜南逃。数日后，五祖方告知众人：“衣法已南矣。”又曰：“能者得之。”首座神秀即派数人赶来，欲夺衣钵。其中有个叫惠明的和尚，俗姓陈，曾是个四品将军，一马当先。将要追及时，惠能便将衣钵置于石上，自己隐没在草莽之中。惠明见及，便动手去提掇，但使尽全身力气，仍拉扯不动，方知此为法物，焉可力争，方才省悟。唤道：“行者行者，我为法来，不为衣来！”惠能遂出，盘坐石上。惠明拜以为师，并回至岭下，对追赶来的僧人说：此处山高岭陡，查无踪迹，当别道寻之。惠明将众人哄走，惠能才得以脱身。惠能依五祖所言，在广东怀集、四会的山林中辗转16年，才到广州法性寺去剃度受戒，显法继嗣，后又北上韶关，扩建宝林寺。他看到原宝林寺庙宇狭小，便向当地名士陈亚仙借地。他对陈亚仙说：“施主，老僧想求你借给置坐的土地建造寺院。”陈亚仙说：“和尚，你的坐具有多大？”惠能将坐具给他看，陈亚仙答应了。惠能把坐具向空中一抛，阴罩曹溪全境，陈亚仙见状，忙说：“我知师傅法力无边，但这地方有我祖坟，建寺时还请保存。”于是把其余土地献给了寺院。六祖募捐化缘，扩建宝林道场，广开法门，说法授徒，一时威震南疆。其时，北方部分僧人已自立神秀为北宗六祖。神秀嫉妒惠能持有五祖衣钵，便派门徒行昌到宝林寺来，要他伺机行刺惠能。惠能法眼早已识穿。一天夜里，惠能预测行昌要来作恶，便在坐禅的地方放了十两银子，自己端坐一旁，行昌三更时分翻墙越壁，潜入方丈室，挥剑向六祖砍去，只听得“哃哃”巨响，火光四溅。行昌知道不妙，那时六祖正言道：“正剑不邪，邪剑不正，只负汝金，不负汝命。”这是《六祖坛经》中的真言。意思是说：你的剑是锋利的，但应保持一股正气，持剑的人，也应像剑一样是非分明，不要听人蛊惑，否则你的剑再锋利也不敌正气。我的命不能给你，只给你十两银子。行昌哪里敢收，立即拜倒在六祖脚下，忏悔求饶。六祖告诉他：恐此事败，弟子不容，反加害于你。于是六祖给他十两银子为盘缠，命他火速离去，改日再来，并送给他一部《涅槃经》。行昌到一处僻静的小寺院内，苦心修行，后来投于六祖门下，改名志澈，成为六祖的近身护法大弟子。

这些故事，中心在于宣扬“佛法无边”的信念和“邪不敌正”的义理。按照大乘佛教（传入我国的主要是大乘佛教）的教义，认为释迦牟尼是法力无边的大神，是宇宙的最高主宰，不管谁人有多么大的法力，都无法跳出他的法网。大乘教主张“八正道”，即是通向涅槃解脱的正确方法。所谓“八正”，即：正见、正思、正语、正业、正命、正精进、正念、正定。认为按此修行，即可超凡入圣，所以一切“邪恶”，皆不敌“正”。即上文所谓“正剑不邪，邪剑不正”也。此类故事，在佛经故事中比比皆是，在六祖故事中也不少。

此外，关于六祖洞悉一切，预卜生死未来的传说亦不少。如神秀为知南宗虚实，派门人志诚往曹溪宝林听法。志诚领命至曹溪，随从参请，不言来处，六祖当即告众曰：“今有盗法之人，潜在此会。”志诚即出礼拜，具陈其事，六祖方为之说法。六祖临终，亦有预感，乃集徒众曰：“吾至八月，欲离世间，汝等有疑，早须相问。”并与众人解说《真假动静偈》。后又见“诸佛出现，犹示涅槃”，便向众徒交代后事，预言身后五六年，当有一人来取吾首；七十年后，有二菩萨从东方来。果然不出所料。此等传闻，如今不止佛门，常人亦有之，可能是某种生物电传导所致，姑且勿论。六祖直到逝前一刻，依然端坐如常。时至三更，忽谓门人曰：“吾行矣！”只见一道白光，冲天而起，其时异香满室，禽兽哀鸣，六祖坐化了。这道白光，一直飞到五里外寺田村的一个山坑里，人们沿光寻去，见六祖端坐于一块巨石上，神态安详，眼睛微闭，双手合十，犹如平日坐禅之时。这就是现今新兴“藏佛坑”里的“化身岩”，至今尚存。此乃六祖传说与地方风物附会的结果。其不同于一般风物传说之处在于，一般风物传说重在解释风物之由来，而此处则着重于宣扬这位高僧的法眼法力，有些情节，简直就是经文的图解。如六祖化身一事，《法宝坛经》云：“本从化身生净性，净性常在化身中。性使化身行正道，当来圆满真无穷。”这化身便是他功德圆满的结果，与其他化身故事，寄山石于永恒当有所不同。

再有六祖肉身之归宿，也是他生前所预料的。当他预感到自己不久于人世，命人速去准备舟楫回新州时，众人问他：“师从此去，早晚可回？”他说：“叶落归根，来时无口。”他坐化后，广州、韶州、新州三地官员，争迎真身，莫决所之。乃焚香祷曰：“香烟指处师所归焉。”时香烟直贯曹溪。是为“香语”，至今佛门仍笃信之。这并非香烟随风所致。三根一样长短的香同时点燃，同时插于一个香炉之中，使之平行，所燃快慢可不一致，左中右各有高低，在僧人看来，这就表示不同的含义。立时起愿，香形便可立时改变。直到1991年六祖诞辰，笔者前往龙山国恩寺参拜，随学法师还现场为我们表演并讲解了这一道理。六祖肉身回曹溪，弟子方辩以香泥上之，故“来时无口”也，这是六祖早已料定的。这一现实，对于热爱他的新兴人民自然是个打击，于是有国恩寺众僧同得一梦之神话，以六祖在国恩寺显圣，召集众僧说法：“我身在宝林心在家，永远和你们在一起。”并说了一偈：“任从天下乱，此地永无忧。任从天下旱，此地一半收。”这美好的祝愿，是佛祖的福佑，也是家乡人民的希望。所以这一故事，千百年来一直在新兴流传。

四、法宝坛经中的禅理

以上故事，大多出自《法宝坛经》。此乃六祖临终之际，嘱咐门人把他在曲江大梵寺所说之法抄录流行，递相传授的。门人法海录其言行，汇编成集，实已加入后人法语，谓之《法宝坛经》。其实质是强调“顿悟”。所谓“顿悟”，是指无须长期修行，而凭自己的智慧，按其根性，般若观照，把握佛门真谛，即可突然觉悟。用惠能的话来说，就是“一闻言下便悟，顿见真如本性”（《法宝坛经》）。这就是说，只要靠个人的灵知，一刹那间有所领悟，便可成佛。追捕他的四品将军惠明，感于他的法力，礼请惠能为之说法。惠能云：“汝既不法而来，可屏息诸缘，勿生一念，吾为汝说。”惠明点头称是。惠能即说：“不思善，不思恶，正与邪时，那个是明上座本来面目?”惠明言下大悟。复问道：“上来密语密意外，还有更密意否?”惠能云：“与汝说者，即非密也。汝若观照，密在汝边。”惠明茅塞顿开，拜行者为师，后又投于门下，成为惠能的近身护法大师。真是“一闻言下便悟”，“顿悟成佛”也!

还有那盗法人志诚，行刺者志彻，皆因和尚一言一偈而彻悟。志诚从神秀学道九年，不得契语，听惠能和尚一说，便契本心明确了修行坐卧之理，又领悟了“戒、定、慧”之行相。所谓“心地无非自性戒，心地无痴自性慧，心地无乱自性定”，和神秀的“诸恶莫作名为戒，诸善奉行名为慧，自净其意名为定”确是有别。一个强调自性起用，即“自性自悟，顿悟顿修，亦无渐次”，一个强调“渐悟”修行，本来各有长短，但志诚听了惠能说法，亦拜倒在他门下。更有那个志彻，本名行昌，是个侠客，原是神秀派来行刺惠能的。他手执屠刀，凶相毕露，对着惠能连砍三刀，悉无所损才惊仆悔过，要求出家的。后和尚为之讲说“涅槃经”，大彻大悟易名“志彻”，成为惠能门下的一名高僧，亦可见顿教的力量。

最有代表性的是他与神秀争夺禅宗嗣法权的佛偈，不但反映了他彻底的色空观念，更表达了他反对神秀“时时勤拂拭”的修行和渐悟方式，主张顿悟的思想立场。在惠能看来，“一气相应，便成正觉”。“若识自信，一悟即至佛也”。“唯直下顿了自心本是佛，无一法可得，无行可修，此是无上道，此是真谛”。“人性自有利钝，迷人渐修，悟人顿契”。他反对坐禅念佛，不要累世修行，不搞布施财物，不分在家出家，只要自识本心，自见本性，均可成佛。这种快捷简便的方法，适应了下层群众的需要，使顿教得以普及。同时，这种“见性成佛”的理论强调了自我心性的认识，只有把握自我意识这个精神本体，就是认识了佛性，就有成佛的可能，即所谓“自性若悟，众生是佛；自性若迷，佛是众生”。有些人由于有妄念浮云盖覆，自性不能明，佛性就不能显示出来，要把妄念浮云吹散，就要以“无念为宗，无相为体，无值为本”。精神得到了解脱，自然就可进入极乐世界。这个极乐世界，不在遥远的西方，就在自己的脚下，“随所值处恒安乐”，“心地但无不善，西方去此不遥”。所以佛言：“随其心净即佛土净，东方人造罪，念佛求生西方；西方人治罪，念佛求生何国?”此惠能高明之至也！所以顿教产生以来，使佛教更加中国化，禅宗教派不但得到了广大群众的支持，也得到了寒门庶族与中小地主阶层的支持，为佛教的中兴铺平了道路。乃因佛教东渐以来，由于寺院经济的发展，成为影响社会生活的重要力量，隋唐时期，佛教得到了空前的发展，佛教徒的上层人士，不少参与了统治集团的斗争，为了限制僧侣地主阶层的势力，唐武宗没收了寺院的几十万顷良田，解放了15万寺院奴婢，迫使26万僧尼还俗，废毁了上万座寺院，给了佛教惨重的打击，这就是佛教史上著名的“三武之难”之一（另两难为北魏太武帝、北周武帝灭佛事件）。就在佛教面临危难之秋，禅宗以革新派的面目出现，破除以前各教派繁琐的教条，宣扬“即心即佛”、“见性成佛”、“顿悟成佛”，主张不背经、不礼佛、不坐禅、不布施，采取通俗的说教，把遥远的彼岸移到现实之中，投合了庶族地主的口味，特别是惠能六祖倡导的顿教，吸引了广大群众，给佛教带来了生机。这就是坛经故事得以在民间广泛流传的主要原因。

五、佛迹风物的意义

六祖惠能的许多佛迹，至今尚存，而且往往附会着一个美好的传说，使之不仅成为佛教的史迹，还具有传说学上作为“中心点”或“纪念物”的意义，因而更为民俗学界所关注。

保存六祖遗迹最多的一是他的家乡新兴县集成镇，二是他削发受戒的广州光孝寺，三是他开坛说法的韶关曹溪南华寺。这些佛迹和传说，真真假假，各有其不同的文化价值。

新兴县集成镇夏卢村，距县城12公里，为六祖生身之所，其父卢行瑫被贬南来，初居于此。现原房舍已毁坏，原房址处建有家庙。距夏卢村1公里处，有龙山国恩寺，为六祖惠能故居及圆寂之所。该寺始建于唐弘道元年（683年），原名报恩寺。唐中宗为景仰六祖弘扬佛法功德，于神龙三年（707年）赐名国恩寺，至今已有1 300多年历史，是广东著名的古刹之一。

寺左有报恩塔，是六祖离世前命门人回新兴赶建的，713 年落成，后毁于火，1206 年、1357 年两次重修，留有不少石柱石刻，其中有唐朝诗圣杜甫的从侄杜位被贬至新州参军时所作的《龙山胜概》。后又崩毁，至 1987 年前，仅存砖石塔基。1987 年集资重建，1990 年竣工，为八角七层灵塔，塔门匾额“报恩塔”三字为中国佛教协会会长赵朴初所题。集成温泉之西，有“香灯岗”，传说是惠能圆寂后，广州、韶关、新兴三处门人争迎肉身，于此岗烧香礼佛，以香烟飘向何处决所归，终归曹溪宝林。此处佛迹，多有记载，至今民间尚有流传，传说的色彩已相当浓重。这传说的目的有二：一是要应验六祖的遗言说明他的圣灵；二是要说明天意所归，是人意无法抗拒的。从传说学的观点来看，无须考究此事是真是假，只需把它视为传说的纪念物即可。此与集城镇郷村路口的“别母石”一样，不过是人们心理的一种寄托而已。还有寺田村东的藏佛坑和化身岩，完全可以肯定是附会的。史籍虽有记载，但非史实。该坑水清石奇，有瀑布，有深潭，还有无笃石螺，人们依据石奇之态，分别冠以“韦陀石”、“金刚石”之名，乃是古人灵石崇拜的一种表现。国恩寺右侧，有惠能父母坟，是其生前所建。据说墓穴还是国师徐东风被贬至新州时，为感谢他母子款待之恩，特意为之选定的，所以惠能得以成为一位空前绝后的“法王”，享受万代香烟。这显然是后世风水先生为他们的财路而添枝插叶的。从堪舆学的角度看，此墓穴形胜实乃一般，所谓“三宝佛”之说，附托而已。寺左侧有六祖手植红荔一棵，历 1 300 载，仍苍劲繁茂，是为难得。有人据此考究岭南荔枝种植史，亦有一定价值。寺后还有卓锡泉、六祖浴亭等。亭虽已废，石坎、泉眼仍在，作为纪念先圣的遗迹，乃有一种神秘古幽之感。

惠能在韶关曹溪宝林寺说法长达 36 年，有得法弟子 43 人，又藏有六祖真身，故被称为“祖庭”。该寺始建于梁朝天监三年（504 年），原名宝林寺，唐中宗时赐名“中兴寺”，976 年重修后改名“南华寺”，沿用至今，是我国现今有名的佛教古寺。寺中文物，数六祖真身最为可贵，是为弟子方辩以香泥所塑，安放于灵照塔内。据说入塔之日，白光冲天，三日始散，此乃传说。741 年，北派僧人曾派侠客张净满盗取真身头颅，未果，但颈部已留伤痕。宋末又为兵乱穿破胸腹，后经多次修补方保存下来，现安放在六祖殿上。寺中还有武则天赐给惠能的《天册金轮敕书》和千佛袈裟，元、明历代皇帝敕书，明代金液书写之《华严经》、铜版印制之《金刚经》以及王维、柳宗元、刘禹锡、苏轼等名人所写的碑记，各种佛像、石刻等，不但是佛教历史的珍贵文物，而且亦可见出佛教对民间文化的影响。

再一处重要遗迹是广州光孝寺，这是广州现存最古老的佛寺。惠能当日就是在此削发受戒的。现光孝寺内尚有六祖发塔，还有风幡阁，是为了纪念六祖在那次关于“风动”还是“幡动”的论争中，发表了“心动”的高见而兴建的。至今尚存。该寺始建于公元前南越王末代王子赵建德时，原为一座园林，东吴学者虞翻曾在此讲学，东晋后期，罽宾国（今克什米尔）僧人昙摩耶舍创为王园寺，刘宋时该国僧人那跋陀罗在寺内建了戒坛，改名诃林寺。萧梁时印度僧人智药带来了一棵菩提树，种在园中，成为佛教传入我国后在中国国土上栽种的第一棵“圣树”。527 年，印度高僧达摩祖师东渡来华，在广州建西来庵，设坛传教，后又到诃林寺坐禅，然后才北上嵩山少林寺的。达摩后来成为佛教禅宗初祖，光孝寺就是佛教自海道传入岭南的历史圣地。到了唐代，诃林寺改为法性寺，惠能六祖在此开创顿教，它的兴衰衍变，在南宗教派史上有着密切的关系。宋、元各代，法性寺又多次易名，直到明宪宗成化二年（1466 年），才最后定名光孝寺，沿用至今。寺内大雄宝殿是东晋建筑，殿内采用菱形圆肚柱，上下两端略小而中间粗大，迥然于其他古建筑。殿后有东西两铁塔，乃南汉大宝年间建筑。另有六祖殿、伽蓝殿等，别具华南古代建筑风格。寺内还有洗钵池、洗砚池、睡佛楼等，都是珍贵的文物古迹。

除此三处之外，广东的许多寺院，甚至尼庵，都有六祖的圣像圣迹，如广州的六榕寺，内有六祖铜像，这是宋太宗端拱二年（989 年）铸造的。湛江福寿山（尼庵）供有六祖圣像，肇庆鼎湖山庆云寺有六祖卓锡泉，怀集有六祖岩，传说是当年六祖南逃时隐居之处，三水西南和光寺有六祖借宿遗迹，韶关南华寺西水尾桥处，至今尚存一形似蛤蟆精和乌龟精的巨石，此乃当年六祖治妖之所。在六祖的家乡新兴，甚至连水神洪圣大王庙里也供奉着六祖像。作为佛教的一代宗师，佛门的改革家，这是他应享的盛誉。实际上，他所提倡的一切时中行住坐卧，都可参禅的主张，与岭南文化思想的务实善变是一脉相通的，所以它得以在岭南各地开花结果，这些思想，不但通过佛门的说教加以传播，同时又以口头故事的方式流入民间，影响更广，不但生活充满了佛道的色彩，山水亦打上了佛家的烙印。至今清远尚有达摩石，肇庆有辟支岩，“辟支”是梵语“独自觉悟”的意思，肯定是随佛经一起传入的。广东的盂兰盆会，过去非常盛行，中山、潮州一带尤为突出，建坛打醮演水色所谓“水陆超幽”，都与佛经故事有关。中山四月初八浴佛节舞醉龙、吃榇犀饼等，开初都与佛事有关。另广东民间还有两件事是在“四月八”进行的：一是“牛王诞”，时间也是四月初八。这是壮族同胞敬牛抚牛的节日，它与农耕社会牛在农事活动中的地位有关。但时间与浴佛节一致，不可完全视为偶合。印度人对牛的敬重更甚，把牛视为圣物，不能随意宰杀，不食牛肉，不用牛皮制品，印度教徒还有饮牛尿以净化身心的习惯，死后也用牛粪焚尸，认为这样可使灵魂圣洁。我国佛教是从印度传入的，浴佛节与牛王诞的吻合，在宗教风俗上是有渊源的。至今梅州一些地方仍有过“四月八”节的习惯，但人们已说不清是浴佛节还是牛王诞，反正世代传袭，以至今日。二是“出水龙”。广东各地都有五月赛龙舟的习俗，赛前鸣锣开鼓起龙舟，有的地方还要举行一定的仪式，是日也为“四月八”。从四月初八起，龙舟鼓声可闻，至五月二十止。为何选定四月八？从“出水龙”的仪式看，亦与佛事有关，可见它的影响。这些故事和风俗的积淀，影响了一代又一代人的心理，不但禅宗“见性成佛”的理念，“顿悟”、“直觉”的思维与认识方法，“无念为宗”的境界，直接影响了许多信徒，致使佛家的人生哲学模式，所谓“超尘拔俗”的品格，“万法皆空”的思想，以及“随缘而安”、“与世无争”的心态，波及许多群众。广东人淡漠仕途，不为政坛荣辱浮沉所动心，善于自我调节，随缘而安的行为，都可见出这位祖师的影响。

改革开放以来，随着宗教政策的落实，广东求神拜佛的人也急剧增多。新兴县在册僧人五百，据该县佛教协会负责人说，信徒在一万以上。雷州市在册僧尼多达两千，编外信徒可想而知，这与当前商品社会风险无常以及一代文化断层造成的愚昧固然有关，但原来佛教势力的影响仍不可忽视。信仰本是一种积极的寄托，迷信却是一种消极的行为。禅宗“见性成佛”的理论，主张“自我超脱”，不需改变现实，只需一转念，烦恼就成了“菩提”，苦海就变成乐土，政治上的欺骗性是十分明显的，所以历代封建统治者都加以利用。惠能的“顿悟”教法，从思想体系来说他是唯心的，在思维方式上也带有浓厚的神秘色彩，它完全是一种偶然的直觉认识，是不可从逻辑思维上去解释的。特别是今天气功盛行，真伪难辨，佛道两家都有人加以利用，应该审慎对待。

第四节　歌谣：刘三妹与广东民间歌唱

1981 年，我国著名民俗学家钟敬文先生写了一篇著名的论文《刘三姐传说试论》，主要以广西的刘三姐传说为依据，对有关刘三姐的历史记录的功过，传说形态的发展以及她与歌圩风俗的关系等方面，作了全面的分析，并说明他准备另写一篇《论广东传说中之刘三妹》的论文。1982年，老诗人黄雨先生主编《天南》，特意编辑了一组文章《广东有个刘三妹》，想为钟先生的论著提供一点材料，就中也有我的一篇《刘三妹在春湾》。黄雨先生在这组文章的前言中说："广东有个刘三妹，去了广西，长大成为刘三姐。"乍看似为戏言，却给了我很大的启发。广东对刘三妹的称呼各地不一，梅县、兴宁一带称刘三妹；清远、肇庆、阳春一带，有称刘三妹的，也有称刘三姐的；连县、阳山一带有称刘三姑、刘三娘；阳江称为刘三妈；电白称为刘三太。这些称呼明显反映了年龄层次的差别，刘三妹确是逐渐长大，成熟以至终老了。虽然她肯定不是一个真实的历史人物，探究她的身世确无意义，但从对她称呼的变化，我们似乎可以看到这一歌唱风俗所走过的路线，她沿途留下的遗迹构成了一个风物传说圈，正好反映了该地区文化发展的一个侧面。也许这项工作不是由一个刘三妹来完成的，是由几个刘三妹，或者张三妹、李三妹来完成的。这些善于歌唱的姐妹组成了刘三妹的形象，在广西她是"歌圩的女儿"，在广东她是"粤俗好歌"的结晶。不管她是一个人还是一个群体，她的歌唱已在岭南产生了广泛的辐射效应，使岭南的山水风物都打下了她的烙印，在岭南文化史上留下了光辉的一页。

一、对刘三妹的称谓不可忽视

上文所及，对刘三妹的称呼各地不一。称"姐"称"妹"的差别不大，所以被人忽视了。黄雨先生提出了他独到的见解，认为这是刘三妹长大了，成了刘三姐。这个问题不能不引起我们的思考，因为有的地方对她称"姑"、称"娘"、称"妈"、称"太"的，这恐怕不是随意的称呼，显然是她愈来愈老了。"妹"、"姐"一般是对未婚姑娘的称呼；"姑"、"娘"有未婚的，也有已婚的，是父辈的姐妹；"妈"是父母辈的姐姐；"太"是祖母的母亲，绝对不会有人把一个未婚的女青年称为"阿太"的。

广东普遍称呼刘三姐为"刘三妹"，早期的歌谣中也是这样唱的："读书便是刘三妹，唱价本是娘本身；立价便立价雪世，思着细衫思着价。"原注："价是歌，立价是造歌，刘三妹是造歌之人。雪世是传世。细衫指唱歌之人，义同红裙。"①

清代广东瑶胞聚居的地方除粤北连南、连山、乳源之外，还有始兴、曲

---

① 清·李调元. 粤风·瑶歌［M］.

江、阳山、仁化、怀集、龙门、阳春等地，此歌具体出于何地，已不可考。李调元在他的《粤东笔记》中提到“瑶俗最尚歌”，此乃《瑶歌》辑录者赵文龙语，就中引到一首瑶歌：“与娘同行江边路，却滴江水上娘身；滴水一身娘未怪，要凭江水做媒人。”从语气上看，和上文所引“刘三妹”歌如出一辙。文中还提到，瑶胞有“春歌正月初一，三月初三，秋歌八月十五”的风俗，与广西富川县风俗有些相似。《富川县志》亦载：刘三妹生于富川。查富川县位于粤桂湘三省交界处，与屈大均所记，刘三妹“常往来两粤溪峒间”相符。此中的刘三妹，是新兴人，生于唐中宗年间，12 岁，淹通经史，善为歌，解音律，解诸蛮种族语言，遇某种人，即依某种声音作歌与之唱和，致使粤民及瑶壮诸种人围而观之。这个刘三妹，后来死在阳春，今春湾尚有刘三姐歌台。阳春自古以来都有瑶族同胞居住，至今尚有一个瑶族自治乡，可为佐证。

这个刘三妹，一直活跃在“两粤溪峒间”，她曾在肇庆七星岩与白鹤乡一位苗族少年对歌，“七日夜歌声不绝，俱化为石”。现七星岩岛鼓洞还有块三妹石，据说是她的化身。此间，她还到过广西贵县、扶绥、富川、恭城、宜山等地对歌、传歌。清代光绪年间所修《贵县志》称“郡志旧载”：“明代末年，广东省一位排行第三之女子，因逃难，随家人移居贵县南山，务农为生。彼女善歌。其歌传自仙女麻姑。后移居西山，从事纺织。至今西山凌口上，尚留有某脚印。”在西山，她又与朗宁乡张秀才对歌，化石相对而坐。后来，她又从广西返回粤北壮洞连山一带，与壮族青年佛子对歌，佛子决心等她传歌归来，化为石人。刘三妹到哪里传歌呢？可能就在此时，经广宁、清远、肇庆再进入阳春，所以这些地方都有跳禾楼、唱禾楼歌的风俗，都说是刘三姐所传。12 岁便离家而去，开始歌唱生涯的刘三妹，此时已经长成大姑娘了，所以对她有称刘三妹，亦有称刘三姐的。后来她在阳春落了户，住在春湾刘家寨，她祖父就在那里过世了，其祖坟至今尚存。她在阳春居住的时间可能较长，故留下了不少仙踪，以致后来宋朝皇帝真宗亦赐名藏书，“通真岩”招徕了不少文人墨客，声威远扬。在这段时间里，她可能到过阳江、电白一带，并远行至钦州、广州等地，故阳江县志载有该县“跳禾楼”风俗由“刘三妈”所传的记载。其时她至少是个中年以上的妇女了。电白称之为“刘三妹”，并说她本是吴川歌女，因饥荒而流至电白，使“电白人初领妙音，皆极倾倒，掷钱如雨下，歌囊隆然。然刘三妹衣食之余，皆予以道路之无名者。于是县之人士多重之。后遇仙得道，坐化于电白之北部屏廓山之某洞，历数十年颜色容貌不变，且一点朱唇，益增红润”①。

这个刘三妹，可能是刘氏晚年从钦廉地区回来，经湛江，过吴川而入电白的。历史上钦廉地区多次划给广东管辖，两地来往频繁，这是不奇怪的，湛江亦有刘三妹的仙踪。

至于梅县、兴宁一带的刘三妹，可以肯定完全是另外一个人。那里至今有“自古山歌从口出”的美誉。“从口”谐音“松口”，指梅县松口镇，是著名的歌乡，传说是刘三妹的故乡。那里流传最广的一则故事就是刘三妹在河边洗衣时与秀才（或罗隐）对歌，那秀才有眼不识泰山，竟向刘三妹夸口说他载来了三船歌书，要找刘三妹对歌。刘三妹随口便驳道：“河唇洗衫刘三妹，借问先生哪里来？自古山歌从口出，哪有山歌船载来!?”一语双关，传为美谈。这个刘三妹，一直活动在梅县、兴宁一带，有时被称为“麓三妹”，和许多能歌善唱的女子，如黄小妹、杨四娣、张六满、尖尾剪等名字一样到处传扬。② 较早记载这个刘三妹事迹的是1925年出版的《歌谣》周刊第82期，说她是“广东潮梅人”，作者刘策奇在该文末尾还声明此为传闻，不一定确切。该文大部分都是介绍广西刘三姐在柳州、象县对歌的故事的。这个刘三姐是否是经常往来“两粤溪峒间”的那个？看来不是。兴宁、梅县一带多称“刘三妹”，很少称刘三姐的，再有，广东人对潮汕、兴梅地区的概称，也很少用“潮梅”的。作者对广东的情况的确不太熟悉，所以他一再声明，希望广东的朋友加以指正，这恐怕不只是谦逊之词。但此中所记录的故事的基本形态，对后来广西刘三姐故事的发展，影响很大，乃得力于《歌谣》周刊在我国民俗史上的地位。以致世人把两个刘三妹混为一谈了。

再查兴梅各地志书，皆无刘三妹之记载，客家地区的灵石崇拜如泰山石敢当之类不少，但却无三妹石，五华县有五年一度的山歌醮，每届都有一名年轻女歌手于葫芦顶上做“金鸡独立”，但都没有形成化石的神话，歌唱的风格也显然有别于粤西各地。客家居民多是两宋时期南迁的中原望族后裔，歌风多用《诗经》比兴手法，又富于唐人绝句韵味，生动形象，比喻丰富，语多双关，诙谐旷达，诗意盎然。如客家情歌中有一首：“若爱摘花入花园，哥爱恋妹早开言。世上只有藤缠树，唔曾见过树缠藤。”同一首歌，广西的唱法是：“山中只有藤缠树，世上哪有树缠藤，青藤若是不缠树，枉过

① 民俗周刊，1928．第19、20期合刊．

② 梅县地区群众艺术馆．粤东客家山歌·山歌故事．1981．

一春又一春。”前者用的是客家方言，脱口而出，直率、通俗而不乏韵味。后者文字虽稍整齐，但有雕琢痕迹。虽然同是用藤和树作比，但后者却绕了一个弯，像个羞答答的广西姑娘，而不像敢于用山歌来讥讽一代才子宋湘的“客家妹”。这就是两种不同的歌唱风格。所以我认为，广东至少有两个刘三妹。新兴的刘三妹略早于兴梅的刘三妹，所以较早见于史籍。兴梅的刘三妹的事迹多为口传，所以不够广远。加上兴梅地区偏处粤东一隅，唐宋以降被贬南来的文人墨客很少涉足。而新兴刘三妹所过之处，如肇庆、阳山、阳春等地，却有许多著名诗人来过，如刘禹锡、许恽、周敦颐、杜位（杜甫从侄）等，经过他们的渲染，皇帝加封晋爵，愈演愈烈，以致后人把兴梅的刘三妹附会到新兴的刘三妹身上，这是可能的。如今肇庆、新兴一带歌风已衰，而兴宁、梅县的民间歌唱却方兴未艾，亦可见当日兴梅之刘三妹不亚于新兴刘三妹，史家无意识之偏颇而已。从其传歌路线和歌唱风格可以肯定，这是两个文化系统的产物。前者为广府民系，后者为客家民系。

但不管是哪一个刘三妹，抑或是广西的刘三姐，民间对她的称谓都为我们提供了她传歌的路线，她的行迹又给我们画出了一个风俗圈。即岭南民俗峒溪文化圈。它的范围涉及广东、广西乃至云南东南部（云南河口、屏边一带有刘三妹传说）的部分地区，它明显区别于珠江三角洲及潮汕平原地区的风俗文化，这是应该引起我们注意的。

二、“粤俗好歌”的风俗画卷

屈大均的《广东新语》和李调元的《粤东笔记》都有专章记及“粤俗好歌”之事，文字完全相同，屈氏在前，李氏在后，抄拟之嫌不可免，或许李调元正是在屈大均的启发下，汇集民歌以成《粤风》的。其中濠水赵文龙所辑的《瑶歌》，屈大均已经提到，睢阳修和所谓的《粤歌》，屈氏也已提及，“粤歌”二字，正好是屈氏《广东新语·歌语》中的一个条目，被李调元采为“粤俗好歌”条之文字。二人功过得失，这里暂且勿论。

且说就中关于粤俗好歌的记载，颇为详尽。首先粤人“凡有吉庆，必唱歌以为欢迎”，“东西两粤皆尚歌，而西粤土司中尤盛”，所以在说及粤地一般的歌唱风俗之后，又专门记述了粤西瑶狼僮族之歌。其中所提到的歌谣种类有：送花歌、摸鱼歌、竹叶歌、采茶歌、汤水歌、山歌、峯歌、踏月歌、浪花歌、竹枝歌等。所提到的歌唱风俗有：迎亲娶妇酬唱，拦门斗歌；饮宴与席唱和“坐歌堂”，亲友来索糖梅啖食“打糖梅”，妇女岁时聚会使瞽师唱如元人弹词之歌；每岁正月饰儿童为彩女唱十二月采茶歌；潮汕农家每岁插秧时擂鼓竞歌；南雄每岁正月卜扶箕仙唱“踏月歌”，长乐妇女中秋拜月唱“月姑歌”；水上居民婚夕舶舟斗歌；黎胞集会使歌郎唱开场歌；粤西峒溪春秋时布花果笙箫于山中歌唱为乐，瑶胞男女杂还一唱百和，苗族男女青年纵之山野唱歌恋爱，壮族同胞则织歌于巾或书歌于扇相赠，如此等等。这些风俗，使得南粤大地成为一片歌海。如果说，刘三姐是广西歌圩的女儿，那么，广东的刘三妹，正是在“粤俗好歌”这片歌海中孕育出来的。

传说中的广东刘三妹是唐中宗年间人，最早记载刘三妹的文字为宋人王象之的《舆地纪胜》，该书卷九十八提到阳春县有个“三妹山”，并注云：“刘三妹，春州人，坐化于岩石之上，因名。”可见宋代以前关于刘三妹的传说已相当普遍，否则不会以其名为山名。唐代是我国诗歌的黄金时代，在文学史上产生过许多伟大的诗人，其中有十分重视民间歌谣的白居易和刘禹锡，当时岭南被称为“蛮酋”，虽然荒僻，但历代统治者都不忘派名臣到岭南招抚，唐宋以来，大批中原移民南下，给岭南地区带来了中原文化的信息，唐朝时广州已经成为我国著名的对外贸易港口，外来文化、中原文化与百越本土文化的交融，使岭南大地产生了一批杰出的人物，唐朝丞相张九龄，禅宗六祖惠能，都是南来北归后成就大业的伟人。张九龄祖籍江南，定居曲江后成为“岭海千年第一人”。诗歌造诣亦很深，诗风清淡，骨峻神疏，成为岭南诗坛的开拓功臣。惠能原籍河北范阳，其父流放岭南，落户新兴，成了刘三妹的同乡。在这样的政治、经济条件下，加上粤俗好歌的风尚，孕育出刘三妹这样一个民间歌唱的天才，是不足为奇的。值得注意的是，新兴出了个惠能，又出个刘三妹，这也许是巧合，也许是天地育化之功吧！为此，笔者曾多次前往新兴，访及当任文化局长，都说目前新兴尚未发现一点刘三妹的遗迹，民间歌唱风气也不浓郁。查及史志，得知北宋大中祥符九年（1016年），新州曾与春州（今阳春市）合并，改称“新春州”。或许就是这一期间，《舆地纪胜》作者王象之把“新春州”误为“春州”，屈大均又把“新春州”误为“新兴”，屈翁为清初“岭南三家”之一，在广东影响甚大，后肇庆府志采入，讹传至今，亦有可能。

以后各家所记的广东的歌唱风俗，大都与刘三妹有关。两粤溪峒间的山歌为她所传，“诸溪峒初不知歌，善歌自刘三妹始也”（清·陆次云《声歌原始》）。梅县歌乡风俗相沿不改，亦出自这位歌仙的遗风。“土人自有山歌……今松源、松口各乡尚相沿不改”，“男女隔岭相唱和，兴往情来，余音袅娜，犹存歌仙之遗风”（清·黄遵宪《人境庐诗草》）。阳江跳禾楼风俗为她所传：“六月村落中，各建小棚，延巫女歌舞其上，名曰跳禾楼，用以祈年。俗传跳禾楼即效刘三妈故事。闻此神为牧牛女得道者，各处多有庙。”（《阳江县志》）清远唱禾楼歌（又称南歌）的习尚，亦为刘三妹所传授，用以感动“禾花仙女”，用自己的乳汁喷洒禾苗（《羊城人仙神·禾楼歌的传说》）。甚至苗族同胞“谐婚跳月之辞”，也是根据刘三妹的歌唱，“依其声就其韵而作”的（陆次云《声歌原始》）。如今广东的民间歌唱，依然比较热烈。歌乡梅县，平时“一日三餐歌送饭”，“山歌也好当媒人”。每届元宵和中秋佳节，都有山歌盛会，市人民政府顺应群众的要求，把每年八月十五正式定为“山歌节”，歌唱风愈演愈烈。粤北山乡，瑶壮等族同胞，亦称刘三妹为其歌祖，歌前必先祀祭，每届民间诞会，如盘古王诞、大年夜等，都有耍歌堂或歌堂夜，以及唱“年晚歌”等活动，各村寨男女青年、歌师歌伯，斗歌为乐，赛歌志庆，仍是相当热闹。1991 年春，乳源县还组织了盛大的元宵歌会，古风今释，尤有韵味。还有雷州半岛的雷歌打擂台。人们斗起歌来，也是通宵达旦的。真是从东到西，从南到北，歌风未减当年。可见一个优秀的民间歌手，在开一代歌风，影响一代歌唱民俗中的作用。这种现象，民间文学比作家文学还有它许多特异的地方。歌手除了文艺创作的才能之外，急才、口才、歌才以及组织应变传授之才，都是相当重要的。

在这丰富多彩的民间歌唱风俗中，我们还可以看到各民族民间文化的互相交流和影响。这不仅因为他们有共同的歌祖刘三妹通解各种音律，遇某种人依某种声而唱，更主要的是，一种风俗的形成与当地的历史、地理环境、政治、经济、文化条件都密切相关。岭南各族人民，在长期的共同生活中，互相学习，互相帮助，取长补短，不但结下了深厚的友谊，也交流了生产、生活的经验，形成了共同的习俗，产生了共同的文化现象。广东苗族、黎族都有三月三的风俗；和瑶族耍歌堂相似，连山壮族有“歌堂夜”，瑶族、壮族、黎族都有汉化的民歌。这些交流和影响，孕育了他们共同的歌祖、歌仙；反过来，杰出的民间歌手、艺术家，在推动、传播这些文化种子的过程中，又起了重大的作用。

在这一歌唱的风俗长廊中，我们还可发现，广东的歌唱风俗与广西的歌圩、广东的刘三妹与广西的刘三姐有许多相同之处，但又有不同的地方。除上述不同的称谓反映了不同的年龄层次之外，由于年龄的增长，经历的丰富，她歌唱的风格亦发生了变化，由清新流畅，到激昂嘹亮，再到深沉浑厚。这不单是歌唱风格的不同，它反映了从刘三妹到刘三妹成长的过程，反映广东的刘三妹和广西的刘三姐气质的差异。同是河边对歌，唱败满船歌书秀才的故事，广东的刘三妹质朴稚趣，乖张伶俐，脱口便说：“自古山歌从口出，哪有山歌船载来?”中心在说明“山歌松口出”，松口是刘三妹的故乡，是出产“歌”的地方，从而引以为豪。广西的刘三姐则老到得多（这与她已年长有关），她先隐瞒自己的身份，欺骗秀才说自己是刘三姐的妹妹，并问秀才姓名，又以其姓编歌，把他奚落一番，如“姓陶不见桃花开，姓李不见李花白，姓罗不见锣鼓响”等，没见刘三姐就把秀才唱败了，旨在说明刘三姐更为高明。前者重点在赞美歌手之歌乡，后者重点在赞美歌乡中的歌手。题旨不同，所塑造的人物性格也不一样。同是对歌化石的情节，广东的“三妹山”、“三妹石”多以“三妹坐岩上得名”，或“七日夜歌声不绝，俱化为石”，古朴、单纯，广西的刘三姐飞升则玄妙得多，或是骑鲤鱼，骑白鹤，甚至撑伞升天的。今柳州有鲤鱼岩，桂林平头山仍有刘三姐撑伞飞升的印迹，略带几分自然的野趣。这也反映了两地文化风格的差异。

三、歌仙崇拜的风物效应

对于民间杰出歌手刘三妹的崇拜。两广到了出神入化的境地，同样反映了两地的好歌风尚。他们把刘三妹奉为歌仙，升入神格，列为宗族神灵，无非是想把她的形象永远留在人们的心目之中。其中最普遍的“化石”传说，就是这种观念的反映。因为在古人看来，天地万物之中，最能永恒的就是山石。把她永铸山水，化为灵石，这是最好的办法。我国古代的灵石崇拜很多，除上文提到的泰山石敢当外，还有女娲炼石补天，石头感生，得子石，望夫山，望夫石，叱石成羊等，都是佐证。广东最著名的“三妹山”在阳春市，《舆地纪胜》有“三妹山”条，《太平寰宇记》、《广东考古辑要》甚至《阳春县志》都有记载。此山在距春城十里的新云和扶民村交界处，高十余丈，怪石嶙峋，山中有一石洞，洞内有泉，洞前有一草坪，人们常在此歇息。传说当年刘三妹常在此与人对歌。另《广东新语》载：在阳春县北80里铜石岩东之半峰，有刘三姐歌台，对面垌中有一土丘，据说是她的祖坟，还有春夏不生草等记载。再有，肇庆七星岩中亦有三妹石，阳山有三妹岩，台山有刘三妹缉蔴的蔴篮石，连山有佛仔石（与刘三妹对歌的壮族青年的化身）。这些灵石，因刘三妹得以扬名天下，刘三妹的形象，又因附会了这些风物而不朽于人世。这也许就是古人创造这些传说的初衷吧！

崇拜的另一种形式就是让刘三妹升上天国，化为神仙。各地都有关于她飞升的传说，普遍称之为“歌仙”。此中之“歌仙”与常人称李白、杜甫为“诗仙”、“诗圣”有别，不但言其在诗歌界登峰造极的地位，还真有点超凡脱俗的仙气，达到了“通真”的地步。阳春、苍梧一带都把她视若神明。阳春人用檀香木雕刻了她的像，祀于通真岩中，每逢农历二月十五，即传说中刘三妹的诞辰，乡民纷纷前往拜祭，并把其像抬下山来神游，起牌楼搭歌台志庆。这一风俗一直沿袭至新中国成立初期。平时每逢天旱，就要抬大王公像（传说刘三妹有三个儿子，死后都成了大王公）到三妹山前做醮，祈求苍天降雨。苍梧一带则拜她为“三娘神”，说她耕种纺织皆有神奇本领，随歌随理，须臾即治，还能拾溪石为炊，把石头煮得柔脆如粉（见《苍梧县志》）；阳春人还说她替地主看鸭时，为了唱歌，把鸭头和鸭身扭开，使鸭不致食人禾谷，唱完歌再把鸭头和鸭身扭回来，有一次匆忙扭错了，故阳春至今还有一种与众不同的“花颈鸭”①。这些神奇的本领，都不是凡夫俗子所能为的。

不少地方还把刘三妹当作祖宗神来祭拜，把她和西江的大神龙母合为一体。悦城龙母是祖宗神与自然神合二为一的显赫神灵，在西江流域具有很大的势力。龙母祖庙在广东德庆，但她的祖籍却是广西藤县。而宜山、富川一带的龙母神却是刘三妹。《富川县志》载：“三妹生于富川之淮溪，尝夜守鱼梁，与白蛇交，后生子俱为龙，今称为龙母。”把悦城龙母拾卵得五龙子之事附会到刘三妹身上。从其与异物相交而得子的形态看，比拾卵得子的传说产生要晚，与刘三妹传说之附会当更晚。至少在唐宋以后，当时龙母的地位已相当显赫，刘三妹要永存于世，依靠这棵大树是个好办法，亦可见人们为纪念这位歌仙已费尽心思了。

把刘三妹当作祖宗神灵崇拜的，还有贺县的瑶族同胞。他们说，刘三妹的父亲姓刘，母亲姓山。其父为上门女婿，因“两不避宗”关系，其子女要夸刘山两姓，故将女儿命名为“刘山妹”，人们讹传为“刘三妹”。他们是从广东避难到湖南，再从湖南到贺县的。现贺县的过山瑶在还愿时一边祭盘王，一边祭刘三妹，因为她是瑶人的祖宗。② 与贺县交界的粤北连山，甚至把与刘三妹对歌化石的佛子也贡为神，在三岔路口堆砌人形石像，为之立庙，逢年过节拜祭，可见他们在人们心目中的地位。

真正把刘三妹当作歌仙崇拜的，还是她的故乡阳春。屈大均《广东新语·女语》云：“三妹今称歌仙，凡作歌者，毋论齐民与狼瑶壮人山子等类，歌成必先供一本，祝者藏之，求歌者就而录，不得携出。渐积逐至数

① 广东省民间文艺家协会. 天南，1983（3）.

② 陈志良. 山歌的鼻祖——刘三妹.

篋。兵后，今荡然矣。”还有化州市，化北民间“跳禾楼”时，楼堂上必挂刘三妹像。乃因当年刘三妹到化州六皇山一带传歌时，正值虫害盛发，她发明了一种“百草丹”，消灭了害虫，获得了丰收。此后人们庆丰欢歌，“跳禾楼”、唱“禾楼歌”时，必先祭拜她。这才是她作为文艺女神的本来面目。刘三妹当年歌唱得道的地方，后来都成了民间对歌娱乐的场所。每当风清月朗的晚上，人们便成群结队，前往对歌。阳春、肇庆、清远、连山、梅县等地，凡有刘三妹足迹的地方，都成了著名的歌乡。广西许多地方的歌圩，都供有刘三妹的神像，对歌时，先要请其灵来镇场；散堂后送之回去，祈求歌仙的福佑。清远、阳江一带跳禾楼的风俗，皆因歌而起，又与巫术相结合，变成了祈年风俗，传袭至今。歌唱又与恋爱结下了不解之缘，青年们效法刘三妹与白鹤少年、与佛子等对歌，以歌求偶，至今依然。粤北过山瑶同胞甚至认为，他们的上门婚俗，乃是从刘三妹父亲开始的，故乐于保留，这就是我们今天倡导的“男嫁女”的新风美俗。

广东的刘三妹，不仅给岭南的山山水水留下了许多仙迹，使得普普通通的山水木石英灵亘古，而且对民间文化娱乐，婚姻恋爱，信仰崇拜，宗族神灵，乃至生产劳动等许多风俗都产生了广泛的影响，有些观念深深地印在人们的心中。谈到民间歌唱的意义时，人们自然会献给你一首歌：“唱歌好，唱歌能使人成仙，不信你看刘三妹，如今立庙在西天。”可见刘三妹的形象，已构成民间歌唱的一座丰碑。这是现实中的任何一个歌女，乃至历代伟大的音乐家、歌唱家都不能相比的。

四、民间歌唱与文化交流的轨迹

广东刘三妹的传说，涉及汉、壮、瑶、苗几个民族，从她的传歌路线，我们看到了岭南山歌的风物圈。这个风物圈东起梅县，西至廉州，北到韶关、郴州，南至雷州半岛。此间有许多相似的风物、风俗，都因共同的歌祖刘三妹而生；又有许多相异的传说和习尚，因民族和社区而有别。我们不必考究刘三妹到底属于哪个民族，亦不必追究她的故乡到底在哪一个社区，而应该把她看作岭南民间文化的一个综合机体。她不但是“粤俗好歌”的产物，“歌圩的女儿”，而且凝聚了岭南民间信仰、交际、礼仪、婚嫁、生产等许多习俗，透过这一机体使我们看到了岭南民间文化的一个侧面。

首先，我们看到了一个文化位差的流向。一般来说，文化高的地区在交流中往往处于主导地位，文化低的地区受其影响要大些、多些。广东的刘三妹，后来成了广西的刘三姐，这在广西的史籍上也不否认，如上文《贵县志》所及，称她是从广东逃难到广西去的善歌女子，当然亦有认为她是富川人、宜山人的，但都不否认她来往于两粤溪峒间，接受过广东文化的影响。这与历史上广东开化比广西早，经济、文化比广西发达的事实是相符的。加上历代行政区域的变迁，两广交界处的一些县区，归属亦多次变动，老百姓自己也说不清楚，自己到底是广东人还是广西人了，因此对刘三妹的两广归属问题，亦无须争议。无疑，刘三妹成了两广文化交流的使者，她把广东的先进文化带到了广西，又带回了广西文化的土特产，相互融合，构成了岭南文化的一个部件。

其次，我们看到，各民族在吸收外族先进文化的时候，总是根据自己的需要加以改造，打上自己民族的烙印的。本节开头引的那首民歌明显是一首汉化的瑶歌。过山瑶虽然把刘三妹奉为其宗族神，那是和他们的盘王崇拜结合在一起的。瑶胞最大规模的歌节“耍歌堂”，就是在十月十六盘王诞时举行的。广西壮族把刘三姐传说与歌圩风俗的形成联系在一起，说她与白马郎对歌化石后，人们为了纪念她，经常聚集在她化石的地方对歌，以后就成了歌圩。粤北壮胞则把她与佛仔石的信仰结合在一起。佛仔石是当地信仰的指点迷津的民俗神，常设于三岔路口。据说他是当年与刘三妹对歌入迷后，在三岔路口守候而化石的。同是壮族，不同地区就有不同的特色。所以，说刘三妹是汉族姑娘，她像；说她是瑶族姑娘，也像；说她是壮族姑娘，更像。关键就在于各民族都按照自己的审美要求，把她改造过了。

再次，各民族民间文化在相互交流的过程中互相学习，共同提高。这些友好的交往，又是和各民族人民的经济交往、生产合作、宗教传播、作品翻译介绍等分不开的。刘三妹本身就精通音律，咸解诸蛮种族语言，“遇某种人，即依某种声音，作歌与之唱和，某种人即奉之为式”（屈大均《广东新语》）。她本身就是一个翻译家，作品的传播者，在民间文化的交流中起了很好的促进作用，所以受到人们的尊敬与怀念。岭南各族人民共同创造了光辉灿烂的南越文化。这就是刘三妹给我们的启示。

第五节　谜语：广东谜坛的动因与风格

广东谜坛具有悠久的历史，民间猜谜活动向来相当盛行，这与中原文化的影响有密切的关系。唐代著名诗人韩愈被贬潮州，曾在潮州、阳山任职，宋代苏东坡被贬惠州、海南，足迹遍及广东各地。他是个制谜、猜谜的能手，还有苏辙、秦观、李纲、寇准等人，先后被贬雷州。他们把中原的诗风谜气带到广东，对广东的谜坛产生了深远的影响。据澳籍华人学者谭达先博士考究，近代广东的一些谜语，至少可以在七百多年前的史籍中找到它的源头。他列举了三则有关“历书”的谜语，广州的说法是：“摸来又有裂，睇来又有节，两头冻铁铁，中间热辣辣。”梅县的说法是：“看到就有节，摸到就无节，两头就话冷，中间就系热。”翁源的说法是：“看着有节，摸着没节，两头又冷，中间又热。”这三则谜语，早在明末冯梦龙的《黄山谜》中已辑入，到清代道光年间咄咄夫的《增订一夕话新集》中也收有，与翁源流传的仅一字之差，更早一些，还可在《西湖游览志余》记载的南宋谜语中找到它的影子，算起来确是有700多年了。①

另据明末清初屈大均《广东新语》所记广州元宵风俗，除张灯、放烟花、歌伯斗歌为乐之外，“其灯师又为谜语，悬赏中衢，曰灯信”②。可见当时广东民间猜谜之风已相当盛行，从1916年起，广州每逢农历开岁至上元前后，在惠爱路中央公园和丰宁路西瓜园里，举行春节同乐会时必有专人设谜坛助庆，通衢大道上还有人设置谜局，以“文虎候教”。在1925年到1926年出刊的广州《工人之路特号》上，还选刊了不少广东民间谜语。③1927年中山大学出版的《民间文艺》和1928年以后出版的《民俗》周刊，也刊登了许多广东谜语，刘万章还编了一本《广州谜语》（第一集），作为“民俗学丛书”出版，顾颉刚先生称为第一个“民众谜语的专集”，给予很高的评价。1929年管又新在梅县明星书局出版的《客族平民文艺》和新铺英记书局出版的《蕉风》，都收录了不少客家谜语。潮汕方面，有1930年杨小绿编辑的《潮州俗谜》，并涌现了一批谜社和谜人，称雄于南国的谜坛。著名谜人马啸天先生曾有诗赞曰：“国内谜丛潮海雄，艺坛处处见流风。千秋虎薮应称誉，照得春灯遍野红。”④明清以降，潮汕一带谜人辈出，谜社林立，不少谜人还有专门的谜号。如潮州枫溪的吴殿邦谜号“海日”，“筱斋谜社”的陈奏号“石室老人”，谢晋嘉号“子凤”，胡寄云号“怀蝶”，邱振宗号“梦蝶”，黄炳华号“朗月”等，出版了许多专著，如《辍耕谈虎录》、《怀蝶室谜话》，有些谜社还创办了谜刊，如《影语月刊》、

① 简谈广东民间谜语的三个问题［M］//谭达先民间文学论文集．北京：中国友谊出版公司，1993．

② 清·屈大均．广东新语［M］．北京：中华书局，1985：卷九“广州时序”条．

③ 谭达先．广东民间谜语选·代序［M］．香港：香港南粤出版社，1982．

④ 凤城谜语，1980（2）．

《浣花片谜刊》等，在潮汕一带都很有影响。

一、鲜明的地方色彩

广东民间谜语向以地方色彩浓烈称著，他们巧借当地山川风物、风情入谜，描绘了一幅幅南国的风俗画卷。如广州谜语“吃田螺”：“拉开天窗，磨定老姜，一啖一个，透心滑肠。”不但内容写的是广州特有的食俗，语言上也透出了浓重的广州口音，一看便是“广货”。潮汕有则物谜，还通过四种当地群众熟悉的蔬菜，隐喻一位青年女子为追求理想爱情的强烈愿望：

> 红杏枝头三月时（春菜），踏青未忍须臾离（韭菜），芳心至此长嗟叹（咳菜），羞人答答总为伊（应菜）。

配合得十分巧妙，也很有地方特色。一些写政事的谜语，更及时反映了广东的政治风云：“清朝皇帝戒鸦片，三令五申难实现。广东地方民更伤，新华盛世才欣忭。”（《千家诗》一句：禁烟不到粤人国）此外，借重于方言的优势也是重要的方面。如南方江河密布，行船较多，对于“船篙”这则谜语，各地就有不同的说法。广州话说：“少小时，绿鬓婆娑，自入郎手青少黄多；经过几多磋磨，历尽几许风波；莫提起，提起来，泪洒江河！”客家话说：“想当初，满头珠翠，已嫁后，绿少黄多，不提起犹可，一提起泪洒江河。”潮州话说：“碧绿娇娥嫁舟郎，到今日受尽奔波，提起来泪滴江河。”意境相似，风格相近，广州话轻柔舒缓，客家话直率朴实，潮汕话凝练铿锵，各有特色。在艺术结构和表现手法方面，广东谜语多为四句头的歌谣体，也有一、二、三句或五句的，有字句整齐的，亦有参差不齐的。如广州谜语“契据”：“我本豪生门，出嫁给穷人，只怕日子久，难见故乡人。”句式整齐，描绘贴切。潮州谜语“钓鱼”：“下颠动，顶喜欢；顶颠动，下惊死”，酷似一首民谣，活泼明快。客家谜语“以筷子吃饭”：“一阵雕子（鸟儿）白莹莹，二枝竹篙赶入城。”形象新颖，有声有色。三则谜语，内容不同，句式也不同，但都有赖于方言的通俗警醒，得以在民间广为流传。有些谜语，依赖方音的特殊象声，显得更加幽默风趣，如“算盘”，广州谜曰：“上山斩旧（块）离碌木，斗张离碌床，生的离碌子，离离碌碌满一床。”客家谜曰：“郎当妹，嫁到郎当郎，郎当桥，做个郎当床，郎郎当当共一床。”同是形声，客家谜似还有故事性，并且巧妙地利用了两个“郎”字的不同内涵，扣合末句，更为贴切。广州的“离离碌碌”，虽不及“郎郎当当”响亮，但更有动感，把算珠子转动的状貌也刻画无遗，各有千秋。有的除利用方音的形声外，还用其特殊的语义加以强调，使之更有地方色彩。如广州谜语：“卡拉床，卡拉凳，卡拉姑娘係度瞓。”“卡拉”意为“纵横交错”，“係度”意即“在此”，“瞓”即“睡觉”。谜底：核桃。这则谜语，就是通过方言土语“卡拉”的三次重复来描绘核桃的内部构造的，兼用拟人、暗喻等法，加以巧妙综合，达到了声义兼蓄的效果。有的还在这基础上插科打趣，使之更为生动幽默。如潮州谜语“狗”：“头蓬松，尾蓬松，约得着，做您公。”广州谜语“粪桶”，用的也是这种手法：“红木盆，载腊肉，谁人估到，请佢食粥。”

二、多姿多彩的艺术手法

广东谜语的制作，十分讲究神韵，不但要求谜面成文，具有诗情画意，还要求各方面配合得非常美妙。特别是潮汕谜语，谜面之美，谜义之精，谜底之切，底面扣合之妙，底面用材之新，表现手法之多样，法门谜格的参补，都到了无懈可击的地步，真可谓“百般奇巧斗新思，满幅纷罗绝妙辞”，比赋诗填词还要考究。

潮谜的法门，多达40多个，常用的有传神、会意、别解、谬解、反射、章旨、形象、问答、拟人、叫句、增损离合、指事用典、倒装回顾、赋字提义等，虽如是，有时底面扣合尚嫌不足，又以谜格来补救，谜格亦多达40多个，常用的如秋千、卷帘、双钩、求凰、徐妃、曹娥、白头、梨花等，研究起来，也十分有趣。

潮汕灯谜体裁种类繁多，其中最富有文学艺术价值的是诗谜。诗谜通常以四句诗挂面，俗称“四句头”。它的主要特点是可广泛采用实物、诗句、事物名称、人事、动物等作底材，能反映现实生活，抒发作者的思想感情，表现手法也可因材而异，不像摘字谜那样受到一定的限制。若用实物作底材，则多用赋体。如：“揽柄横行系铁杆，上时容易下时难。威风耍尽无他事，撒手偷闲睡一番。”（用物一：打气筒）文面似在刻画打气筒的形象、特点，实际上是在讽刺官僚主义者的丑态，入木三分。若以诗句、词汇作底材，则用传神、会意、训音等法，逐句扣合。如：“竹马青梅欢笑时，世情不识又不知，长成继续农家业，男事扶犁女杼机。”（打《千家诗》一句：儿童未解供耕织）这种生动形象的“赋诗谜”，在潮汕谜坛上是很常见的。

另一种是摘句谜，多摘取古典文学的名句，辞藻华丽，意境清新，经过一番巧妙构思，使其出神入化，裁就佳构。如：“枕上袖边难拂拭，任它点点与斑斑。”（射影片名一：《泪痕》）“陶然共醉菊花杯。”（猜五言唐诗一句：同是长干人。此中“长干人”已别解为“长作干杯之人”。）“将军本色是诗人。”（猜电影演员名一：武亦文）这些诗句本身就很优美，但如何扣合谜底，使之浑然一体，这本身也是个再创作的过程。因此摘句谜本身受到了一定的限制，摘来摘去，思想内容没有新突破，摘得多了，还容易往偏奥艰涩的夹路走去，这是值得注意的。

可喜的是，潮汕“谜界同人，别开门径，仿旧创新。咏拟半裁韵诗，法套绝妙好辞”①，创作了不少佳作。如著名谜人隐乐的“三江春时云若暮，草木两般画不如”，射《诗品》一句：“清酒满杯”；松雪的“极目江头春色好，罗衣轻解等郎归”，射聊目一：“湘裙”；松孙的“鸳鸯枕上樱桃偎，乍觉更残梅半开”，射《红楼梦》人物一：林如海。这些都堪称上乘之作，得到谜界的赞许，甚可玩味。如隐乐之作，底材“清酒满”三字俱为“水”旁，题面以三江扣之；所余“青”、“酉”二傍，“青”字关映春色，“酉”字乃云时暮，合起来便是上句；尚余“草、木、两、不”字等，皆明企之，拆底就面，便可组成“莔”、“杯”二字，扣以下句，刻画无遗。其他两例，亦很完美，难怪人们传诵至今。

这些精粹的谜作，得力于五花八门的表现手法，如传神会意的“专门利人，毫不利己”，猜新词一：“行为美”；白描写真的“大笔写大字，书纸不写写土地”，猜用物一：“扫帚”；底面别解的“七品芝麻官”（小令）、“虎性难驯”（风暴）；形象法的“一弯新月带三星”，猜字一：“心”；绘声法的：“黛玉哪里睡得着，只听外面淅淅飒”，猜词牌名一：“潇湘夜雨”；赋字提义的“太白举杯邀月饮，分明玉兔恰当东”，猜字一：“春”；增损离合的“森林之火”，猜字一：“杰”；倒装回顾的“欲穷千里目，更上一层楼”，猜成语一：“登高望远”；“绝代有佳人”，隐俗语句“美而无子”；“农家宴会”，隐五言唐诗句：“把酒话桑麻”等，不但文字精彩，神意圆到，而且充满生活气息。还有一些灯谜，运用各种法门处理之后，底面扣合还有一点不足之处，他们又以谜格来加以补救。如“终局独卒困孤帅”，射影目一：《最后一颗子弹》。以“终局”扣“最后”，“独卒”扣“一颗子”，“孤帅”扣“单”。按常规，应是“最后一颗子单”，因此标上“只覆格”加以限制，按此谜格要求，将谜底最后一个字拆成两半，弃一半留一半，这就使得字字有着落，义理更加周圆了。

---

① 谢会心．韵谜三百则·弁言［J］．广东民间文学论丛，1986（6）．

潮汕灯谜凭着这多姿多彩的法门与谜格，谙熟谜艺的作者以神采之笔，写景抒情，咏物叙事，刻画独到，扣合巧妙，具有较高的艺术水平，在当前群众文化生活中独树一帜，大有可为。但在目前创作中也存在一些不足之处：艰深古奥，用典太僻，摘句谜过多，有些片面追求别解，底面扣合过于曲折隐晦，因而失去了青年人的参与，使谜坛后继乏人，这是应当引起高度重视的。应该发扬初期向民间谜语学习的传统，多创作，少摘句；多描赋，少用典；多追求新意，少追求别解，努力开拓谜艺的新路，才能进一步提高谜作质量，吸引更多群众参与，使它在群众文化生活中发挥更大的作用。

三、潮汕谜坛的击鼓报猜

传统的潮汕谜坛，多张灯结彩，棚面的挂谜板上纵横有序挂满谜笺，谜笺上除了文字谜，还有画谜、印谜、实物谜等，配搭有致，俨如书画展览。棚面配备 1 名至 2 名“传呼员”主持报猜工作。后棚入门处（或上层棚屋）布设幌幢，内置大鼓一面，铜锣一面，辈分较高的制谜者（有的地方如达濠每场谜会只由一位制谜者承担全部谜作）当主鼓人。主鼓人端坐棚内，不与猜众见面。

经过一定仪式（有关人物致词，燃放烟花爆竹）之后，谜会进入正题，猜众开始报猜。报猜者对所瞄准目标，先读谜号，再读谜文（谜面），然后读谜格（假使该谜有加格的话），最后读谜目。每读一句，“传呼员”依样报读一句，主鼓人回报鼓声一响。谜笺内容读后，便报出谜底，如若猜中，回报鼓声两响，并且特别响亮。

接着释谜面与谜底相扣合的道理，如果释谜正确回报鼓声两响再加一响洪亮的锣声，寓意“出击胜利，鸣金收军”。如果不中或者释谜未能尽善尽美者，报以几通边鼓。

猜者如果中鹄，“传呼员”就将把被猜中者的谜笺揭下，挂上新谜笺，俗称“补谜”。“传呼员”将揭下的谜笺送到棚后，随即另有专人用垫着红绸的托盘盛着该谜笺和奖品，走下谜棚，来到猜中者面前奉上并称谢，领赏者应起身回谢。

“谜母”压棚。“谜母”者，全场谜会只选一则，是主鼓者认为是该场谜会中最佳、猜射难度最大之作。开猜前，主鼓者将“谜母”谜文及答案录下，封于大红信封里，高悬于谜棚前。“谜母”之作杂于其他谜作之中供猜射，并无标识。一旦“谜母”被猜中，主鼓者重槌击鼓，着人取下大红信封，当众拆封核对，以示无欺，然后金鼓鞭炮齐鸣，重赏高中者。猜中

“谜母”者，须在下一个灯谜活动日设棚开猜，以回报谜友们的厚爱。

饶平将“谜母”称为“状元标”，清朝同治年间设有“状元标”旗一面，作为全县巡回开猜之用。中“标”者，锣鼓彩旗将“标”及礼物送上门，一路敲锣打鼓，颇似真的中了状元。中标者的家人乡人以此为荣，鸣炮礼迎送标队伍。

普宁一带不设“谜母”，压棚之作是“大谜”。“大谜”者，以短篇散文、韵文为谜面，每句隐一谜底。每则大谜不少于15个谜底，要全猜中，是颇费心机的。

新中国成立后，随着开猜活动的普及，基于经济方面的考虑等原因，开猜形式逐步简化。几十年来，潮汕灯谜开猜形式中改革的程式有：

主鼓人从棚后走向台前亮相，直接与猜众见面交流。“传呼员”基本“下岗”，但如果猜众如堵，强手如云，虎将报猜争先恐后时，还须临时“招聘”，以维持开猜秩序。赠送奖品时，省去托盘。导猜时，省去铜锣，释谜准确时，重槌报以鼓声三响（濠江区、普宁市一带至今铜锣不肯入库）。

猜射不中或释谜不够准确，不予得中，不再报以边鼓；报猜或解释接近答案，报以短促一串鼓声，俗称“隆鼓”，寓意“继续进击”，给猜者以鼓励。

开猜形式虽经改革，但谜人怀古情结未解，每逢大型谜会，只要条件允许，一定“复古”。

潮汕灯谜的开猜形式，并非仅仅图排场，讲热闹。更重要的是以谜会友，增进友谊，促进艺术交流与传播。猜众释谜的过程，就是评价谜作，交流艺术的过程，这个过程，就是联谊的媒介。此外，猜众中，不乏初学者，他们听释谜，实则是在听谜课，长期积累，潜移默化，渐入佳境。开猜过程，倘若碰到冷场，这说明台面上的谜作难度太大，主持人要及时换上未露面之作或给猜众以某些启发，引导思考。这是一种渴望知音的表示，是主持人对猜众表示友好的举动。这种行为，也是潮汕谜坛才能见到的。

有人称潮汕地区的开猜形式为“潮汕功夫谜”，这与潮汕人办事精细的习性不无关系。潮汕人多地少，为解决劳力出路，其一途径就是向生产的深度进军，所以潮汕人的精耕细作是出了名的。精耕细作的结果培养了人的耐心、细致的性格。从谜猜活动，便可反映出潮汕人的这种性格特征。

这些礼仪和普及群众文化的方式，在建设精神文明和文化强省的今天，都是值得倡导的。

潮汕谜艺的活动形式，除了独具一格的击鼓报猜之外，还有展猜、网上会猜、笔猜、电控竞猜、函寄会猜等。

过去有人错误认为，灯谜不过是一种文字游戏，雕虫小技，壮夫不为。综观潮汕灯谜的优秀作品，不但可以看到它高度的政治思想内容，还可体味它那通俗形象的诗歌韵味，还有那千般奇巧的扣合艺术，真是叫人拍案叫绝。如抗日战争期间，国民党反动派不抗日，反把屠刀转向人民，制造了“五卅”惨案和“四一二”惨案，当时有首谜作写道：“南京路上血模糊，早化杜鹃亿万株。记取春申江畔债，号召公民忆念诸。”（打《千家诗》一句：“涂抹新红上海棠”）描述了惨重的血案，抒发了深切的怀念之情，不但诗意盎然，扣合亦很得当。“四人帮”横行之时，人们恨之入骨，作了一谜：“白骨化作美人来，结成一帮齐登台。骗人伎俩全暴露，人人拍手笑颜开。”（打娱乐项目一：魔术）通俗形象，有如歌谣。究潮汕灯谜之源，最初有许多歌谣式的民间谜语，富有浓厚的生活气息，如：“葫芦样，葫芦相，人未食，你先胀。”（猜日用品一：木饭勺）又：“天顶一幅云，地下一只船，观音来划渡，童子来坐船。”（猜生活用具一：摇篮）这些谜语，多用常见的事物作底材，语言淳朴，音韵铿锵，朗朗上口。潮汕灯谜，起初也多采用歌谣、四诗体、赋体、联对等形式，后来才有摘句、单字、单词等形式的。所以至今许多优秀的谜作，都保持了原来的风格，做到“谜中有画”，生动形象。如：“前滚翻，后滚翻，运动台上换新装。服从裁判姿态美，愿为体操争荣光。”（打家具一：缝衣机）即使是摘句谜，也都十分注意其中的形象与神韵。如：“远树两行山倒影，轻舟一叶水平流”，射“慧”字；“明月半依云脚下，残花犹落马蹄前”，射“熊”字，不但很有诗味，而且扣合十分神妙。可见制谜、猜谜，乃是一项思想、艺术都十分讲究的高尚娱乐，在潮汕一带却具有如此的广泛性，十分难得。笔者曾在潮州意溪参加过一次谜会，只见谜台上不断展出新作，不断被观众揭晓，猜射者有老有少，有男有女。有些过路人看到这热闹的场面也忍不住，从旁搭腔参战。一次谜台上挂出了一条“千张银帆赶春汛，万担金鳞报丰收”，一位推着单车路过的人高声喊道：“渔家乐。”一声鼓响，被他猜中了。主持人把奖品——两粒糖果远远地抛给他，引得观众哈哈大笑，也为谜坛增添了不少乐趣。

如今广东谜坛，除潮汕外，广州、深圳一带亦很活跃，除文字谜外，还有实物谜、画谜、印章谜等，群众都很感兴趣，特别是实物谜，猜射更加踊跃，更具群众性。

第三章　有形民俗的文化形态

第一节　饮食：广州茶楼文化大观

广州的茶楼文化，远非“饮食文化”所能概括，除饮食之茶、汤、菜、点等形态之外，建筑装潢的风格，室内陈设的流派，字画古董的雅趣，听歌品曲的娱乐，交朋结友的气度，洽谈经商的门道，无一不是一门高超的艺术。这一切，都于广州茶楼聚集一堂，体现了广州茶楼文化中西合璧、博雅达观的风格，使它成为广州社会的一个缩影。

广州的茶楼，自19世纪中叶从低矮简陋的茶寮中崛起之后，“饮早茶”的习尚，风靡了珠江三角洲。到处茶楼林立，可谓五步一楼，十步一阁，就连郊区的小村镇，也无一没有茶居。有闲阶级借此寻欢作乐，消闲遣兴；劳苦大众，却借一杯清茶，忙里偷闲，喘息片刻。开放改革的大潮，更改变了广州人饮食生活的结构，饮食方式从“家庭化”走向了“商业化”，茶楼更加兴旺发达了。短短十多年间，广州的茶楼、酒家及个体摊档发展到一万多户，遍布大街小巷，不论走到什么地方，都能尝到“三茶二饭”。从“饮早茶”发展到“下午茶”到晚上的“音乐茶座”，从珠江三角洲发展到整个南粤大地，粤北山乡、粤东平原，都盖起了堂堂的茶楼。食品越来越精致，档次越来越高级。向往开放改革的各省同胞，也以广东生活习尚为荣，于是天涯海角，内蒙古草原都建起了广式茶楼。老舍茶楼根深蒂固的古都北京人，盖碗茶艺高超的成都人，都学广州人“饮早茶”。广州茶楼之风，一下吹遍了大江南北，长城内外，成为传播岭南文化的一个窗口。作为一个广东人，不能不回过头来，检讨一下广州茶楼的各方各面，把这一文化阵地办得更加高雅、文明。

一、趋时变奏，源远流长

我国是茶叶的故乡，广州是茶叶之路的起点。1610年荷兰人首先从我国运茶到欧洲。1662 年，嗜好饮茶的葡萄牙公主凯瑟琳嫁给英王查理二世，这位“饮茶皇后”使茶成为英国宫廷风行的饮品，此后茶叶便传遍了欧洲。1780 年，茶籽从广州运往印度，使之成为当今世界产茶最丰的国家。广州人的饮茶风俗，大抵从此逐渐形成。但早年的茶肆，一如外省的茶馆、茶坊、茶室、茶亭差不多，多为简陋的路头铺，广州人称之为“二厘馆”，即茶价只收二厘钱，投钱可饮，点心也“抵食大件”，以解饥渴为目的。直到清代中叶，外国商人蜂拥而至，在现今十三行街一带聚居，那里成为当时广州的外贸中心。广州的第一间现代化的茶楼，就是在十三行街诞生的，号为“三元楼”，为三层建筑，铺面颇为豪华，陈设典雅富丽，从低矮的茶寮中脱颖而出，有如鹤立鸡群，人们称之为“高楼馆”，以区别于过去的“二厘馆”，把此等高档的消费称之为“上高楼”。此后较早建起的还有现海珠南路的怡香楼和大新路的福如楼。稍后便是陶陶居、天然居、陆羽居、惠如楼等，因多有一个“居”字，所以广州人又把茶楼叫做“茶居”。这些茶楼，至少也有 100 多年的历史了。20 世纪初崛起的“四大茶楼”，即文园、谟觞、南园、西园，其规模亦相当可观。文园雄踞“四大茶楼”之首，是西关阔少、文人雅士、富绅巨贾雅集之所，陈设精巧，亭台水榭，石山盆影，花卉树木，构成一个幽雅的园林。它的大门有一副对联：“文风未必随流水，园地如今属酒家”，正好道出了其中的韵味。谟觞更是曲径通幽，奇趣古雅，园内有一天然大理石画屏，题有“平山积雪”四字，乃乾隆、嘉庆、道光三朝元老、两广总督阮元之手迹。南园位于南堤二马路，非现今之南园酒家，也是绿荫清雅的园林式酒家。西园为天井花圃，门面宽敞，园内有两株高大的红棉连理树，以素食“鼎湖上素”称著，顾客多为宗教人士。随后，“大三元”异军突起，设置了“升降机”（电梯），并大肆宣传“有机可乘”，这在当时确是新鲜玩意，亦吸引了不少顾客。又以 60 元一席的“大群翅”做号召，于门前吊起一只大鱼翅做广告，一时食客盈门，取代了文园的位置，跃居“四大茶楼”之首，领导潮流数十春秋，至今广州俗语中还留下“大三元一席酒（走）”的名句（粤语“酒”、“走”同音）。再后崛起的有北园、泮溪、广州和现今的南园酒家，即现在的“四大园林酒家”。其中享有“食在广州第一家”美誉的广州酒家，实际是 1935 年创建的，所谓“第一”，指的是它的花式品种和服务质量。这些酒家，大都竞相豪奢，别出心裁，建立自己的风格，创立自家的“招牌茶”。广州素有“无鸡不成宴”的说法，因此各大茶楼都有自己的“招牌鸡”。如泮溪的园林液香鸡、北园的花雕鸡（以花雕酒即绍兴酒烹制）、广州的文昌鸡、南园的彩团豆酱鸡等。如今广州菜谱中的八大招牌鸡还加上了：大同脆皮鸡、大三元茶香鸡、东江盐焗鸡、利口福口福鸡，十多年前还兴起了清平饭店的清平鸡，成为九大招牌鸡。市面流传的还有百岁鸡、路边鸡、家乡鸡、太爷鸡（即茶香鸡）、太子鸡、葱油鸡等，数不胜数。为了竞争，人们不但在菜式上不断创新，在糕点食谱上也竞出新招，配合四时佳节，推出各款点心，如春节期间的各种糕：松糕（又名“大发”，寓意“发财”）、萝卜糕、芋头糕、马蹄糕、鸳鸯糕、马拉糕、棉花糕、年糕等，寓意“新春步步高”；还有煎堆、油角、沙翁、米花、白饼、茶素之类。再有中秋节的月饼，也是各茶楼大显神通的好机会，其宣传攻势之猛、招式之多，也是全国罕见的。致使广式月饼品种质量皆为全国之冠。有人做过一次调查，1927 年广式月饼已有 80 个品种，1986 年达到了 120 多个，什么七星伴月、双黄莲蓉月、五仁甜肉月、叉烧火腿月、唐皇燕月、西施酥月、凤凰贡月等，1995 年更多达 150 多种，各式迷你月、水果月等，应有尽有，装潢更加讲究。这一着，不但大大提高了茶楼的经济效益，亦有力促进了糕点行业的发展。平时，茶楼推出点心的招数也不少。20 世纪初有陆羽居首创的“星期美点”，每周换个花样，挂牌标明本星期美点由某某名师制作，时令季节，形色搭配都相当讲究，咸甜兼备，中西共存，有五至八款，要有黄、橙红、乳白诸色，造型要有圆、方、角、花边、卷筒数种，不能混套，更促进了广州点心业的发展。至 30 年代后期，便出现了广州点心的“四大天王”，即禤东凌、李应、余大苏和区标。广州点心业名师层出不穷，泮溪特级点心师罗坤，能制一千多款点心，并于 20 世纪 80 年代初期首先推出了“点心餐”，至今仍受顾客欢迎。其他如北园酒家特级点心师陈勋、惠如楼特级点心师谭力等，都是这一行业的佼佼者。茶点的精美繁多，形成了广州茶楼的一大特色，是广州茶楼趋时变奏的一个侧面。

历史的更迭，人群的迁徙，文化的传播，也影响着茶楼变奏的旋律。自秦汉以来，中原人几次大举南迁，中原文化相继传入岭南。唐宋以后，广州又成为我国对外交通的重要港口，中外客商云集，西方文化也不断传入。这使广州茶楼的饮食，得以博取中西美食之精英，采天下蒸、煮、煎、炸、炒、焗、炖、扒、扣、泡、灼等技艺之所长，取全国八大菜系之优，集广东四大菜系之美，形成了广州美食的风格。从晚清时开始，“食在广州”的美誉，已开始广为流传了。

广州茶楼从一开始，便不是“单一进食型”的场所。它之所以源发于十三行，就是为当时洋船靠岸，牙行代办关税、商品购销等业务，并设宴招待之方便。此后人们在茶楼洽谈生意，探听行情，交际应酬，相媳妇，谋黑市，无奇不有。所以广州茶楼室内布局，除大厅之外，一般都有厢房，供人们斟盘之用。第一次国共合作期间，毛泽东同志和柳亚子先生一起在广州饮茶，在茶楼共商国是，更赋予它高度的社会内容，以至时隔 20 多年以后，毛泽东还写下了“粤海饮茶未能忘”的诗句，可见他对广州的饮茶风俗有深刻的印象。前几年我在拙作《岭南风俗录》中提到了此事，有人不通此道，以为我曲解了毛泽东的诗意，其实他不了解其中的含义。

20 世纪 80 年代初随着生活的社会化，广州茶楼的综合功能越来越明显了。集饮食与娱乐于一体的音乐茶座遍布全市的每一个角落，五星级的大宾馆白天鹅宾馆、花园酒店、东方宾馆、中国大酒店设有雅座，各公园和娱乐场所亦专辟一隅，装饰一新，开设此等业务。新春团拜，亲朋喜宴，个体户洽谈贸易，文人墨客雅集，都喜欢举办此等茶会。1986 年广东省政府还明文规定，今后宴请内宾，改用“饮早茶”的方式，作为礼宾改革的一项措施。这样一来，随着经济的发展和人们品位的提高，音乐茶座又发展为“美食卡拉 OK”，近年又为温馨的酒吧和高雅的茶艺馆所代替，一改过去茶楼人声鼎沸，嘈杂喧哗的旧貌，使人们置身于优美的艺术氛围之中，享受名茶美点，欣赏中外名曲，发掘人生的乐趣，施展自己的才华，自娱自乐，或与亲友共享天伦之乐。一些酒店还专门开设了广东音乐曲艺茶座，举办曲艺卡拉 OK 大赛，更富岭南风味。时下广州街头，五光十色，灯火闪烁，装潢艳丽者，最是茶楼酒馆或卡拉 OK 厅，时代的变奏曲使广州的茶楼文化迈向更高的层次，变得更加丰富多彩。

二、食艺结合，情趣盎然

广州人饮茶，重点不在茶本身。即便是一些老茶客，有乌龙、水仙、菊普一类的选择，也不像潮州人那样工于茶道，更没有日本“茶道”的“四规七则”，有一套繁琐、严密的规程，茶室、茶具、炉子都相当讲究，更讲究精神内涵，要求在清闲寂静中领“幽兴”；也不像南美人（特别是巴拉圭、巴西、阿根廷）饮“马黛茶”那样富有精神寄托，成为善良的象征和友谊的桥梁；更没有英国人举办茶会那么隆重排场，因为他们的茶叶最初是作为公主陪嫁的珍品带去的。广州的饮茶要随便得多。因为这里天气炎热，人们“重汤喜粥好茶”，这是很自然的。在家里泡茶待客已成习尚，并无严格的规程，最多是对方给你斟茶时，以两指轻扣桌面，代表双膝下跪，表示感谢；若在茶楼饮茶，打开壶盖，示意服务员续水之外，再无其他繁缛的礼节。当然，长者先敬，“酒满茶半”的规矩还是有的。对于茶质、茶具的评品，虽有一定要求，但不严格，人们饮茶的重点不是在茶本身，正如陶渊明喝酒，志在山水之间也。

广州人饮茶，首先是一种身心的自我调节。在繁忙的都市生活中，人们紧张拼搏了一天，生活处于超负荷的状态，希望有个喘息的机会，歇口气，伸伸腰，提提神，聊聊天，会会朋友，享受一点自在乐趣。因此，老一辈的工人，不管其工作如何艰辛，总是起早贪黑，风雨无阻，到茶楼去“叹番一杯”，然后才去上班；闲散市民，更是找个舒适的环境，无拘无束地与朋友聊天，“一杯在手，半日清谈”。他们大都要上“一盅两件”，一聊就是半天。新中国成立前，妙奇香茶楼有副对联，可说是这些茶客心理的写照：“为名忙，为利忙，忙里偷闲，饮杯茶去；劳心苦，劳力苦，苦中作乐，拿壶酒来。”在早市的老茶客中，还不乏拿壶白酒自斟自饮的长者。近年来，大批青年加入茶客行列，这与个体户的发达，“的士”司机队伍的壮大（广州已达两万人），经济的繁荣和旅游的兴旺有关，为了适应不同阶层人士的雅兴，又兴起了饮“晏茶”（下午茶）和“夜茶”。饮“晏茶”的习惯，我国古已有之，但英国更加风行，“午后茶”遍及各地，不知是否洋为中用，或“出口转内销”。如今的广州，红男绿女们生日遣兴，中奖贺喜，假日小聚，都以茶话相许，更是悠然自得、情趣盎然了。

当然，饮茶是离不开物质享受的。广州人“食嘢”，以精为主，以味成先。就是在新中国成立前温饱未足之时，广州饮茶，也不是为果腹，否则可在家里“咸鱼青菜豉油捞饭”，上茶楼“食嘢”，首先要求“清”和“鲜”。“清”是清淡，原汁原味，不喜欢加入过多的调味品和佐料，如白切鸡、白灼虾、清蒸鱼、冬瓜盅等，都很能体现粤菜的特色。“鲜”是鲜活，蔬菜要当天采摘的，三鸟要欢飞灵醒的，鱼虾要活蹦乱跳的，因此各间茶楼都以“生猛海鲜，鲜嫩时菜”招徕食客，并在门亭的玻璃橱窗中，养着各种珍贵的鱼虾，如石斑、水鱼、基围虾等，还有各种珍禽异兽（当然，国家保护动物除外）。顾客可先欣赏，随点随挑，目睹厨工宰杀烹调，以防“掉包”。除了口味的鲜活之外，质量和营养价值也相当讲究。同样是鸡，本地清远鸡要比鸡场养的饲料鸡贵一倍；同样是鱼，本地生鱼、水鱼、塘虱要比湖南生鱼、水鱼、埃及塘虱贵两三倍。味道不同，营养价值不同。人们“宁食天上四两，不食地下半斤”。故此，禾花雀、乳鸽、鹌鹑的身价颇高。“炆狗、焗雀、烩蛇羹”是粤菜三绝，炆狗是粤菜的一大特色，不是死猫烂狗都好吃，吃狗要吃“砧板头，陈皮耳，筷子脚，辣椒尾”的，还要以“广东三件宝——陈皮、老姜、禾秆草”伴以制作，其选料精巧可见。烩蛇羹更为讲究，三蛇的配伍，佐料的选择，制作的精工，都可叹为观止。“龙虎凤大烩”（即蛇、猫、鸡大烩）不但名美意佳，营养价值也很高，味道鲜美可口。广州还有专门烹制蛇餐的“蛇王满餐馆”，能做30多道蛇肴，扬名中外。这一切，都是高级的物质享受，但都蕴涵着浓厚的情趣，说明劳苦大众对饮食文化创造的艰辛。饮食对于广州人来说，既是物质消费，也是精神享受。

广州人的饮食审美情趣是喜爱形象、直观，但又十分讲究意头。因此广州的菜很讲究造型和寓意。如北园酒家的“越秀远眺”，南园酒家的“百凤朝阳”，泮溪酒家的“孔雀开屏”，陶陶居的“春燕展翅”，广州酒家的“百鸟鸣春”等，不但寓意好，造型也十分讲究。如“越秀远眺”大拼盘，盘子上两座玲珑的小山，山上红棉挺拔，草木葱茏，五羊塑像与镇海楼雄踞其中，山下绿草茵茵，湖水盈盈，渔翁垂钓，山间亭台楼阁，小桥游廊，掩映其中。四周团团白雾，飘逸缭绕，把人带入诗画般的境界。这是用乳猪，烧鹅，卤猪肚、猪肝，酱牛肉，七彩鸡蛋丝，面团，红、白萝卜片，芫荽等肉菜拼成的，像是一盘精美的工艺品，简直令人不忍下筷。点心的造型更加优美，瑰丽多彩。菲律宾前总统马科斯夫人有一次在泮溪酒家用点心餐，面对那精致的艺术食品，不忍下筷，直到酒家经理表示再为她做一桌同样的食品带回国去，她才小心翼翼地用了盘中餐。真是一次赏心悦目的艺术享受，既饱口福，又饱眼福。从审美层次来说，形象具体的感观享受是初级层次，凭借思维和各种感观所形成的综合图像，才是高级的美的享受。广州饮食文化所追求的，应该是后者。从广东菜的名称，你同样可以获得这种艺术美的享受。广州人把菜心称作“玉树”，把鸡脚称为“凤爪”，把鸡翅称为“华袖”，把冬菇扒菜远称为“满地金钱”，把发菜炆猪脚叫做“发财就手”，把苦瓜炒鸡肝喻为“苦凤莺怜”，把蟹黄燕窝比作“鸿门宴会”，鸽肉烩燕窝称为“鹊渡银河”，隐含着一定的历史典故，引起人们无限的遐思。

广州的茶楼文化，还与建筑、装潢、园艺、盆栽、字画、花鸟等联系在一起，表现出更广泛的艺术情趣。广州茶楼一向十分讲究环境幽雅，气派非凡。每间茶楼都很注重建筑风格和装潢艺术，并各有自己的特点，或宫殿式，或村舍式，或园林式，或画舫式，个个不同。亭台水榭、雕梁画栋、假山池石、小桥流水、奇花异卉、名人字画等，摆设得相当别致，食客至此，无不首先欣赏赞叹一番。从清朝光绪年间兴建的第一间茶楼——三元楼开始，门面金碧辉煌，内里陈设名贵的酸枝木家私，成为广州传统茶楼的一种模式。稍后创建的陶陶居更有代表性：三层钢筋混凝土大楼，上盖六角亭，底层设园林式茶座，三楼以“八阵图”形式设座，甚有韵味。室内装修精美典雅，四周挂满名人字画、对联，铺名“陶陶居”三字为康有为题写，寓涵“乐也陶陶”之意。大门对联据此而作，联云：“陶潜善饮，易牙善烹，饮烹有度；陶侃惜寸，夏禹惜分，分寸无遗。”十分有趣。此类茶楼妙联，层出不穷。如北园酒家门联：“极胜楼台光郭北；几番觞咏集名园。”用雁足格嵌“北园”二字，上联写地，下联写人，充分表现了北园酒家的处地和诗人们常于此处雅集的特点，自然贴切。白云山甘露茶座雅联：“最宜茶脚龙嘘雨，小试云头虎跑泉。”巧用苏轼描写煮茶的名句，以“龙嘘雨”来形容水沸时茶脚散发的情状，用以对下联的“虎跑泉”，可谓工整别致，把茶客带入一个诗情画意的境界。莲香楼二楼大厅有副对联：“阮籍口无臧否语；元龙心有敬恭人。”借用旧诗中常用的两个典故，以阮籍“外坦荡而内诚至”，陈登（字元龙）似傲慢而另有敬恭，告诫一些爱高谈阔论的茶客，不要随意出语伤人，对处世操守都很有裨益。这些名联、诗词，不少都是著名诗人、书法家所写，所以更有欣赏和保存的价值。园林式的南园酒家，挂有郭沫若同志亲笔题写的佳句：“层楼重阁疑宫殿，雄辩高谈满四筵；外来旅客咸堂目，始信中华是乐园。”那里翠竹掩映，庭院相接，文雅清幽，还是老人们遛鸟的好去处。西苑酒家假山叠石，盆景万千，典雅别致，又是一番风韵。广州的茶楼，确是饮食、建筑、园林、诗画、花鸟的艺术大世界。广州人上茶楼，志在更高的艺术享受。这文化风格的形成，与广州人精明务实、勇于追求、把握现时、适度享受的人生价值取向是相当吻合的。

三、中西合璧，广采博收

广州的现代化茶楼，诞生于当时外商云集的十三行。那里的十三夷馆，都是“重楼崇台”的西方古典式建筑，因多次毁于战火，原貌不可复睹，从现存的一幅绘于19世纪60年代的油画《十三夷馆》（存广州博物馆）看，类似现广州海关、邮局及沙面旧租界的西方建筑。当时的“三元楼”置身于这些楼群之中，多少有点洋味，是一座三层楼房，金碧辉煌，高雅富丽。稍后的一批茶楼，大都采用复兴传统的民族形式，在传统民居“竹筒屋”的基础上，采用西洋建筑的局部装饰，门面窄，进深大，外表雄伟壮观，高大明亮，内部精致典雅，古色古香。如陶陶居、大同酒家、大三元酒家便是其中的代表。还有开业于1889年的莲香楼，门面采用科林斯柱廊装饰，庄重华丽，气度豁然，室内则用中国传统装饰，木雕花窗，红木家具，彩色镜屏，既豪华，又古雅。近年室内又换了现代的灯饰，真是中外古今汇于一堂。原位于中山五路的惠如楼，创建于1875年，立面二楼采用四柱三拱券形式，外置凸出的半月形阳台，颇有西方巴洛克式的风韵。还有新亚酒店、爱群大厦和原南方大厦等。“骑楼”建筑，也是广州茶楼酒馆引进南欧古典卷廊建筑与广州传统建筑演变融合的结果，是中外文化交融的结晶。近年来，又引进西方建筑材料，如马赛克、茶色玻璃、铝合金钢窗、大型玻璃幕墙等，加上豪华的玻璃灯饰、陶瓷彩釉锦砖等，大小茶楼，又都装饰一新，铺上地毯，装上空调，环境更加舒适优雅。最富岭南韵味的一批园林式酒家，如泮溪酒家、北园酒家、南园酒家、广州酒家、鹿鸣酒家等，也都以这些现代化的设备重新装修过。这一切，构成了广州茶楼的外在风格：折中糅合、多样化，偏重传统，模仿西洋古典风格。由于广州茶肆林立，因此这些茶楼也为广州的市井风情增添了风采，是岭南文化不可忽视的一大方面。

在饮食方面，广州茶楼的食谱，也充分显示了它广采博收的特点。以菜色为例，粤菜包括广州菜、潮州菜、东江（客家）菜、海南菜四大菜系，而以广州菜为代表。广州菜用料广博，选料珍奇，配料多而巧，善于在模仿中创新，依食客之愿而烹制。食味重清、鲜、爽、滑、脆，讲究“锅气”，注重形象，品种繁多，随季节而变化，酸甜苦辣咸，香酥脆肥浓，五滋六味俱全。这些优点，是集中了京、川、苏、鲁、浙等菜系以及西菜之所长，根据广州的气候特点和人们的生理需求，依靠当地原料丰富、鲜活的优势而创制的，光从菜谱上就不难看出粤菜广采博收的势头。如京都熏鱼、醋椒活鱼、炸熘黄鱼、虾爆鳝背、锅塌三夹火腿等，一看就是京菜，它体现了京菜炸、爆、熘、烤见长的特点和脆、嫩、香、浓的口味，何况第一道菜还冠以京都之名。还有鱼香鸡球、宫爆肉丁、麻辣香肉、铁板干烧明虾等，一看便是川菜，因为它体现了川菜以干烧、鱼香、宫爆为主的特点和酸辣麻香的口味。再有五柳鱼、东坡肉、醉鸡、酒呛虾等是浙菜，它体现了浙菜做工精细，爆、炒、烩、炸等综合运用的特点和清爽的口味。闻名省港的“太爷鸡”乃是徽菜，因为它是茶卤熏制的。就粤菜本身而言，广州菜也吸收了粤地四大菜系具有特点的菜式，如东江盐焗鸡、红棉嘉积鸭、广州文昌鸡、潮州豆酱鸭、烧雁鹅、佛山柱侯鸽、大良炒牛奶、黄埔炒蛋、白云猪手等，一目了然，四大菜系俱全。再有西菜中的瑞士焗排骨、西汁煎猪扒、茄汁煎牛柳、咖喱蟹、葡萄牙多士、美利坚虾球等。以上都是从名称上就可见出的。就是这些菜式，也不是全盘照搬，而是根据粤菜的特点和口味加以改造的。如粤菜的象生拼盘，豪华、俊俏、瑰丽，是广东大小宴会的第一道菜式。这是北方厨师传来的。它的创始人是山西河东的一个尼姑，名叫梵正，她用腌鱼、炖肉、干肉、肉丝、瓜菜拼成王维的名画“辋川图”，分20小盘上席，合起来正好是王维晚年居住的辋川别墅20景，郁郁葱葱，云水飞动，后人纷纷仿制。到清代，由湖南一位姓邓的厨师传入广州，在现今教育路开设的酒楼“南阳堂”上首创孔雀开屏冷拼盘，粤地厨师竞相学习，并加以发展，增加了热拼、炸拼、烧拼、扒拼、酿拼的花式，并在选料、刀功、配色、图案等方面精心研制，发展成多姿多彩的粤菜“象生盘”，制成了“百鸟朝凤”、“双桥飞鸽”、“鹅潭月影”、“红菱鸭脯”、“珠海酥蚝”等，甚富诗情画意，显然是受了梵正“辋川图”拼盘的启发。聪明的广州人把“扬州炒饭”加以改造，配上咸鱼汁，改为“广州炒饭”；把乾隆皇御赐的南京菜“全家福”也搬到广州；把徽菜酿豆腐也由东江借来，改为豆腐角；把福州菜“杂烩”引进并加以发展，使之誉满美国；把浙江的酒呛虾发展为广州的醉虾；把海菜陈皮鸭发展为发财陈皮扒鸭；把宫廷名菜满汉全宴简化，创制了“满坛香”；把大良炒牛奶发展为西点式的炸牛奶；并用啤酒西汁烹制了啤酒、西汁菜系列；等等，都可见出粤菜博雅的风格。那林林总总的粤菜系列（据说有5 000多种），那古雅别致的名称和高超的烹调技术，都体现了我们民族文化的特点而又富于岭南的韵味，如：“金华玉树鸡”、“大地艳阳春”、“好事满堂红”、“五羊锦绣鸡”、“碧绿百花凤凰卷”、“月影红梅”、“宝鸭穿莲”等，既美好又吉祥。难怪日本银座寿多大酒楼的一位厨师说：“广州菜就像诗一样优美。”

其他点心及冷饮方面，广州茶楼亦尽展了风姿。广州茶楼的点心，堪称全国第一，前文已有简略介绍。近年引进西点创制的点心，更是名目繁多，数不胜数。这些美点，都吸取了中西美点之长，形成了自家的风格。传统美点“冰花萨骑马”，原为“满洲饽饽”，经过广州名师的巧手制作，色泽金黄晶亮，松而不散，油而不腻，入口松化而不黏牙，是一种老少咸宜的甜点。“甘香松化千层酥”，是在宁式糕点千层酥和本地擘酥的基础上创制的，加进了鸡粒、冰肉等馅料，皮层多达36层，制工之精良可见。“教门油香饼”原是回族传统点心，引进广州后加大了糖、蛋、油的分量，使之“脆皮、烩瓤、蛋糕心”十分可口。“樱桃水晶挞”是在西点“挞”类的基础上，以澄面代替擘酥制作，以蒸代烘，并在蛋心嵌上半颗晶莹殷红的樱桃，白、黄、红三色相间，更加悦目、软滑、可口。“鹌鹑蛋吧地”也是在西点“吧地”的基础上，加上一枚去壳半熟的鹌鹑蛋，使其外形更为高贵雅致，味道甘美，营养丰富。其他如各式啫喱、巧克力、奶油制品等，名目更为繁多，品种千姿百态。以至近二十多年来兴起了“点心餐”、“河粉宴”，全部以点心或各式沙河粉代替饭菜，既经济实惠，又新鲜奇巧。在一些以菜式为主的宴会上，顾主亦往往提出要加一两味“点心化”的菜式，如炸牛奶、炸芋角、萝卜酥、蕃茨饼等；或在主宴告一段落之后来两道甜点，显然是由于丰富的点心食品诱人之故。由于点心业的崛起，各大茶楼酒馆，又都增设了超级饼屋或面包屋，建成西方古堡式、迷宫式、童话式的，装潢更加奇巧富丽，食品更为精美，又为广州的茶楼增添了一个景点，把茶楼文化推向更高的审美层次。

冷饮本是我国独有的产品，13 世纪时才由意大利旅行家马可·波罗传到欧洲，1550 年意大利制成了冰淇淋，后又传到法国和英国，英国商人把冰淇淋改制成雪糕；1768 年荷兰化学家普利斯特列又创造了“荷兰水”（汽水）；1920 年美国人制成了冰棍，从此世界各国都有了消暑解渴的佳品。雪糕雪条 1933 年传入广州，1945 年抗战胜利后才发展成为一个独立的行业，当时较有名的专业店号为美利权、顺记等。新中国成立后，广州冷饮业迅速发展，成为广州的美食之一，花式品种也为全国之冠，泮溪、北园的脆皮雪糕（即油炸雪糕），其设想之新奇，又可叹为观止，因而深受食客欢迎。这也是饮食文化中外交流的精品。

广州茶楼文化所带来的其他文化效应，如诗画、书法、园艺、盆栽、插花、曲艺、音乐等方面，也由于这些行业的广采博收而形成了自己的风格，使广州的茶楼文化更加五彩缤纷。广州茶楼素有边饮茶边听曲艺的习惯，过去多为一些民间艺人个别客串或曲艺工作者定点演唱的。其中的南音说唱，便是在木鱼、龙舟的基础上吸收了扬州弹唱等曲种的曲调发展而成的。旋律婉约优美，有浓郁的南国韵味。后来发展为音乐茶座，有的又与饮食为主的茶楼分开，后又发展为“美食卡拉 OK”，酒廊配以现代化的音响设备，激光唱碟等，更加高雅。新加坡式的“茶艺馆”近年亦已引进。各茶楼陈设的盆景，餐桌上摆的插花，亦十分讲究岭南的风格。餐桌上的插花艺术，明显受日本花道的影响，十分注意自然神韵和花的造型，既有直态，也有斜态、垂态，颇有现代感。广州茶楼文化的这些综合效应，都可见出中外文化交流的印迹。

四、得天独厚，领导潮流

广州饮食，素享盛誉。“食在广州”，美传天下，而广州茶楼风姿，称雄全国，这与它得天独厚的条件有关。这些条件包括政治、经济、地理、物产、人文等方面的因素，现简略概述如下。

首先，从历史上看，广州开城于公元前2世纪，如果从南越酋长在越秀山脚建“南武”城算起，那还要早一些，它的市龄可与古罗马城媲美。南越王赵佗、南汉王刘龑，都曾在此建都，经济、文化相当繁荣。西周末年，三室分晋，汉阳姬族不胜楚人压迫，大举南迁，来集“楚亭”；南宋末年，皇室南逃，也曾在沿海一带驻足，各种宫廷饮食得以流入民间。加上清朝时候，各封疆大吏都配有专门厨子，制作食谱相当讲究，厨子们挖空心思，制作各种名菜美点，满足主子的要求，广州关于“佛跳墙”（名菜）和“萨骑马”（点心）的传说，① 正说明了这一事实。这是政治、历史方面的原因。

其次，从经济上看，广州早在秦始皇统一岭南之前，就已成为翡翠、珠玑、象牙、犀角的集散地；在西汉初年就已成为我国对外贸易的重要港口；南北朝时期成为海外贸易中心，有十多个国家与广州有贸易来往；唐朝时广州便出现了外商聚居的“蕃坊”，设立了供外商交易的蕃市和专供诸蕃子弟就学的“蕃学”；宋代广州已是“万国衣冠络绎不绝”的地方；元代与广州通商的国家和地区多达143个，航线9条，国内水陆交通要道6条，成为四通八达的一个商业外贸城市；明代后期，还专门设立了外贸机构十三行，建立了十三夷馆，广州第一间茶楼，便诞生在这条商业贸易街——十三行街上，广州茶楼的出现，与商业贸易的繁荣直接相关。外商的云集，华侨遍布世界各地，又把各地的饮食习惯、名菜美点带回广州，促进了广州饮食业的繁荣。

再次，广州地处南国沿海，气候温和，物产丰富，蔬菜瓜果繁多，山珍海味具备，加上交通方便，商业繁荣，集天下奇货于一埠，为饮食业提供了多样化选择的可能，形成了粤菜用料广、变化多的特点。丰富的河鲜海鲜形成了广州人“宁可食无肉，不可食无鱼”的习惯，并养成了人们饮食求“鲜”的嗜好；湿热的天气和高温的消耗，又使人们形成了清淡的口味和“重汤喜粥”的饮食习惯，并十分注重“汤”和“粥”的质量，及时进补，少食多餐，以补充消耗。广州的汤和原盅炖品，也是外地少有的；粥品的繁多和食法之新奇，更为他处所莫及。那水上人家叫卖艇仔粥的情景，非岭南莫能见及。珠江三角洲精耕细作的村舍生活，造就了人们精打细算的生活作风和“食不厌精”的习惯，选料精巧，精工烹制，保证质量。这里一年四

① 叶春生. 广州的故事和传说［M］. 广州：新世纪出版社，1986.

季均可食到新鲜蔬菜，也为粤菜的“清”、“鲜”准备了精美的原料。人们吃青菜要吃菜远、菜胆、豆苗，吃鱼要吃鱼嘴，吃鸡要吃“华袖”（鸡翅膀）。粗料也要精制，猪皮煮熟晾干以后用油炸，再泡开做成浮皮，牛百叶（牛肚）精工处理后才白灼，所以粤菜善变多样，味道好极了。

广州的气候环境不但对人们的口味和饮食习惯产生了如上影响，对人们的饮食心理和性格也有作用。由于天气炎热，人们进食时希望有个优雅的环境，舒适的气氛，所谓“辛苦揾来自在食”。“食得自在”不但要求环境气氛，还要菜式可口、清新、有营养，所以烹调技术精益求精，花样不断翻新。为了“自在”，人们宁可多花一点钱，上“高楼馆叹茶”，“干手净脚”，也不愿为一日三餐忙得团团转。年节喜庆，合家在茶楼酒家设宴的势头猛增。饮食由“家庭式”走向“商业化”，这无疑与频繁的商业交往改变了人们的价值观念有关。商业促进了饮食，饮食也刺激了商业，两者相得益彰。可以预料，随着商业的发展和经济的繁荣，广州的茶楼必定更加兴旺。

最后，从人文素质上分析，广州人讲饮讲食，喜欢上茶楼，有着更高的精神追求以及人生礼仪、商业交往的需要。上茶楼，是消费，是享受，也是物质文化生产和精神文化再生产的一种手段。君不闻，“李白斗酒诗百篇”？“曹操沽酒论英雄”？古往今来，茶酒兴亡之事多矣！茶酒雅集之作也多矣！现今珠江三角洲一带的人又有句口头禅：“经理脸红红，工人荷包肿。”经理上茶楼陪客吃饭，那是企业生意兴隆的象征。他们不一概反对吃喝，认为必要的交际是生产、流通的文明手段，只是要有制度来规范这种行为。广州人务实、开通，善于把握现时、现实，热烈追求今天与明天，勇敢拼搏，适度享受，这体现在卡拉 OK 醉人的欢乐与创业路上艰辛的劳动的统一上，用广州话来说，叫做：“搏到尽，玩到够！”这就是他们的人生价值取向，也是广州茶楼文化的精神内涵。

第二节　居住：岭南传统民居的建筑风格

建筑文化是整体文化的一个缩影。岭南建筑与岭南总体文化一样，具有浓郁的地域色彩，其发展经历了五个时期：独立发展时期、百越文化时期、汉越文化融合时期、中西文化碰撞时期和现代化时期。由于岭南地区历史上开发较晚，加上中原移民的大批涌入，传统民居建筑风格深受其影响。如客家的围龙屋，土围子式的结构不但适应其迁徙的族团生活，也反映了他们颠沛流离的政治生涯。潮汕民居壮丽的装饰，“四点金”的构架，反映了潮人浓重的宗族观念和高超的工艺水平。长期漂泊江海的水上居民，他们的家就是一叶扁舟——“连家艇”。海南黎胞的“船形屋”，更是根据当地特有的地理环境和经济结构所建造的。还有广州的“竹筒屋”、“西关大屋”、都市商业化的“骑楼”、近代花园式的小洋房，都蕴涵着岭南文化特有的品位：轻巧通透的形体，清丽典雅的装饰，与岭南园林建筑融为一体。这一点，又与客家围龙屋实厚密固的风格成了强烈的反差，体现了中原文化对岭南文化的影响。现分别按历史发展的轨迹，综述如下：

一、从洞穴到干栏式

洞穴是古代先民的唯一居所，岭南先民亦不例外。从目前发现的洞穴遗址来看，广西百色、来宾、武鸣，广东曲江马坝、封开黄岩洞、阳春独石仔等洞穴，属旧石器时代晚期的遗迹。广西桂林独山甑皮岩、广东英德清塘、南海西樵山、潮安陈桥村和增城金兰寺等遗址，属新石器中、晚期文化系统，距今6 000多年。从新石器晚期开始，他们的居所才从洞穴发展到半洞穴和地面式居所。广东石峡中文化层、金兰寺中文化层，珠江、韩江流域的贝丘遗址等，都反映了这一发展趋势。这类建筑多是在江河湖海岸的一级台地上建造的，少数是在高一二级台地的山冈上建造的。那是农耕社会初期、但渔猎经济仍占主要地位的原始部族村落。西部山区和熔岩地区则以半地穴式建筑为主。稍后才出现地面式建筑，基本上是干栏式建筑，较典型的代表是高要县茅岗遗址，这是距今约5 000年新石器晚期的干栏式建筑遗存。这种建筑在岭南不但普遍，而且流传时间长，横跨三个时期、五十多个世纪，直至走向现代化的今天，仍有这种建筑存在。

所谓“干栏”，又称“麻栏”，是古越人住房的普遍形式，《魏书》、《南史》中均有记载：西南僚人“依树积木，以居其上，名曰干栏”。《炎徼纪事》载：僮人“居舍，茅而不涂，衡板为阁，以上栖人，下畜牛羊猪犬，谓之麻栏”。其形制分上下两层，多用竹、木做桩柱、楼板和墙壁，近代亦有用石块、砖、土垒建的，房顶用茅草、杉皮、竹片或瓦片覆盖。楼上住人，楼下饲养牲畜，安置桩碓，存放农具杂物等。如今粤西的“高栏屋”、海南岛的“船形屋”便由此发展而来的。它吸取了古越族建筑文化的优点，把干栏底基改用砾石垫基立柱，改低干栏为高干栏，屋顶用金字塔式顶角，倾斜度较大，适合岭南雨水多，台风强劲的特点。秦汉以后，岭南建筑注入了中原华夏文化的新鲜血液，在保留传统形制的基础上逐渐汉化，建筑材料、工艺、装饰方面都有很大发展，种类日渐丰富，出现了富有岭南商业街特色的“竹筒屋”、“骑楼”和大家族院落式的“西关大屋”，布局对称，向纵深发展，装修富丽，陈设典雅，与园林结构融为一体，处处体现出岭南的地方色彩。

二、广州的竹筒屋

竹筒屋是广州以及珠江三角洲城镇现存量最大的传统民居。它不同于我国一般房屋门面阔大于进深的结构，以开间小、进深大为特点，两者比例为1∶4至1∶8不等，由前至后排列，旁开“冷巷”，中以天井间隔，形似竹筒，故名“竹筒屋”。

传统竹筒屋门面阔4米左右，进深常达12米以上。通风、采光、排水主要靠天井，交通靠“冷巷”。进深增长则天井增多，每个天井间有2间至3间房。整座房屋外观似为一层，但内部见光高达4.5米，因此常置夹层于其间，广州人称为“阁仔”。墙基用石块构筑，墙身用青砖，山墙承重，木料构架，瓦顶，两坡。这是19世纪以前的情况。这种竹筒屋门面小，密度高，节约用地，每户大门都面向街道，便于交际往来，设摊开店，故为城镇居民所欢迎。

19世纪下半叶后，由于西方建筑技术的传入，竹筒屋的建筑也起了一些变化，出现了两三层的楼房建筑。楼层用混凝土梁，门楣上也使用钢筋混凝土过梁。立面设小阳台，有长方形，亦有半圆形的，颇有西方巴洛克建筑风味。内部亦采用西洋建筑的局部装修，有西方古典主义式的，也有复兴传统中西合璧的。屋顶改为平顶，时人称为“洋楼”。广州较著名的有霞飞坊、盐运西、将军东、将军西一带，都有这类建筑。佛山的普君圩，中山的孙文西路（现设为步行商业街，保留了当年的传统风味）等，也有不少这样的竹筒屋式洋楼。

三、西关大屋

新中国成立前广州西关是富商巨贾聚居的地方，俗谚云：“有权有势住东山，有钱无势住西关，无钱无势住河南。”确是对当时广州居住人群的高度概括。西关即今荔湾区，新中国成立前叫“西关角”，因位于广州城区西面而得名。

西关大屋的平面布局基本上是向纵深方向发展，但门面阔大于竹筒屋，结构一般为三间两廊，左右对称，中间为主厅堂。中轴线由前而后，依次为门廊、门厅、茶厅、正厅（大厅、神厅）、头房、二厅（饭厅）、二房。每厅为一进，厅之间用小天井隔开，天井上加小屋盖，以天窗、水窗采光通风。正厅两旁有书房、偏厅、卧室和楼梯间，最后是厨房。门厅右边设有一个小庭院，与厅堂互相渗透，栽种花木，布置假山、鱼池之类，供茶余饭后小憩观赏。庭院后部是孩子的书房。大屋两侧各有一条长廊，俗称“青云巷”。

西关大屋一般设置三重门：矮脚吊扇门、趟栊、硬木大门，以作通风、安全的保证。门洞两侧是高级水磨青砖墙，高雅大方。室内装修和陈设十分讲究，窗口形式多为满洲花窗和槛窗，配上精巧雅致的木雕花饰，镶嵌彩色玻璃或书画图案，摆设名贵典雅的红木家具，显得古色古香。四壁悬挂名人字画，诗词对联多嵌于红木镜框内。窗几上摆放盆景，题名托意，风流儒雅。地面多铺几何图形水泥花阶砖，洁净清雅，处处散发出浓郁的岭南风味。这就是清末民初的广州富豪之家。

四、“骑楼”建筑

“骑楼”是在楼房前座跨入人行道悬空建起的，使两旁房屋相互连接，形成一条长廊，可替行人遮蔽风雨，防止日晒，特别适应于岭南地方日照长、高温多雨的特点。它不但给行人带来许多方便，亦使长廊里的店铺得以荫蔽，便于敞开门面，广设橱窗，陈列商品，以招徕顾客。所以这种建筑一经出现，很快风靡全城，成为广州街景的主要特色，后来也成为外省广东街的标志，至今上海广东路还可看到这种“骑楼”建筑。它是商业城市的产物，又是中外文化交融的结果。

“骑楼”建筑最早盛行于南欧、地中海一带。那里也是高温多雨、蒸晒酷烈的地区。当地古典建筑中有许多卷廊式的建筑，鸦片战争后传入广州，与广州传统飘檐式建筑相结合，演变为轻巧通透的“骑楼”。“骑楼”最早出现在广州一德路石室一带。广州石室为法国工程师设计的哥特式天主教堂，建成于1888年，曾有大批外国神职人员居住于此。广州的“骑楼”建筑最早在这一带出现，与这些史事都有一定关系。后来为各商业区争相效仿，如上下九路、第十甫路、中山路、丰宁路、太平南（现人民南）一带，都出现了连片的“骑楼”建筑群。最有气派的是西濠口一带，当时为广州最繁华的地区，高楼林立，广厦崛起，都采用了“骑楼”建筑，其中新亚大酒店、大新公司（即后来的南方大厦）、爱群大厦等，便是广州早期“骑楼”建筑的佼佼者。它模仿西方古典风格，形成岭南特有的形式，成为广州建筑文化的一大特色。

五、客家围龙屋

居住在广东的客家人，大部分是东晋以降由于各种原因相继迁入江西、福建，再转入梅县、兴宁一带，与古越族人相融合的民系。现除梅州市各县外，惠阳、始兴、南雄、龙川、河源、宝安、阳春、信宜等地，都有客家人聚居，是广东居民中颇富特色的一个群落。在粤东客家地区，到处可以见到建筑风格独特的围龙屋。这种围龙屋一般建筑在依山傍水的丘陵上，外观呈半圆形，层层叠叠，宛如一条盘缠的巨龙，因此民间称之为“围龙屋”。围龙屋门前露天部分称为“花头岌”，采用河卵石拼成各种图案，砌成坡状。还有一块用三合土打筑的晒坪，用以晒粮食或举行集体活动。晒坪前辟有一半月形池塘，可以种莲养鱼，蓄水防火，调节气候等。“围龙屋”的主体为正堂。正堂有一堂、两堂或三堂之分。小的二堂二横一围龙，大的有三堂四横两围龙，甚至有“十厅九井”的。其平面布局是：以大门为中轴线，入门后是正天井，天井后是供奉祖宗牌位的正厅，天井左右是东西侧厅，还有“南北厅”、“花厅”；左右是横屋，或称“枕头屋”，中有厅、房、天井等；后面是花头，以半圆形的建筑把房间连成一体，各房屋之间有廊道相通，外面用门楼围封，既方便出入，又严密安全。中间正屋的上、中、下堂，平时是以木制屏风隔开的，遇到喜庆节日人多时，便可拆开变成通堂大院。

这种民居布局有严格的功能区分：主要厅堂居室安排在中轴线上，次要居室布置在横屋，牲畜房、磨房、厕所设置在外侧横屋，做到主次分明，清污隔离。竖向布置前低后高，中间设置多处天井，利于通风、采光、排水，中间正厅屋顶最高，左右大房、二房次之，两旁厢房最矮。依次层叠而上，从中庭看去，非常可观。这种宗族堡垒式的建筑，把以往小农经济的生活起居组成一个主次分明、和谐协调的整体，构成一个井然有序的舒适环境，形成我国建筑艺术的独特风格。建筑学家把它与北京的四合院、陕西的窑洞、广西的“杆栏式”和云南的“一颗印”，合称为中国五大传统民居。

围龙屋用黏土夯成。外用短板夹筑，构成马蹄形；内用沙、石灰、黄泥三合土，有的加入糯米糊和黄糖浆，夹以竹片木条作筋骨，舂压夯打，坚固实厚，具有较强的抗震防风性能，历数百年而不毁，还有冬暖夏凉的优点，被誉为世界上最宏伟壮观的“土宫殿”。

典型的围龙屋，不但外观造型讲究，庭院布置也很别致。或在花头上的半圆中栽种花木，或在花厅前、天井里造筑假山、鱼池；还在围屋后面种上

"风围树"，园林绿化，实用得体。厅堂装修亦很讲究，正堂之中，有精心雕刻的木屏风，四壁雕龙画凤，花鸟相映，大有"衣冠望族"和"书香门第"的风度。屋檐大都用硬木雕刻成狮头、龙头、猛兽等形象，色彩鲜艳，灿烂夺目。大门楣上书有本族堂号，标明祖先所属望族郡地。大门两侧贴有堂联，以宣扬祖德，光大门楣，表现了客家人强烈的宗法观念和怀旧意识，与广府民系明显不同。由于客家人自中原、黄河和长江流域几经迁徙来到广东以后，开初由于对当地土著居民不够了解，存在一种防范心理，因而"惟恨所居之不远，所藏之不密"，故此建造了这些"抵御性"的营垒住宅。但它也从另一个侧面反映了客家先民刚强自信、艰苦创业的性格。他们自中原落籍岭南山村，念念不忘故土家声，希望有朝一日重振伟业，光宗耀祖，因此克勤克俭，艰苦创业，不仅为岭南文化增添了光辉，在海外华人中也树起了光辉的形象，这其中的意义已是建筑文化所不能涵盖的了。

六、潮汕的"四点金"和"下山虎"

潮汕的民居，多是以"四点金"为基本形式发展变化而来的。"四点金"类似北京的"四合院"，整体为一方形，中轴线为前厅—天井—后厅。前后两厅各有东西两间旁房，占据整座庭院的四角，故谓"四点金"。东西两廊连接着前后两房，两廊有敞开式的，叫做侧厅；有封闭式的，叫做厢房。厢房多用作厨房，俗称灶下。"四点金"的前后厅，亦多是敞开式的，用木雕屏风或闪门间隔，利于通风采光，喜庆节日拆下敞开。前厅中间还有个亭坊式的门洞，可挂灯笼。旧式农村家庭多有三几个弟兄，每个家庭自成一统，不愧为一种理想住宅的格局。大户人家在此基础上向纵横延伸，纵加一进，横加两房，成为三厅二天井。横面五间过，这叫"四马拖车"，一般是大户或宗族祠堂建筑。澄海隆都镇前美村的陈慈黉故居可为代表，这座始建于1910年的"四马拖车"式豪宅，至今尚存。"四点金"减去两个前房，使两廊成为两个前房，像老虎的两只前脚，伸手在外，俗称"下山虎"，这样也有厅有房有天井，自成院落，便于收藏农作物，饲猪养鸡，晾晒衣物，安放先人神位等，所以也很受欢迎。

潮汕农村多以宗祠为中心构筑，三座祠堂并列，称为"三壁连"，五座祠堂并列，称为"五壁连"。祠堂背后就有一座座"四点金"、"下山虎"民居，前低后高，排列整齐，街巷笔直，屋脊高昂，颇有气势。村寨一般都有包墙，有寨门和四角更楼。较小的村寨，就利用四周包屋的后墙作寨墙。村前一般有池塘或溪涧，北边种树，东西两旁种竹或果树，从生态环境和审美的角度来看，都是比较合理的。村寨的造型，也多依自然环境而定，有方形、长形、半圆形，有依山而建的梯形、环水而建的环形，有的是人口繁衍后围绕老寨建新寨的“七星伴月”形、“老鹰展翅”形。这些村寨多为一寨一姓，也有一寨多姓，但建筑上还是各据一方，以宗祠为群落，体现了浓重的宗族观念。

潮汕民居建筑，十分重视装饰，“雕梁画栋，池台竹树，必极工巧”，素有“京都帝王府，潮汕百姓家”之说，虽然有点夸张，但实情如此。特别是一些有钱有势的富家望族，竞相豪奢，争夸壮丽，不惜破费。清乾隆年间所修的《潮州府志》就有记载：“望族营造屋庐，必建立家庙，尤为壮丽。其村坊市集，多属茅舍竹篱，而城郭中强半皆高闬宏厚墙垣者。三阳及澄饶惠普七邑，闾阎饶裕，虽市镇也多鸟革翚飞，家有千金，必构书斋，雕梁画栋，缀以池台竹树。民居辄用蜃灰和沙土筑墙，地也如之，坚如金石，即遇飓风推仆，烈火焚余，而墙垣卓立无崩塌者。”装饰的重点，是门楼、屋面和厅堂；有围墙照壁的，照壁也在装饰之列。装饰物多用石雕、木雕、泥塑、彩画、油漆等工艺，综合施用。屋脊多用碎瓷镶嵌成龙凤、花卉、人物故事图案，山墙垂带和檐下墙面沿周，或用泥塑花卉，或彩绘图案，形成一条五彩缤纷的艺术长廊。神龛和斗拱装饰，贴金嵌银，光彩夺目，用以“夸耀乡里”。一般人家，从粗从简，但神龛之金木雕，斗拱之龙头鳌尾，雕刻花篮图案，则繁简皆备。这也是潮人重装饰的一种积习。直至今日，人们购置新房，装饰费用远远超过房屋造价者大有人在；一些旧式民居的天井中，种一缸荷花、一棵石榴或一些花草，铺上石板，贴上瓷砖，表现出一丝怀旧情调，也透露出一缕改革的气息。

再值得一提的是潮州民间的“版筑”，这在未有钢筋水泥之前，伴随着民众度过了许多春秋。特别是潮汕盛产贝灰，以贝灰为主体原料拌出的“三合土”，可历一二百年而不毁，稍为打磨便可光洁如玉，既美观又耐用，是潮汕建筑文化的一大特色。今天新的建筑材料不断涌现，什么玻璃马赛克、水磨墙、彩釉砖等，版筑已逐渐被淘汰，但在历史悠久的大村落里，还是依稀可见，成为我们了解潮汕建筑文化的宝贵遗产。

七、黎族的船形屋

海南黎族传统民居，其形状如倒扣在地上的船只，黎语称为“布隆亭竿”，意译为“船形屋”。因其屋顶多用茅草遮盖，所以又叫“船形茅屋”。相传是为了纪念漂洋过海到海南岛落户的黎族祖先而设计的。

黎族民居式样颇多，有船形屋、金字架式的泥墙屋，葵叶盖的竹墙屋和砖瓦屋等。“合亩”制地区的杞黎同胞，多住船形屋。船形屋的式样也很多，主要有三种类型：①铺地型，流行于通什、番阳、毛阳等地。大屋长15米、宽4米左右，屋中有主柱4根，高3~4米，屋顶开两个天窗，屋里设两个炉灶，屋的头尾两端对开一道门。小屋长5米、宽3米左右，屋中有主柱两根，高2~3米，屋顶开一个天窗，屋内设一个炉灶，屋的头尾两端开门。地板用红藤条、竹条或小树枝做骨架。以藤片或竹片做铺垫。地板离地面高3米左右，用石头垫架。屋顶用木条、竹子构架，以茅草编扎成草片，从低处一层层往高处铺盖，屋檐垂至地面兼作墙壁。屋顶侧面留一两处天窗，用以采光通风。②高架型，流行于白沙等地“本地黎”中。传说“本地黎”的祖先原来也住铺地型船形屋的，后因天狗下凡吃人，地上又爬满了螃蟹和蝎子，为防止这些恶兽毒虫的侵害，遂改住高架型船形屋的。高架型船形屋外观与铺地型船形屋相仿，只是前门离地高2米左右，向后倾斜，后门离地约0.3米。屋基用木桩撑起，似云南、广西的“干栏屋”。但干栏屋地板是水平的，屋顶与墙体分开，成垂直斜面；高架型船形屋地板是斜的，屋顶与墙连成一体。两者下层都可饲养牲畜，或存放农具、杂物，上层住人。③向“金字型”过渡的船形屋，主要流行于乐东、东方、昌江等地。外形与铺地型船形屋相似，但没有架空离地的棚板，屋檐不垂至地面，有矮墙，屋顶仍为倒扣船形，门在两端。

船形屋内光线昏暗，基本无装饰陈设，可以说是最简陋的生活居所，比窝棚略进一步。造型低矮，如倒扣船只，与当地海风凛冽，热带暴雨滂沱有关。特别是台风季节，狂风夹着暴雨一起袭来，在生产技术低下、经济文化落后的海岛地区，船形屋确是最佳的设计。也许，第一间船形屋就是当年他们的祖先漂洋过海来到这荒岛之初，把船拖到岸上，倒扣过来，用以遮风挡雨，逐步加工改造而成的。一切都体现了因陋就简，就地取材的原则，也适应当地的气候特点。船形屋冬暖夏凉，蚊子不多，这是因屋内有灶膛，烟熏所致。高架型船形屋显然是因天气潮湿，蛇蝎横行而改进的，其解释具有一定的可信性。向“金字型”船形屋靠拢是其自然趋势，是吸取汉族民居建筑构架的一种改良。新中国成立后大都改建为干栏式草房，或泥坯草房，并逐步出现了许多砖瓦结构的平房。

八、水上居民的“连家船”

广东的水上居民（史籍上称为“蛋民”），人数众多，明清时代多达百万，至清末民初统计，仍有40万以上。1961年广州人口统计，水上居民还有10.2万人。他们分布在江河湖海沿岸，以打鱼、运输、贩盐、放木筏为主，长年累月漂泊水上，一叶扁舟，便是他们的家。

屈大均《广东新语》载："诸蛋以艇为家，是曰蛋家。其有男聘，则置盆草于梢；女未受聘，则置盆花于梢，以致媒妁。婚时以蛮歌相迎，男歌胜则夺女过舟……诸蛋亦渐知书，有陆居成村者，广域西周墩、林墩是也。"陆居成村者，亦多住在江河湖海沿岸，以竹木为架，茅草或芦苇为盖顶，搭个简易居室，珠江三角洲称为"茅寮"，阳江一带称为"水栏"或"水棚"。这种"水棚"，一般是在水边竖起4根木柱，横木作架，铺上木板，顶盖竹篷或草叶，潮涨水临棚下，潮退一滩污泥。更有贫困者，把一只破烂的小艇拖到岸上，罩着船篷，作为栖身之所。一家几口，真是苦不堪言。宝安一带海边，由于建筑材料奇缺，人们只好采用古代先民食剩的蚝壳，垒壳为墙。这就是宝安渔村特有的蚝墙屋。

新中国成立前大多数水上居民过着风餐露宿、一艇一户的漂泊生活。这种"连家船"长不过6米，宽不过1.2米，既是居室，又是生活运输的工具。这些船艇根据它们的用途和样式，有着不同的名称。用于摆渡或供人住宿的有四柱大厅、沙艇、横水渡、孖舲艇；捕鱼捞蚬的有渔船、蚬艇；装载运输的有货艇、柴艇、煤艇、米船、粪艇、垃圾艇等。据陈序经先生1946年调查，珠江口疍民共有30多种船艇共三万余艘。其中最多的是四柱大厅，有5 000多艘，其次是沙艇，有2 500多艘，再次是横水渡、孖舲艇等，约占广州船艇总数的三分之一，停泊于西濠口、白鹤洞、芳村花地、河南滨江路至下渡路一带。这些船艇一般分前后两舱，前舱中板可以活动，作业时掀起，两边坐人，中间装货，游河渡客均可。晚上把活动板放下，便是一家人的寝所。若供客人住宿纳凉，船家便挤在后舱里。后舱比前舱高一台阶，用于存放铺盖衣物，并设有神祇牌供奉观音、天后、龙母或北帝等。因水上生活风险大，水上居民都比较迷信，早晚烧香礼拜，每逢神诞杀牲致祭，祈求神灵保佑。船尾露天部分堆放杂物，供梢娘操作等。船篷分为两至三节，可推拉移动，一般以竹篾夹葵叶或竹叶制成，十分轻便。作业时重叠于后舱之上，晚间全面拉开，遮盖全船。若遇风雨，再把头尾掩蔽，俨然一间小屋。一家大小，长年累月生活在这小船上。大概由于居住条件的限制，水上居民家庭建制以小型为主，三代同艇及旁系亲属同艇的不多见，子女婚后多分艇而居。每艇一户，所以过去官府征课税，亦以艇计。水上人家性爱洁净，住艇每天清洗六七次，舱内船板，多用蜡打过，刷洗方便。他们喜用铜煲、铜锅，每炊之后，煲底、镬底都刷得干干净净，一尘不染。

这一叶扁舟，既是他们的生活居所，又是他们的生产和运输工具。故屈大均云：“广为水国，人多以舟楫为食。”打鱼、捞蚬、渡客、运货，都靠这只小艇。另外，还有专供阔少小姐们游乐的“花艇”，专供饮宴和烟花风月之用的“紫洞艇”，还有专门的货艇和渔艇，艇主居室一般在尾部。“紫洞艇”为楼船，一般为二至三层，可同时摆十多席酒。船内雕梁画栋，装饰富丽堂皇，各有名号，这就不是一般水上居民所能拥有的了。

新中国成立后，为改善水上居民的居住条件，人民政府拨出专款，修建了许多水上居民新村，安置他们到陆上定居，仅广州地区所辖五县，1980年以来安置了3 000多户，15 000多人，政府共拨款3 500多万元，并调拨了大批的木材，钢筋水泥，帮助他们上岸居住，结束了长期漂泊江海的生涯，告别了祖祖辈辈生活的“连家船”。由于渔业生产发展的需要，绝大部分“连家船”已变为机轮船。机轮船比“连家船”大10～20倍，装有雷达、无线对讲机等先进设备，船内有电冰箱，储备有肉类、蛋品、水果、蔬菜等。仓底还有足够的淡水，尾部拖有一架快艇，万一遇着急风暴雨，可乘快艇脱险。三水河口、芦苞一带，是水上居民聚居之所，现已盖起连片的渔民新村，多为二层或三层楼房，琉璃瓦，彩釉砖，铝合金钢窗，还有装上空调和程控电话的。

生活水平的提高，仍改变不了水上居民世代形成的单家独户的生活习惯，现仍有不少老人自愿住在停泊岸边的“连家船”上，仅虎门新湾就有30多户。新建住宅也都喜欢单门独院，沿基围排列，前有埗头、鱼塘，后种绿竹、芭蕉，别有一番水乡风味。

综观岭南传统民居，品类纷繁，特色鲜明，正好反映了岭南居民群体所走过的人生旅程，体现了岭南人口构成的特殊现象，即除了民族的分野之外，同是汉族，还有客家、福佬、广府民系之别，还有历史上称为“蛋族”的水上居民。这些人类共同体，除了方言的区别之外，居住、饮食、婚嫁、娱乐等，都有许多不同的习惯。这些习惯的形成，是这一共同体的成员，在生产生活的过程中不断总结本团体行为的结果，开始可能是个别的、偶然的，后来经过社会纵横方面的交流，才逐渐固定下来，客家的大围屋、围龙屋，便是这种积累的结果。它反映了客家先民强烈的抵御意识，至今客家妇女在江边洗衣，也必定是面向岸边，背朝江心的，这也是一种警觉抵御的习惯，可见它是根深蒂固的。

岭南建筑的特点，应以广府民系为代表。它的发展，亦经历了几个阶段：本地建筑的基础，西洋建筑的传入，民族传统的复兴，以及近代建筑有意融合中西风格，博采古今样式，形成了自己的特点，建筑与园林有机结合，形成轻巧通透，富有传统文化韵味。代表作有中山纪念堂、广州市政府大楼、原中山大学（石牌）校舍等，这是中西合璧的“折中主义”式的建筑；“骑楼”商业街，其佼佼者当推爱群大厦、新亚大酒店及大新公司（即后来的南方大厦）；民居则以西关大屋、竹筒屋和近代花园式洋房为代表。西关大屋的基本布局是庭院式的，但其中的木棂窗却使人想起满洲老屋的一些构件。广州的茶楼建筑，其基本构架是竹筒屋，但它模仿西洋古典风格，又偏重传统特色，别具一番风味，如陶陶居、莲香楼、惠如楼等。花园洋房当以东山新河浦一带为代表，其中又以梅花村陈济堂公馆最典型。这些建筑格局，对近年来新建的一批园林宾馆、酒家都有一定的影响。

居住风俗的演变，因受各种条件的制约，不如服饰、饮食趋时变奏。时至今日，现代高楼林立，电光空调装配，依然有人住竹筒屋，住艇，住船形屋，就中有需要者，有不可能他住者，也有因袭世俗者。电白博贺港的渔民，近年建了许多现代化的小洋楼，屋内地板仍喜欢用小块柚木板拼接装修，打上油蜡，有如船上的地板一般。世界就是如此多姿多彩。保留一些真正的自然博物馆，于社会也是必要的，因此不必人为地去促使某种人类史迹的消亡。如今广州、中山、佛山、汕头等地都把有传统建筑特色的街道保存下来，辟为步行街，这是可喜的明智之举。

改革开放以来，岭南建筑发生了巨大的变化，高层建筑林立，大型建筑群崛起，构成了现代化城乡的一幅幅美景。城乡住宅小区园林化，乡村民居楼房化，许多住宅小区，还公开标榜为“欧陆式花园洋房”，以西式、港式为时尚，设计新颖，色调明朗，装饰华美。住宅的功能已由遮蔽风雨发展为护身健体、功能齐全、赏心悦目的美的享受。岭南民居的迅速发展，表现出极鲜明的开放性和创造性。

第三节　服饰：岭南服饰的变化趋势

服饰是生活民俗的重要部分。在文明社会中，服饰的功能已不限于遮身保暖，增进美感，它还是一个人的身份、地位、文化修养等方面的反映。所以有人说，衣裳是文化的表征，是思想的形象。这是很有道理的。

一、清代以远服饰的总体格局

历代服饰的流变，都与当时的政治、经济和社会生活形态密切相关。春秋战国时代，各国致力于富国强兵，北方民族轻便适身之戎骑服饰传入中原，出现了胡汉服饰的第一次融合。魏晋时代，玄学兴起，追求灵性自然，不为礼俗所拘，故以衣襟低敞，足蹬木屐，悠然自得为时尚。五胡乱华，外族政治、经济不断入侵，汉胡服饰第二次大融合。唐朝政治开明，国力鼎盛，中外、南北交往频繁，服饰潮流也变得大胆开放，新奇明艳，至有冕服、朝服、公服、常服之分，还涌现了举世闻名的“唐装”。宋人礼服富丽堂皇，但日常穿着则非常简单：朴素、自然、雅致，以黑白二色为主调，成为我国后代服装的主脉。清代初年，统治者为笼络民心，服饰仍承袭明制，顺治二年（1645 年）之后，则诏令天下剃发易服，在我国服饰史上产生了深远的影响，后来成为中国传统女性标准着装的“旗袍”，就是那个时代的产物。当时所提倡的蓄辫发式，象征“一统中原”，寓意也是相当明显的。辛亥革命后，中山装风行全国，成为我国的“国服”，这是广东人的创造和光荣，在华夏服饰流变中荣领风骚数十年。新中国成立后，军干装、列宁装与中山装并驾齐驱，成为一代革命者的标志，奇装异服被视为资产阶级思想表现。三十多年来，没有人敢超越这个藩篱。开放改革大潮，冲破这几十年一贯制、几百年一贯制的牢笼，西装、牛仔裤、柔姿裙、T 恤、夹克一起涌来，改变了我国的服装潮流，广东首当其冲，领先一步，成为全国时装的橱窗。

本节无意写“广东服装发展史”，只想通过几种有代表性的广东服饰，探讨它的创制与流变的规律，去捉摸一下时人的文化心态。

明嘉靖四十年（1561 年）黄佐修《广东通志》载：“自汉末建安至东晋永嘉之际，中国之人，避地者多入岭表，子孙往往家焉。其流风遗韵，衣冠气习，熏陶渐染，故习渐变而俗庶几同中州。”不但都会如此，偏僻的山乡也如此。《始兴县志》云：“服饰居处，衣冠文物，蔚然可观，与中州无异焉。”①

自有服饰记载的周朝起至明朝的 2 500 年间，我国汉人传统服饰皆以高领、大襟、宽袖长袍为主，颜色则以青、蓝居多，富贵人家用锦缎缝制，颜色稍为时新些。除长袍外，还有一种常服，上身为短褂，下身为长裙，男女

---

① 胡朴安. 中华全国风俗志：上编［M］. 石家庄：河北人民出版社，1988：“广东”章.

不分，色调比长袍丰富些。体力劳动者多着粗布短褂、裤或围裙；着长袍者多为有身份的人。清以后，旗袍风行全国，袍外罩马褂，头戴瓜皮帽，蓄辫，系褡裢，白布袜，青布鞋。旗袍比以往的长袍袖窄，腰窄，较为贴身，加上立领，这是一大进步。《中华五千年文物集刊》“服饰篇”载有广州出土的西汉前期鎏金铜俑服饰，注文曰：“发中分后梳总髻下垂，高领、露中衣等；有袂胡之琵琶袖，袍下摆渐宽。”① 这是当时男子的一般服饰。清代服饰章还载有当时广州男子新年时的服装：“戴瓜皮帽，或称小帽、便帽或秋帽等……帽檐用绵缘，或用红、青绵线缘以云纹，饰用红帽顶……白衫、长袍外穿对襟马褂，窄管裤、白袜，厚底鞋，鞋头作如意云头式。”② 女式旗袍袖滚花边，内套褐裙，宽袖、大襟，领肩，外加坎肩。旗籍妇女梳横髻，着高底鞋。汉族妇女挽髻、少女梳刘海，留长辫，着平底布鞋或绣花鞋。这两种装束，《服装篇》中亦分别有记载。第 327 条“清，梳两把头（即横髻）妇女”：“旗下妇装，将长发向后梳，分两股缠绕在扁方等物上成一字髻，亦名两把头，相片为英人 John Thomson 于 1868—1872 年间摄于广东汕头的地方妇女，这种发式后来愈梳愈高，到清末期，做成牌楼式的伪髻上面饰以花朵，戴在头上称为大拉翅；在庆典中，则在大拉翅两边垂饰大红旒苏。”这是旗籍汕头妇女的装束。第 334 条“清，汉族妇女”附三帧照片，一是 1861—1864 年间的澳门孕妇，穿竖头大襟窄袖长袄，襟缘及袖端滚边，下穿长裙，纽扣由绸绦编成；清初至乾隆年间，尚沿用前朝的金银揿扣，此种帛纽扣至 20 世纪中叶才发现。二、三两帧为汕头女孩及妇人，发型各异，均穿竖头大襟衣，摄于 1873—1874 年，可谓珍贵的史料。

在这两千多年的漫长岁月里，我国服饰变化不大，向以直裾袍衫为主脉，究其原因，一是闭关锁国政策所致，历代皇朝唯我独尊，视域外为夷狄，唯我为正统，自视为“礼乐之邦，衣冠上国”，拒绝用域外的东西改变我固有的传统；二是几千年封建礼教所造成的守旧心理，认为旧式服装合乎礼法，新潮服装有伤风化，宁可守旧，不图革新，安于现状。广东虽然与外邦交往较多，但辛亥革命前保守势力仍很大，况兼服饰之变迁不如改朝换代明显，特别是区域性的衣着，更有惰性，所以基本上是几十年一贯制的。

---

① 陈夏生．中华文明五千年．服装篇［M］．台北：东方书局．1986：第 57 条．

② 陈夏生．中华文明五千年．服装篇［M］．台北：东方书局．1986：第 323 条：“清代广州男子”．

二、近现代的几款主要着装

（一）马褂

马褂始为清代满族男子上衣，后流行全国各地，穿在长衫之外，广州人习惯把“长衫马褂”连称。马褂长不过腰，袖仅掩肘。清初为兵丁公服，康熙年间进入富贵人家，后逐渐推广，成为大众之便服。马褂以黄色为贵，非特赐不得穿着。还有一种翻毛皮马褂，也很贵重，始于乾隆，盛于嘉庆，属达官贵人之服。普通马褂有对襟、大襟、琵琶襟等式样，又有长袖、短袖、宽袖之分，袖口均为平口。对襟马褂中间开襟，多作礼服；大襟马褂右边开襟，四周镶异色边缘，属便服；琵琶襟马褂右襟短缺，也叫缺襟马褂，多用作行装。此服饰在汉族男子中亦流行，直至清末。

（二）旗袍

旗袍是一种“衣皆连裳”的长衫，初为满族妇女服装，故名。因其庄重典雅，充分体现东方女性身型的特点，故以流行全国，并备受国际服装同仁的青睐。旗袍原先是直筒式的，腰部无曲线，下摆和袖口较大，袖宽无领，袖口、领口、衣襟镶有花边和彩牙，以多镶者为上品，其极品俗称“十八镶”。后发展为高领，胸襟宽松，腰围微紧，下摆开衩，有长袖、中袖、短袖之分；有紧袖、宽袖、联袖等多种样式。衣身长短不定，按季节分单旗袍、夹旗袍和衬绒旗袍多种。旗袍外可加各类上衣外套。旗袍可作礼服，也可作便服。

（三）唐装

唐装包括上衣和裤子，有男装和女装之分。男装上衣有高领、低领，中间开襟，布扣，后亦有用角质、骨质或塑料纽扣的。上衣胸腹前有三至四个方形口袋，上小下大，无盖，有的还有暗袋。女装上衣开襟与男装不同，胸腹围布从左至右肘，一律用布扣，可结成各种花式，衣襟亦有镶边装饰的，衣身较为宽松。唐装裤男女装基本相同，裤头、裤脚都较宽松，裤裆深长，无袋、无耳，正反不分，穿着时裤头左右相掩后紧束于腰，或加一腰带或无。面料多为黑、蓝、灰等颜色，质地贵贱有别，可用粗布、咔叽，也可用绸缎，广东人还喜欢用黑胶绸（香云纱）为之。过去城乡普通流行，自西式服装传入后，城市着装日渐西化，唐装仍为农村中老年人喜用。

（四）妈姐装

妈姐装因顺德妈姐而得名。胡朴安《中华全国风俗志》载：“粤俗中人之家，有所谓妈姐者，即佣妇之称，如苏沪之所谓杜姐是也。唯其性质，与别不同，每当黄昏，或夜阑人静，则常见有时装革履者，浑身黑服，头发光鲜（此等装束，谓之妈姐装），或三五成群，或独行禹禹，于西濠长堤十八甫一带，出没其间。”或于“公余饭后之时，盛服靓妆，漫游于洋场僻道之中”①。妈姐装以广东特有的香云纱制作。香云纱又称“莨纱”，俗称“黑胶绸”，是一种用土丝织成的提花纱罗织物，以薯莨作染料，经几次洗涤晒干后，再用含有氧化铁的泥土涂于其上，织物即变成黑色，油光滑亮，防水性能好，又易于散发水分，不怕日晒，轻快、凉爽柔润，耐穿易洗，所以不但受到妈姐欢迎，许多男性亦用以作衣料。妈姐装形式为短大襟衫，无领，右衽布扣，前襟有缘饰，黑衣黑裤，大裤裆，裤脚稍宽，裤头配以银链裤缰。胸前饰一梅花形银牌，戴一对精巧玲珑的耳环，银手镯雕龙刻凤，显得十分高贵。此等妈姐，自立一行，其团体势力甚大，有她们的行会组织，还有蓄少婢的，名之曰妈姐妹。她们以各种手段，博取主人家的欢心，又以各种姿色，挑引外界之垂青。“相沿既久，甚至有大家闺秀，亦效其装束，盖以其能惹起旁观者之特别注意也”②，致使妈姐装能在珠江三角洲盛行一时，其时为清末民初，即鸦片战争之后，大批丝厂倒闭，大批“自梳女”流入广州或漂流南洋作妈姐之时，这是珠江三角洲特殊经济形态的产物，同时与“自梳女”的风俗效应也密切相关。

值得注意的是，水上居民，特别是妇女，也是很喜欢穿着香云纱唐装衫，与妈姐装十分相似，而且水上妇女有部分从事不正当职业，过去称为“水鸡”，她们亦于夕阳西下时，在长堤西濠口一带高唱咸水歌，浓妆艳服，坐以待客。“第见其衣黑绸之衣，长者及膝，着黑绸之裤，短及于胫，赤足盘坐，而露其雪白娇嫩之肤焉。”③ 她们与在这一带兜风的妈姐不可混为一谈。

（五）中山装

辛亥革命的成功，冲击了几千年的封建体制，服饰革命也势在必行。流行了几百年的长衫马褂，是清朝的代表服饰，当然也在被革命之列。

据说孙中山先生做临时大总统时，经常出席各种重要会议，迎接外宾，穿的仍是一套长衫马褂，有人建议他做套西装，他坚持不肯。为了工作方便，他参照当时青年学生中流行的一种简便服式，吸收了南洋华侨中“企领文装”和西装的样式，亲自设计，由当时著名的裁缝师黄隆生裁制，创

①②胡朴安：中华全国风俗志：上编［M］. 石家庄：河北人民出版社，1988：“广东”章.
③　清·范端昂：粤中见闻［M］. 广州：广东高等教育出版社，1986：卷十九.

制了一种男式服装。其上装为翻领、对襟、五钮，前胸上下左右各缀一方形凸袋，上小下大，有软盖，衣长及臀，袖长及腕。裤制为前面开裆，用暗扣，左右各一暗袋，右臀部有一暗袋，用软盖，前右腰有一小暗袋，俗称“表袋”。缝制后他带头穿着，时人纷纷仿效，并称之为“中山装”。

孙中山先生向来主张：“礼服在所必更，常服听民自便。”他认为服饰的改革必须遵循以下原则：“适于卫生，便于动作，宜于经济，壮于观瞻。”中山服的设计，正体现了他的这一思想，反映了岭南文化经世致用、清新洒脱的风格。所以一经推出，便为群众所接受，后在推广中不断改进，风行全国，终于成为我国男子的代表服装。色调以灰、蓝为主，也有黑、黄色的。中山装突出了人体躯干和四肢，朴素大方，美观实用，所以流行至今。

新中国成立后，人们又在中山装的基础上加以改进，推出了“军干装”（又叫“解放服”）和列宁装（又叫“学生装”）。军干装注意了腰间曲线，使之更为合身得体，并将胸前四个口袋改为暗袋。列宁装改翻领为企领，胸前上下左右四个口袋改为上左、下左、下右三个口袋，暗袋，上左袋无盖；女式列宁装改扣领为大翻领，吸收了西装的长处，使其更为美观。这两种服装，实际上是中山装的变种，新中国成立后作为我国职工的主要服装，与中山装一并流行。广东作为中山装的故乡，更无二制。

（六）凤凰装

凤凰装是畲族妇女的传统服饰。相传广东省潮安凤凰山是畲族的发源地之一。凤凰装从衣服式样、色彩、刺绣图纹到发式等，都模仿凤凰，故名。凤凰装根据不同年龄分为三种：第一种小凤凰装。这是未成年女子的装束，用红头绳扎头髻一圈，盘于头上；衣领衣袖绣边纹路较窄，腰带向后扎，带尾有丝絮，象征凤尾。第二种大凤凰装。这是已婚妇女的装束，以红头绳扎凤凰髻，衣领袖边衫脚皆绣有颜色花纹，绣边较宽，多为大红、桃红夹黄色，象征凤凰的颈、腰和翅膀；向后扎的飘带加宽，绣的花纹也增多，金边丝絮，象征凤尾。第三种老凤凰装。头髻低矮，衣服和腰带的花纹和颜色都较单调、沉实。除以上服装外，还有头饰“凤冠”。用竹制成，呈筒状，高2寸，周边宽1寸，用花布或红布缠绕，并用五色丝线把珠玉穿成珠链，挂在周围。妇女梳一螺旋式或竹筒式高髻，以红头绳缠绕，后戴此冠。冠带者多为已婚妇女。新娘所戴凤冠左右插银簪、银钗，再配上耳环、银项圈、银链等，冠以“九子十三孙”等名称，寓意婚后子孙旺发。相传这些装束是畲族的始祖盘瓠王与三公主传下的。盘瓠王因助高辛帝征战有功，被招为驸马，与三公主成亲。皇后娘娘赐公主一袭凤衣，一顶凤冠，祝愿她像凤凰那样吉祥如意。后来，他们夫妻到潮州凤凰山落了户，生了三男一女，三公主又把凤凰装赐给他们，以后代代相传，沿袭至今。

（七）筒裙

据《汉书·地理志》载，古代黎族同胞“皆服布如单被，穿中央为贯头”。这种“贯头”式的服装，新中国成立初期仍可见到，但大部分黎胞已改着汉装，只有妇女还保留着筒裙的习惯。其衣饰变化规律大致如下：上衣方面，从无领无扣贯首到无领无扣开胸对襟，再到有领有扣右襟；下裳方面，从短筒到长筒到裤子。妇女多束髻于脑后，押以骨簪，披绣花头巾；上衣多为黑色，宽袖，无扣，对襟开胸，带贴身布兜；下身穿筒裙，常服筒裙为一块三条浅蓝色的横纹黑粗布做成筒形，围在臀部，作为其民族服装的筒裙下文详及。喜带项圈、手镯、耳环。环垂至肩。男子结鬃缠头，上衣无领，对襟开胸。常年赤足。这种情况，新中国成立后已大大改变。黎族的筒裙，多用攀枝花（木棉）、野生爬地毛藤、山麻纤维纺织而成。分特长、长和短三种。从腰至裙边织满花纹，花纹有几何线条、动物纹、花卉图像，以及婚嫁礼仪中的人物图像等，花纹间镶嵌金银箔云母片或羽毛，闪闪发光，富于动感。

黎族妇女编织筒裙，早从战国时代开始，宋代已颇负盛名，明末清初屈大均《广东新语》中已有记载：“妇女率著黎桶，以布全幅，上与下紧连，自项至胫不接续，四周合缝，以五色花绒刺其上，裙钗作数百细摺，用布至10余丈，长不能行，则结其半于腰间；累累如带重物。”这只是其中的一种样式，是比较长的。而最古老的本地黎的筒裙则是比较短的，筒裙尾在膝盖以上十多厘米，而且比较窄。筒裙一般由四幅布合成，分筒头、筒腰、筒身、筒脚四部分，织花以筒身为主，花纹图案多达120多种，工艺细致复杂，黎族女同胞一般从少女时代开始，就利用工余时间为自己精心编织一件筒裙，以备出嫁时用。人们判别一个姑娘是否心灵手巧，就看她自己织的筒裙。现在不少黎族姑娘平常已着汉装，但出嫁时一定要穿上自己织的筒裙，一则展示自己的才华，二则让老祖宗承认自己是黎家的后代。可见其深厚的民族感情！

黎族妇女编织筒裙的技艺，还与元代著名纺织家黄道婆有关。她曾到过崖州，“教以纺造、弹织之法，与夫错纱、衬色、综线、絜花种种窍妙”①。又把黎族编织筒裙的技艺传往他乡，这是黎汉文化技术交流的一个见证。

① 清·范端昂：粤中见闻［M］．广州：广东高等教育出版社，1986：卷十九．

我国妇女着筒裙者不只黎族，还有傣族、佤族、景颇族等，但各族风格不同，傣族妇女“衣白布窄袖短衫，黑布筒裙”，以罗布制作，裙较长，清丽、洒脱，与傣族同胞喜近水居，爱清洁有关。佤族筒裙则较粗糙，制作也较简陋。以至形成以上大同小异的特点。

（八）麻包衫与凉帽

麻包衫未见经传，主要流传于三水、四会、高要等县市农村，其中以三水为最。因为三水市盛产黄麻，年产量在10万~15万公斤，全市麻袋厂遍布，人们就地取材，利用这些价廉物美的麻袋加工成衣，做成麻包衫，成为流行一时的劳动服。麻包衫以男式对襟唐装衫为基本型，无领，左右两下袋，无盖，只有上装，没有下装，男女同一款式，多于田间劳动时穿着。这种衣衫优点很多，冬天可御寒，夏天又通透、吸汗、易洗、易干，耐磨、耐脏，价钱又便宜，所以深受农民群众的欢迎。自清末民初到开放改革之前，行走在这一带田野上，到处可以见到穿着麻包衫、戴着布边凉帽的农民，不分男女，不加雕饰，自然朴素而逗人喜爱。

“凉帽”流行地区更为广泛，除上述地区外，宝安、惠阳以及梅州市各县都可见到，以客家女的“凉帽”最具特色。这种“凉帽”以竹篾或苇秆编织成斗笠，周围垂挂五寸长的布边，褶子状，以黑色、蓝色为主，亦有白色和花色的。年轻姑娘还在垂布两端挂上两条五颜六色的彩带，以作未婚的标识。这种凉帽不但能遮蔽阳光，行走时垂布在空中摆动，还能招来悠悠的微风，凉爽宜人，妇女的体态也显得更加婀娜。相传这种“凉帽”是1 000多年前客家人的祖先从中原迁来时，为了生活的需要，妇女也要和男子一样开荒种地，经常抛头露面，改变了在北方时男耕女织的习俗，她们一时不习惯这一环境，便想出了戴凉帽这一妙计：在斗笠上罩块黑布，遮掩面孔。后又逐步改进，缝在周围，中间留口以免挡住视线，后沿袭下来，便成了今天的“凉帽”。不但客家地区广泛流行，广府民系和水上居民也有仿效的，成为广东服饰史上不可忽视的一个要件。它不但记录了客家人的迁徙生活，也反映了客家妇女在创业中的开拓和应变能力；它的流传，又与岭南日照长气温高密切相关。

三、牛仔裤冲开的服装大潮

1979年后，我国服装开始从单一化转向多样化。最先敲开这个大门的是牛仔裤，然后喇叭裤、蝙蝠装、柔姿装、T恤、猎装、情侣装、师奶装接踵而来，通过广州这个窗口，向内地辐射。广州成了我国服装市场的万花筒。

广州人过去是“顾食不顾着（穿）”的，衣饰比较随便，甚至讥讽一些爱打扮的人“要靓唔要命”。寒冬腊月，广州人也是上身一件棉衣，下身一条单裤，穿鞋不穿袜，被人讥为“上面蒸松糕，下面卖凉粉”，虽未达到衣不蔽体的地步，但连保暖都不重视，更不用说美观了。人们随着“大一统”的潮流，守着“新三年、旧三年、缝缝补补又三年”的旧观念，翻来覆去都是“中山装”、“国防绿”、“蓝蚂蚁”。开放改革之初，当一些港澳青年穿着牛仔裤回乡时，人们联想起的是流氓阿飞，效仿者则被视为资产阶级思想影响的结果，与那些留长发、穿花衣衫者一概被斥为“飞仔”、“飞女”，人们对此打扮嗤之以鼻。一些宾馆酒家门口竖起了“衣履不整，恕不接待”的牌子，还被认为是“资产阶级的那一套”，“先敬罗衣后敬人”，与新中国成立前上海外滩公园在门口挂着“华人与狗不准进”的牌差不多。随着改革开放的深入，人们才认识到，衣履不整、蓬头垢面并非工农兵的风范；衣冠整洁是文明礼貌的表现。人们扬弃了新潮服装薄、透、露的缺点，根据广东人实用、舒适、大方的要求，不拘一格，新潮旧款，百花齐放。在实际应用中，人们还发现牛仔裤的许多优点：坚固、耐磨、经脏，洒脱、适身，不但青年人接受了它，一些中年人也穿上了牛仔装。出街入市，旅游观光，上班下厨都适应，减少很多麻烦。所以十多年来，保持旺势。其他一些时装，如喇叭裤、甲由装（蟑螂装），刚从香港流入，尚未驻足，就像一阵风似的过去了，在内地还翻起几个波浪，在广东却早被淘汰了。相继流入的也五花八门，适者生存。英国西装、夹克，韩国的尼龙裙，意大利真皮袄、呢绒大衣，香港羽绒服，日本高子装，法国斑马牌，美国花花公子等，还有各式高档皮鞋、旅游运动鞋，各式提包，尼龙袜，尼龙伞，各式化妆品等，琳琅满目，充斥广东城乡各个市场。广东人的服饰，一改过去百年一贯制的旧貌，出现了多样化、高档化、系列化、整体化的势头。

多样化。服装样式虽多，但不外三种类型。一是适体型的，如中山装、西装、运动装等；二是披挂型的，如裙子、披风、长袍等；三是适体与披挂相结合的，如连衣裙、套装裙、蝙蝠装等。近年来广东的流行服装，可以说是各类俱全，品种繁多，而且式样不断更新，仅运动装一项就千姿百态，并加入了时装的行列，非运动员也喜欢用作日常衣着。各大宾馆酒家服务员的公服、各中小学的校服，亦以五彩缤纷的姿态，加入了新潮服装的行列。广州的校服以其线条明快、色彩鲜艳、美观得体，反映了青少年朝气蓬勃、活泼大方的风格而受到了社会的关注。小学的校服，则更富于稚趣和童真，改变了过去那种不分性别，不分年级，一律白衣蓝裤的状况。其他童装，也向着时装化的方向发展。仅广州童服厂每年就推出新式童装300多款，选料、做工都不亚于成人服装。甚至睡衣睡袍，也都讲究起来，不断推出新装，有专门商店或专柜经营，犹如婚纱礼服一般。老妪们也不甘示弱，穿起了柔和飘逸的师奶装，还有别出心裁的“子母装”、“情侣装”等，应有尽有，使广州变成了时装的海洋。

高档化。以前人们的衣着讲究坚固耐用，如今则着重美观、入时。人们选择服装，要新潮，要高雅，要名牌。穿起来要有派头，有风度，不同凡响。首先选料要讲究。夏天要柔软清爽，如乔其纱，柔姿布，真丝，全蔴等；冬天要挺括细绒，纯毛料，手感要好，外形要雅观。其次做工要精细，西装看里，衣衫看领。好西装穿到旧，里都是平直的，好衣衫穿到旧，衣领也不变形。再次是款式要新颖、高贵，穿起来潇洒、大方，又能展现个性美。而名牌服装，最能体现这些优点，并在舆论上给人造成了一种消费心理：名牌就是高档。因此同样档次的东西，人们也宁肯出大价钱买名牌货，以显示自己的身份。广州人过去虽然粗衣俗表，不太讲究穿着，但也注意收藏一两套“光鲜”的衣服，叫做“饮衫”，留着赴宴时穿的。现在条件好了，更要买一套高档礼服，交际应酬，免致“失礼于人”，所以广州的名牌服装市场，时装精品屋，生意是很兴隆的。

系列化。根据日常生活的不同需要，适应各行各业的工作要求，广州服装逐渐由单一化向系列化发展。如工装系列：保安员、路政员、商检员、税务员、空中小姐、楼面小姐、大堂小姐等，各有行业工装，端庄、威严，女士更有几分文雅、秀丽之感。运动服装系列则更为普及。大街上，许多男女老少都穿着红、蓝、黑、白反差很大的运动服装，有反领的、圆领的、开胸的、套头的，各式各样，争奇斗艳，使整个城市都充满了活力。人数众多的中学生使校服系列更为显眼。在他们集队参加公共活动时，在他们放学回家的路上，那明快鲜艳的校服，活像大型的服装展览。学生们风华正茂，奋发向上的精神尽展其中。童服系列更为多姿多彩，把儿童天真烂漫、活泼可爱的性格表现得更加充分。

系列化的另一方面还表现在名牌产品的系列配套上。同一牌子不但有多款服装，还包括领带、鞋袜、手袋和各种饰物。著名的如苹果、媪妮、绅浪、丽晶、佐丹奴、堡狮龙服装、手袋、饰物系列，国内新创的如富绅、蓝鸟服装系列等，在市场上都已有一定的知名度。

整体化。即衣饰整体美的要求。从服装配套，到帽子、围巾、领带、鞋袜、腰带、手袋、饰物等，要搭配得当，款式、颜色、质料等，要和谐统一，切合人物的身份，给人一个整体的美感。

首先是着装配套。中山装和军干装，上下布料、颜色应一致，衬衣以白色为好，切忌花色，鞋子以黑色或棕色皮鞋为好，袜也宜淡雅。西装配套更讲究上下身的统一，衬衣要紧身，衣领高于西服领，袖长于西服袖。领带颜色要注意两者明度一致，质地相同，或同色搭配，或反色搭配，或主色搭配，可根据不同身份和场合选择。着西装一定要穿皮鞋，鞋袜色调要与西服一致。男士一般不穿高跟鞋。青年男女着学生装、夹克、猎装、运动装，可配合适运动鞋、旅游鞋。女士裙套装，要讲究上下颜色、质料的搭配，或相同，或一致，或和谐，不可反差太大。连衣裙，牛仔裤配柔姿衫，可体现女性身段美。身材修长的女士可穿长裙、节裙，才显得仪态大方。

“靓衫还要配靓鞋”，这是广州人的口头禅。除了上述皮鞋、运动鞋、旅游鞋的配套之外，时下广州姑娘还流行高筒皮靴，确是雄姿英发，足下生辉。再配上帽子、腰带、手袋等，上下配合，左右协调，整体格局越来越高。广州男士不论冬夏，戴帽子的极少；女士戴帽，也多数是为了装饰，并非御寒，大都以小巧、轻便、新奇为度。多数女士也不戴帽，而是在发型上下工夫。围巾和腰带则是女士们较为重视的。不少女士都买有几条不同花色的围巾和腰带，以配合不同的衣着和场合使用，还有那精致实用的手袋，闪闪发光的胸针和项链，令人姿容生色，时而轻柔飘逸，清丽洒脱；时而端庄秀丽，温文尔雅；时而雍容华贵，风韵楚楚。同样一个人，不同的打扮，不同的衣饰，就有不同的风度和形象。

广东近年衣饰潮流的变化，可谓节奏快、花样多、潮流新，令人目不暇接，难以追赶。某种潮流刚刚兴起，尚未驻足，就如轻风而过。如喇叭裤、甲由装、乞丐装，在广东都未找到市场，喇叭裤却在内地一些省份流行了好长时间。袒胸露臂者广东绝无仅有，一些偏远地区的时髦女郎却很钟爱，因为她们见得少，便以新奇为美。广东一向对外交往频繁，各种奇装异服过去已有所接触，见惯不怪，不少人已有一定承受能力，冷静地批判、吸收，使衣饰文化也呈现出一种善变、兼容的风格。可以预料，随着人文素质的提高，广东人的衣饰还将向着高档、系列、多样的方向发展。从美观、实用转向清丽、洒脱、自由的风度，追求流行色，以自然为宗，讲究整体美，趋时变奏，这是由广东人的文化思想风格所决定的。

第四节 观赏：广东的花市与花卉文化

爱花是人类的天性，鲜花不仅以其天生丽质把世界装点得五彩缤纷，而且还以她的色、香、态，从不同的角度启迪了人们多层次的审美情趣，展示人们心中深沉的内涵。花卉的种植形成了专门的行业，花的贸易出现了专门的集市，插花也有专门的艺术，关于花和花埭、花街的诗文，就像鲜花一样绚丽多姿。广东号称花城的市镇有两个：广州和中山小榄，另外还有芳村、陈村等一批花木生产基地，都因花卉文化的繁荣而别具风采，令人向往。2010年国家林业局、中国花卉协会公布的3 005个全国重点花卉市场中，广东就占了343个，目前全省花卉种植面积达18 194万公顷，年产值超98.5亿元，从业人数达150多万人。

广州种花业已有1 000多年的历史，花埭花田早已闻名于世，古代“粤东四市”就以羊城花市为最（其他三市为：廉州珠市、东莞香市、罗浮药市），在明清粤人诗文中，歌咏花埭之作不胜枚举，著名学者屈大均、黄遵宪、康有为、张维屏等都留有佳句，诗人梁修还有专著《花埭百花诗》。现代广州花卉文化的发展更是令人瞩目，特别是改革开放以来，广州的岁暮花市与花卉文化，更与当地的经济发展互相促进，成为精神文明建设的重要一翼。

我国花市，古已有之。五代时成都就有，南宋时杭州、扬州也有，形式与广州古代在城门下集散素馨花差不多。清代中叶以来，广州花市逐渐发展为岁暮举行，规模越来越大，花色品种不断增多，内容日益丰富，并自成一格，从栽培到集市，都表现了广泛的群众性，且集诗画、摆设、盆栽于一市，荟萃了丰富的花卉语言和故事，并以我国最大的民间传统节日——春节为背景，使她显得更加多姿多彩，成为岭南文化的一朵奇葩。

一、源远流长的广州花市

得天独厚的广州，气候温和，土壤湿润，适宜各类花木生长，使广州在1 000多年前的南汉时代，已有不少以种花为业者，珠江南岸庄头、瑶头、五凤、南村一带，都是花农的世界，是故清人陈华有诗云：“三十三乡人不少，相逢多半是花农。”又云：“花田女儿花作命，衣花食花解花性。”写的就是这一现实。其中庄头村以种素馨花著名。据屈大均《广东新语》载：

"珠江南岸有村曰庄头，周围里许，悉种素馨，亦曰花田。"当时"花市在广州七门，所卖止素馨，别无花"。这"七门"，指的是广州老城的七个城门，这就是当时的"花市"的所在地，所卖的只是素馨花，并不限于除夕，而是经常性的。每天早上，花农们采摘了大量的素馨花，从珠江南岸运往城北的七个城门下销售，由五仙门码头登岸，故此该码头又称为"花渡头"。

据清代《壬申续修南海县志》载，当时的花市设在"藩署"（即现省财政厅）前，是夜市，常年开业。查壬申为同治十一年，即 1872 年，可知这时的花市还不限于除夕。但咸丰、同治间徐澄溥的《岁暮杂诗》却云："双门花市走幢幢，满插箩筐大树秾。道是鼎湖山上采，一苞九个倒悬钟。"诗中写的是吊钟花，在岁暮花市上出售。"双门"全称双门底，即现今财政厅前，地点与《南海县志》所记吻合。同治皇帝于 1862—1874 年间在位，徐澄溥为咸丰、同治年间人，至晚在同治年间写下此诗吧，那亦是 1862 年左右，这就是现今一般人所认为一年一度的广州岁暮花市形成于 19 世纪 60 年代的依据。宣统年间梁鼎芬修《番禺县续志》载："花市在藩署前，岁除尤盛。"稍后张心泰撰《粤海小识》云："每届年暮，广州城内卖吊钟花与水仙花成市，如云如霞，大家小户，售供坐几，以娱岁华。"说明那时的花市，正是由"岁除尤盛"发展为"每届年暮"的时期。

在这期间，著名的花卉产区的种花业迅速发展，周围数十里的花田上，素馨、茉莉一片雪白，玫瑰、紫薇交相辉映，杨桃、橄榄林畅木茂，环境清幽，风景秀丽，不少富商望族，都在这里营造别墅、花园，如清代著名的听松园、六松园、纫香园、翠林园、杏林庄等，著名学者康有为、张维屏等，都曾居家于此。这些文人学士，还成立了不少诗社画苑，每逢正月初七"人日"、十五上元节、三月天后诞、五月端午节、七月乞巧节、八月中秋节等民间节日，都在园内摆设"花局"，展出各种奇花异卉，遍邀社友吟诗作画，娱乐一番。特别是正月初七"人日"正值百花盛开，人们乘着新春的喜庆，成群结队到花埭游览，相沿成习，这就是广州人日游花埭的风俗。这实际也是一种花市。

辛亥革命后，广州老城拆除，花市的发源地藩署前一带成为通衢大道，花市延伸至现教育路、西湖路一带，花色品种越来越全，游人也越来越多，到 20 世纪 20 年代，广州花市已是相当的兴旺了。新中国成立后，人民政府对花市的布局作了多次调整。1956 年，广州分设四个花市：中心花市仍在西湖路、教育路一带，东区花市在东川路，南区在滨江路，西区在新风路。到了 1961 年，花市增加到六个，即增加了黄埔和芳村两个，荔湾区花市

（原西区）移至多宝路、逢源路一带。除原有六个花市不断扩充外，各农贸市场和大街小巷空旷处，春节前夕都摆满了鲜花，各大公园又同时举办迎春花展，整个广州成了一个鲜花的海洋。1991 年迎春花市增至七个，即增加了天河区花市，设在天河东路，后又移至天河体育中心，海珠区移至江南西路。花街总长 15 里，花档 3 000 多个（只计工商部门出租的档位），进入花市的花农达 2 万多人，主要来自本市各区以及顺德、南海、番禺、清远、广宁、中山、珠海等地，花卉品种除传统的菊花、桃花、水仙、盆橘、芍药、吊钟、茶花之外，还有各种兰花、康乃馨、玫瑰、郁金香等，更有许多近年引进的“精品”花，如仙客来、风信子、荷包花、蝴蝶兰、金钟花，有价值千金，甚至价逾万贯的。有一株弥勒佛兰，有人愿以 50 万元求购，花主仍未首肯。这价值本身就已表明，它已是一件稀有的文化珍品，已不是花卉本身的价格所能表达的了。

广州传统迎春花市一般从农历十二月二十八开始，历时 3 天，第 3 天延至新年初一凌晨 2 时结束。为了营造这一座座花市，政府每年都要斥资数十万元。从市政、工商、城建、园林、环卫、交通、武警、公安、物价、供电等 30 多个部门，抽调 2 万名人员，参加营造和组织管理工作，使得十里长街花团锦簇，层楼叠彩，几百万人同时游乐，井然有序。人们置身于欢乐的海洋之中，赏花、品花、买花，在花街中徜徉而过，享受着一年一度的美好时光，难怪不少外地人舍弃了合家欢聚的机会，留在广州过年；许多人专程千里赶来，一睹广州花街的芳容。

二、别具一格的小榄菊花盛会

历史上有“小广州”之称的中山小榄，不但有与广州一样的除夕花市，还有 60 年一度的菊花盛会，历史更为悠久。

传说南宋年间，度宗为追查胡妃潜匿，派人到南雄珠玑巷大肆搜查，不少中原移民为避祸患，逃至香山小榄。那时正值十月金秋，菊花遍地，水土宜人，他们便在此定居，开村辟寨并因此养成了栽种菊花的雅兴。家家户户的庭园、天井、房前屋后都种满了菊花，爱好菊艺的人士还搜集、培养了许多名优品种，专心栽培，致使名花辈出，品种越来越多，造型越来越美。清朝乾隆元年（1736 年）小榄首次举行“赛菊”，以“三不”（不脱裙、不交枝、不跪脚）为起点，以“三丫六顶”为立菊模式，以“一捧雪”为极品，品评名花，同时吟诗作对，判别等第，按序颁奖。此后，各氏族、坊社多结成“菊社”，传习菊艺，学赋新声。每年重阳，便将自己培育的菊花搬到

“菊社”，供人观摩品评，菊友们饮酒赋诗，自娱自乐。1782 年，“菊社”发展为“黄花会”，会期中除列花评选，觞咏取乐外，还演戏助兴，邀请各处同乡回来观光。

清嘉庆十九年（1814 年），“黄花会”长辈为纪念先祖自珠玑巷来小榄落籍 40 周年，集十姓“菊社”举行首届菊花大会，展出名菊 72 个品种，四方来观者几万人，并定下以后每隔 60 年举行一次，俗称“甲戌菊会”。第二届甲戌菊花大会是在 1874 年，人们增设了大型“斗菊筵”，除品花外，还作“菊糕”、“菊酒”、“菊枕”、“菊灯”等，并广征诗联，评出了各项优胜者 33 名。第三届菊花会是在 1934 年，小榄镇内共分五区展出，设花棚 24 座，花街 12 处，花桥花景各 8 处，花塔 6 座，艺菊场 9 个，戏棚 11 个，还专门开辟了一个省港小榄同乡会游艺场，同时开展征诗征联活动，举办农业展览，还有鱼灯会和水色游行，非常热闹，远近慕名而来者在百多万人。

新中国成立后，生活更加美好，温饱思娱乐。人们觉得 60 年一度的菊花盛会为时太长，建议改为十年一届。1959 年，适逢中华人民共和国成立十周年庆典，便于国庆期间举办了新中国成立后的首届菊会，兼办工农业生产成就展览，共设了 4 个菊区，12 个展馆，到处是菊花的海洋，省城各报刊电台记者云集，报道连篇累牍，誉称小榄为“菊城”。这一美称，沿用至今。按规定，第二届菊会应在 1969 年举办，但因“四人帮”横行肆虐，国计民生受到严重破坏，只好推迟至 1973 年。尽管如此，展出内容已大大减少，唯有当年首创的造型菊艺，以其立体浮雕式的造型，吸引了一些观众，其中大型菊艺“天女散花”，还得到了群众的好评。1979 年，在党的十一届三中全会路线的指引下，工农业生产取得了前所未有的大丰收，人民心情舒畅，雅兴更高，第三届菊会，盛况空前。花场横跨大小二榄，花街总长十里，仿古街景 50 处，家家户户都把自己精心培育的菊花摆在门口参展，争艳斗丽。除传统节目外，还有五人竹片小艇竞渡，请来了省市粤剧团、杂技团参加演出，舞狮舞龙放烟花，一连几天。港澳海外参观团 280 多个，国际友人、华侨港澳同胞 1.4 万人，国内参观人数百万以上。人们交流菊艺，品评花诗，联络感情，洽谈贸易，观看娱乐竞技，乐叙升平，取得了很好的社会效益和经济效益。

1994 年，是传统的 60 年一度的小榄菊花会第四届的会期，政府斥资 10 亿元建设小榄新城，辟为新区展场，另还有公园区展场和沿河区展场，共展出菊花 30 多万盆，品种近 1 000 个，大盆立菊 500 多盆，其中一盆花达 5 419 朵，为历年之冠，还有塔菊、树菊、崖菊、吊菊等，姿态万千，并举办了大型的游艺、雅集活动，会期半月，有300多万人参加，为历史上规模空前的一次盛会。

除传统菊花会外，小榄亦与广州一样，每届年暮，都举办岁暮迎春花市，形式内容与广州相仿。因小榄水陆交通方便，一向与广州交往密切，加上自身有花卉文化的基础，故风俗习尚相通。如今，小榄亦有宾馆、餐厅等冠以“花城”美称的名号，游人至此，还以为自己身在广州呢！

三、蕴涵深刻的花卉故事

广东人养花、爱花、惜花，培育了万紫千红的花朵来装扮世界，也编造了许多动人的花卉故事，赋予鲜花高贵的品格，纯洁的灵魂，把外在的美和内涵的真与善统一在一起，使之变得更加可爱。

说起广州的花卉故事，当首推《素馨花的传说》（见《羊城人仙神》），这不仅是因为素馨花是广州花市开业之鼻祖，是古代花田的霸主，还因为素馨是一位舍己为人的种花姑娘。人们把她当作花魂的化身，国色天香的代表，到处传颂着这一芳香的美名。

传说素馨花古时叫耶悉茗，是由汉朝大夫陆贾从西域带回来的，南越王赵佗把它带到广州，种在庄头村一带的花田里。到了南汉时代，庄头村有个种花姑娘，名叫素馨，酷爱耶悉茗花，她长得比花还美。南汉王刘鋹要在天下选美三千，素馨与十几个花田姐妹也被选入宫中。由于她俊俏聪明，深受刘鋹的宠爱。刘鋹看见她喜爱耶悉茗花，就下令皇家花园统统种上耶悉茗花，并要所有的宫妃都像素馨一样，佩戴耶悉茗花，以至每天早晨宫女们梳洗的时候，花流成河，至今广州还有个“流花湖”，有座“流花桥”，就是因此而得名的。为了解救三千宫女，素馨想出了一个激将法。她对刘鋹说：“我看皇上爱素馨是假，迷恋三千宫娥是真。”刘鋹道：“古人说得好，若得天下第一香，愿将千花弃路旁。”素馨立即说道：“既然如此，皇上何不把三千姐妹遣散回乡。”刘鋹脱口便说：“依卿所言！”就这样，刘鋹放走了三千宫女，与素馨白头到老。素馨死后，刘鋹把她埋葬在花园里，周围种满了耶悉茗花。刘鋹死后，庄头村的父老乡亲，把素馨的坟移回庄头。后来，人们发现坟头长满了洁白的耶悉茗花。从那以后，人们便把这种花叫做素馨花。

这一故事，饱含着花农许多辛酸的泪水，寄托着人们对花魂的深沉思念。清人何渐鸿有首《羊城竹枝词云》：“观音山畔阿侬家，生小由来只爱花。百步石梯梯石滑，时常登眺素馨斜。”观音山即越秀山，百步梯是由山麓至半山亭的石级。由此登高远眺，缅怀故人，由于从小爱花，故此首先想到了花魂素馨，这是很自然的。就连一代文豪屈大均，知道杨孚宅前的洛阳松树，冬凝瑞雪，也想到了花田雪白的素馨花。屈翁诗云："能将北雪为南雪，唯有苍苍自洛来，松柏至今虽然尽，花田尝见雪花开。"可见素馨在人们心目中的位置。

广州芳村区有个地方叫"花埭"。那里一年四季，百花盛开，花卉品种达1 000多个，是广州著名的花卉产区。花埭为何花似锦，能集天下名花于一地？亦有一个故事。

传说"芳村"原是一条"荒村"，那里杂草丛生，蛇鼠出没。在一片低洼地上有个菜园，住着一位孤独的老人，名叫蔡伯。他住在菜园的一间茅屋里，与终年在檐头营巢的燕子相依为伴。一天，一个过路人射伤了一只小燕子，老人为它精心调治，直至伤愈长大，放回燕群，它仍然依依不舍，不忍离开那位好心而又孤独的老人。第二年春天，当群燕飞回的时候，每只燕子都在蔡伯的园子里吐下一颗种子，把天下的奇花异卉撒播在老人的菜园里，使老人的菜园变成了百花园。这就是今天的花地，从此，"荒村"才易名为"芳村"。

这个故事，不但反映了广州花卉文化的历史，也说明了广州花卉文化的风格：广采博收，融天下名花于一炉。现芳村区有花卉基地1.8万多亩，花卉品种超过1 000种，正是这种历史风范的延续。有100多年种花历史的珠海湾仔，近年也大量引进名花，光玫瑰品种就多达300多个，各种兰花出口达30万枝，还有广州园林局白云苗圃等，亦推出了大批的名花异卉。更有以假乱真的绢花、纸花、玻璃花，并近年引进的各种插花艺术表演，充分表现了广州花市活泼多样的风格。这与上述故事所培养的人文素质是分不开的。

在广州花卉故事中，还有一则流传较广的《萝岗香雪从何来》，解释南国罕见的梅花——萝岗的梅花（人们喻之为"香雪"）。原来是一位姓钟的老伯，不畏艰险从长江沿岸带来的。如今每年梅花盛开的时候，萝岗十八峒，一片白茫茫的香雪，引得人们倾城出动，到萝岗赏雪去！萝岗的梅花，不但为广州的花卉长廊增加了一个景点，也说明了岭南文化与江淮文化千丝万缕的关系。广州"人日游花埭"是正月初七，那正好是梅花的花神寿阳公主的生日，这是巧合，还是南北文化交流的结果，还有待进一步考证。

小榄的花卉故事亦很丰富，其中《荼薇仙子》的故事，更是家喻户晓。传说古代人间并无荼薇花。那时香山县飞驼岭下住着一个年轻的花农，名叫杜丽春。他忠厚勤劳，爱花如命。他的花园，一年四季，鲜花常开。此事传到天上百花仙子那里，荼薇仙子和玫瑰仙子决心下凡一游，荼薇仙子爱上了杜丽春，被玉帝逐出天庭，贬到深山野谷，故时至今日，荼薇仙花仍不宜盆栽。在杜丽春的花园里，荼薇花得到了杜丽春的精心照料，两人相亲相爱，形影不离。荼薇仙子还教杜丽春酿花酒，制花肉，做花饼，至今在中山还可享受到美味的菊花餐、荼薇饼，都是那时花仙子传授的。此事激怒了催花巫神，她以泄露天机之罪名，加害了荼薇仙子和杜丽春。幸得玫瑰仙子相救，赠与宝衣，始能逃脱劫难。如今荼薇花与丽春花身上都有刺，那就是当年玫瑰仙子所赠的宝衣。他俩相依为命，在人间过着幸福的生活。后来人们才发现，每株荼薇花旁，必有一株丽春花相伴，枝树交缠相偎，便是他们的化身。这个故事，还获得了全国首届民间文学作品评比三等奖。

其他如肇庆瑞香花的传说，韶关白芙蓉的传说，广州海幢鹰爪兰的传说等，都以生动优美的形象，歌颂了正直、纯洁的人生，为岭南花卉文化增添了光彩。

四、情致雅丽的花卉诗文

“古诗偏爱自然美，山水烟花雪月风。”这是越南人民的领袖、我国人民的朋友胡志明同志的诗句，道出了我国古典诗文的传统题材。在这“山水烟花雪月风”中，细分起来，恐怕要数写花的为最多。古今写百花诗的人不少，清代有梁修、王夫之，现代有郭沫若等。梁修的《花埭百花诗》，写的就是广州花地之百花。花与诗，自古就结下了不解之缘。人们通过对花的仪态的描绘，不仅反映了花的“品格”，也赋予它灵性，实际上是诗人对社会人生理想的追求和向往。这些咏花诗，成了花卉文化的精英。

岭南四季常春，故“花到岭南无月令”，十月梅菊齐发，冬腊芙蕖更香，故陈白沙诗云：“春到东篱花亦知，红桃白李正当时；东风自领芳菲去，也为秋香作意吹。”这繁花似锦的世界，曾牵动过许多诗人的情怀，使他们写下了鲜花般美好绚丽的华章。清代番禺才子黎美周，因牡丹诗夺魁被称为“牡丹状元”，誉满吴越；一代文豪屈大均，因《嘉莲》诗出众，被推为“莲花榜眼”，赞溢香园。其实屈翁何止莲花诗出色，他对岭南诸花，都写下了许多清丽的诗章。他的《秋日对花》诗云：“花历天南最不同，吹嘘不必定春风；东君自解行秋令，先遣梅开九月中。”又《冬日对花》云：“六种争开向药栏，冬来花事不曾残。天南春风无来去，长与东皇共岁寒。”（自注：六种者，梅、菊、月季、高丽菊、雁来红、水仙也）光是素馨花，他就写过不少章句："盛开宜酷暑，半吐在斜阳。绕髻人人艳，穿灯处处光。"写的是此花开放的特点及用途。"珠掠盘明月，花梳间海棠。"写的是广州、东莞一带的女子，以彩丝穿花绕髻的风俗。

在众多的咏花诗中，最值得一提的是清代光绪年间举人梁修的《花埭百花诗》。这是他寓居花埭纫香园期间，园主为招徕游客，于园内设置"百花诗坛"，请他题赋的花诗。果然那年元宵，慕名前来赏诗观花者络绎不绝，花埭遂极一时之盛。这部百花诗，不仅是花埭的群芳谱，而且颇具艺术价值。它托物寄情，借花喻人，品艳评香，美刺分明，又具有浓郁的岭南地方特色。有些花卉虽然不是岭南所独有的，但它却是以岭南地方故实为咏，把羊城八景、罗浮日月、珠江画舫、南汉故事、粤中采青等采入诗中，每首还冠以小序，简介花卉的历史和有关知识，犹如一部百花史，实在难得。你看他那首咏《梅》的诗：

大通烟雨写模糊，明月罗浮向有无？索得林家妹一笑，依稀风味似西湖。

"小序"云："淡妆浓抹，曾爱西湖。此间风月不殊，为问和靖夫人，肯移家偕隐否？"巧用隐居西湖孤山、酷爱梅花的和靖先生的典故，以"大通烟雨"（清代羊城八景之一）和罗浮明月（古以"罗浮魂"喻梅花）为故实，状写了在广州花埭访梅的情景：环绕花埭的大通水滘，四时烟花淡荡，云雾井上轻纱迷漫，写出了一幅若现若隐的图景，那风韵真有点似和靖先生咏西湖梅花一样之美了。浓郁的地方情调，跃然纸上。还有《上元红》、《素馨》、《鹰爪兰》等诗，每首就是一幅广州的风土人情画，为广州的诗坛花廊增色不少。

再有直接记及广州花街的诗歌，如清末的几首《羊城竹枝词》：

茉莉蔷薇夹马樱，携篮唤卖一声声；双飞蝴蝶频追逐，跟箇卖花人入城。

四时不断卖花声，十月绯桃照眼明。浪说扬州风景好，春光不及五羊城。

这里说的还是广州老城七门下的常年花市。光绪中冯向华的《羊城竹枝词》，说的就是一年一度的广州花市了：

羊城世界本花花，更买鲜花度年华。除夕案头齐供奉，香风吹暖到人家。

诗句清丽温馨，通俗可爱。还有一首小诗，每届岁暮，都叩击着人们的心扉，致使多年来，每年必到花街去挤一挤的著名作家秦牧同志也不能忘怀，现录于下：

香街十里一城春，笑语喧声入彩门。疑是层峦采蜜使，幻成百万赏花人。

确是有声（笑语、喧声）、有色（彩门）、有味（香街）。然更有“味”者，应是那百万采蜜使者，幻成了赏花之人，是他们的辛勤劳动把花街打扮得更加美丽了，他们自应享受这美好的时光！

新中国成立后，郭沫若同志也为广州花街写下了一首诗《在广州游花市》：

金橘满街松满市，牡丹含艳桂含香，墨兰簇簇青峰剑，玫瑰团团白玉堂。

爆竹轰鸣声动地，电台播送夜增光。游人手把花成束，迎得春风上面庞。

可谓形象、具体，把广州的花街展现得历历在目。还有董必武同志的《羊城除夕》：“处处迎春节，羊城风习殊，岁除花市闹，利是夜谈珠。”陈毅同志的：“去年花市好，不与往年同，今年花更好，如见开门红。”广州花市年年有新招，“不与往年同”，这也是它的一个特点。主办者独具匠心，每年设计的主题，也是值得称道的。就以1991年为例，羊城逢羊年，又是我国第八个五年计划的第一年，因此，当年花市的主题是：“双羊花放，八五图开”。2000年恰逢龙年，千禧龙腾便成了花街的主题。花街的变奏曲，和时代精神的节律正好合拍，成为社会主义精神文明建设的一个方面，所以她能长盛不衰。

再就是描写花街的散文，也功不可没。每年都有一些记者和专栏作家，为花市谱写篇章，颂扬花卉文化，这其中之佼佼者，当推秦牧同志的《花城》。许多外地的朋友，就是从这篇著名的散文里开始了解广州花市的。在写就《花城》的前一年，即1960年春节，秦牧同志还写过一篇《花市徜徉录》，同时收在《花城》一书中。25年后，即1985年春，秦牧同志又以《羊城晚报》特约记者的身份，发表了《花街十里春光美》，把读者带到一个绚丽美妙的世界。看了他的文章，谁不想到广州的十里花街来逛一逛呢！谁不为这五光十色的花街所陶醉，为这古老而又新鲜的风俗撩起一种对自己民族生活的深厚情感，从中“领略到我们民族文化的源远流长，和千百年来人们热烈向往美好未来的心境”呢！

这些情真意切的诗文，把广州花街推向了更高的审美层次，成为千古之伟业，功垂史册，芳溢寰宇。

五、寓意吉祥的花卉语言

世界各民族、各地区都有自己的花语，根据不同的花形、花色、花名表达不同的心态，为他人所接受，甚至形成了共同的习俗，这就是花语。如今母亲节送石竹花（康乃馨），情人节送玫瑰花，已广泛为世人所接受。

广东的花语亦很丰富，并多讲求实际，带有明显的功利色彩。广东人过年都喜欢买盆金橘，象征大吉大利，多子多福；买株桃花，借用桃花运的“运”字，以求时来运转，财运亨通；买盆水仙花，以它应节而开，象征花开富贵。一般来说，广州人过年，这三样花是必备的。还要有一束五颜六色的菊花，一般以黄菊为主，给人一种奋发向上，充满阳光的感觉；黄白相间，加上一枝芍药或大丽之类，配以两枝银柳或剑兰，色彩缤纷，错落有致，给人一种热烈的气氛和清丽的美感。或有不插桃花者，换上一枝吊钟，高雅玲珑，钟鸣鼎食之家，也是富贵的象征。随着商品经济的发展，寓意“财运”的花不少。一棵棵青枝绿叶的“发财树”，看去无多特色，但名字起得好，也备受欢迎。还有仙人掌上嫁接一干花，称为“福星花”，档主大叫“福星高照”，也赢得了不少买主；三棱柱上嫁接个红色的仙人球，叫做“鸿运当头”，也很抢手。那些顶果累累的代代果，寓意代代繁昌；形似指掌的佛手果，神秘莫测，大有“福寿延年”之感，亦颇得善男信女垂青。而那些果少枝空的盆橘，则因“凶多吉少”而受人嫌弃（粤语“凶”与“空”同音）。可见广东人十分讲究“意头”。甚至连花木的标价，也迎合了这一心理。如西苑展出的巨型盆景九里香，标价68 888元，市花木公司创制的19层水仙塔，标价16 338.88元，发财树标价168元。“168”即“一路发”，寓意财运不断。这是数语，也是花语。也有以枝数传情的，1枝表示“友谊专一”，2 枝代表“我和你”，3 枝表示“我爱你”。

插花艺术也是花语的一种表现，一枝普普通通的花卉，通过艺术家的插植、组合，表现一定的情趣和意向，这就是花语。广州的插花，除保持我国传统花道自然流畅的东方神韵之外，亦吸取了西方插花浓烈奔放的特点，逐渐形成广州插花的风格。如目前装点居室，美化餐桌、办公桌的插花，多趋向于自然、淡雅，并带一点野趣，讲究线条，力求反映自然界的动感，活似岭南盆景，高雅飘逸，枝叶扶疏，酷似自然，又高于自然。而盛大喜庆，各宾馆商业开业等所送的花篮、花束，凝重热烈，色彩缤纷，讲究造型的图案美，这是西方插花的风格。但广州的花篮多喜欢用天然藤草饰其框架，增加其自然风采。时下广州人还喜欢真花、假花共插，以假乱真，相映成趣，表现了更广泛的艺术爱好。从表面看来，似乎违背了岭南人“以自然为宗”的审美心理，实际上因为当今科学昌明，许多假花确是达到了以假乱真的地步，更显得舒卷自如，真切动人。真可谓“一样春风几样花，乾坤分付各生涯”（陈白沙诗）。广州插花艺术的复兴，将使广州的花卉文化更为多姿多彩。

综观广州的花卉语言，明显具有求实、兼容、善变、多姿的特征，表现了人们对美好生活和理想的追求。他们不但为社会创造了艺术之美，又善于趋时变奏，传播着时代的强音，这是最为难能可贵的。

根据丰富的花卉语言，目前全国已有 107 个城市分别选择了 27 种花卉作为自己的市花。如：广州——木棉花；湛江——紫荆花；中山——菊花；佛山——玫瑰花；珠海、韶关——杜鹃花；香港——洋紫荆；澳门——荷花，多取喻于历史种植的习惯和花卉的形象。如中山的菊花，乃因小榄 60 年一度的菊花盛会所致。广州的木棉花，因其刚阳挺拔，富有英雄气概。湛江的紫荆花，不但因其遍布全市，更因其花开花落，都给人一种壮烈的美感。有人把她比作中国的樱花，也不无道理。中国的花语，不像国外花语那样玄虚，甚至不可触摸。如以紫罗兰表示诚实，以茉莉花表示纯真，以豆蔻花象征离别，以紫丁香象征初恋，以郁金香宣布爱情等，乃是一种想象和约定俗成的东西，不如广东的花语朴素、直观。

随着商品经济的发展，广东的花市正沿着“文化”的主线，向多元、高科技的综合方向发展，这也是符合民间花会、庙会的发展趋势的，只是广州花市的文化专业性更强烈些。它以花为主，从一百多年前在老城门下卖素馨花，逐渐发展到今天的规模，不但集中了珠江三角洲四乡的产品，全国许多城市的奇花异卉，也源源流入，商品色彩更加浓厚，在争艳斗丽中实现产品的竞争。如今，除广州、小榄外，肇庆、深圳、珠海、江门都开设了花市，粤西的湛江、粤北的韶关，也有了自己的花市，而且发展势头相当迅猛。广州的花市则向着新奇、高雅、名贵方面发展，品位层次越来越高。花市上专售名贵花卉的摊档增多，几十元、上千元的盆花一展芳容，且不乏买主，盆景也从过去的“树仔圩”发展到登上高雅宝座的艺术展销，还有名贵的玉雕盆景、角雕、贝雕、抽象派的西洋画、通花瓶、陶瓷摆设、玩具、花卉图书、音像带、旅游纪念品、年宵品、文化用品等，琳琅满目，与各色鲜花、绢花、玻璃花交相辉映，组成了一个花的文化长廊，使广州花市成了一个以花为主的文化集市，对人们的精神生活产生了积极的影响。

第五节　舞蹈：广东民间动物舞蹈的特质和内涵

民间动物舞蹈各地都有，它与图腾崇拜、原始宗教、交感巫术以及原始人的各种观念都有密切的关系。诸如植物幻变为动物的观念、动物的圣体观念、杀死神性动物作圣餐以祈求获得圣体灵性的观念等，因而产生了杀射前的抚慰，杀食后的仪式，捕获分食的欢娱等仪式，这些仪式都可能伴以各种原始的歌舞。从这些原始舞蹈的形态，不但可以窥见古代文明发生、发展，及其演变的规律，还可探究艺术的渊源，在欣赏原始艺术美的同时，发现传统文化的特质和内涵，增强民族凝聚力，创造更富有民族特色的新文化。可以说，民间动物舞蹈是民间传统文化艺术的活化石。

广东的动物舞蹈，千姿百态，堪称全国之冠。单是龙舞就有 36 种，狮舞也在 10 种以上，还有麒麟、凤凰、春牛、纸马、鳌鱼、貔貅、白鹤、蜈蚣、马鹿，甚至狗、鸡、鹅、鹰等都有舞。这些动物有虚拟的，如龙、凤、麒麟，还有狮（岭南醒狮是一种虚拟的独角怪兽，与西域传入的北方狮明显不同）；也有常见的，如牛、马、鸡、鹅等。有神圣类，也有精怪类，恰好反映了原始人类对动物的两种崇敬心理。关于这一点，英国人类学家弗雷泽有过深刻的论述。他说：“一方面，崇敬动物，既不杀伤，也不肉食；另一方面，由于一贯杀戮肉食，故而对之崇敬。两种情况下的崇敬，都因原始人期望从动物身上获得积极或消极的好处。前一种情况下的崇敬，其好处在于所敬之动物能向人提供积极性的保护、劝告或帮助，或者消极地不加害于人。后一种情况下尊敬则可获得其皮肉。这两种类型的尊敬在一定程度上正好是相反的”，但它们“往往正是同一民族同时遵行这两种类型的尊敬方式”。作者列举了大量事实，说明人们想获得其肉，又企图博得其好感，以确保丰富的来源而采取的交感巫术，最后指出这“是人类为使自然界适合自己的需求而采取的最远古的努力方式之一”①。在这里，作者主要是论述巫术与宗教，但从中也可以看出民间动物舞蹈和这两者的关系。原始人对动物的这两种矛盾的崇敬心理和他们所采取的“最远古的努力方式”，也是民间动物舞蹈产生的原因之一。

下面我们就从这些方面探讨一下广东诸种动物舞蹈的特质与内涵。

一、雄浑深沉，风格特异

广东民间动物舞蹈，许多是本地所特有的，并且大多包含着一个深沉的故事，甚至其中的某一舞姿和道具，都有其来龙去脉，令人回味无穷，表现出特有的风格。

就以龙舞来说，据统计全国有龙舞 72 种，广东占了 36 种，说明古代岭南确是群龙聚首的王国。百越后裔是龙族团的重要支系。每一龙种，就是一个分支图腾的标志。各族团为了强化自己的形象，就以本图腾的崇拜物起舞。这些舞蹈，后来又与原始宗教、巫术、娱乐交织在一起，逐渐形成了具有自己独特风格的舞蹈。

广东的龙舞，除常见的布龙、彩龙、木龙之外，还有中山的醉龙、丰顺的火龙、罗定的香火龙、四会的蕉叶龙、新会的纱龙、广州的榕叶龙、江门紫来的金龙、大埔的乌龙、花环龙（软腰龙）、梅县的板凳龙（硬腰龙）、湛江东海岛的人龙等，造型奇特，舞姿各异，内容风格都不一样，每种龙舞，都伴随有一则优美的传说。

中山的醉龙，是农历四月初八“浴佛节”前后起舞的。传说几百年前，香山县（今中山市）有一条小河，叫“龙塘孖树坑”。农历四月初八那天，不知从哪里来了个和尚，到河边洗澡，突然闯出了一条大蛇，和尚抽刀把它斩成几节，丢在河里。这时正好来了渔翁，有几分醉意，抓起蛇头来胡乱起舞。他这一舞，使大蛇死而复生，变成一条龙，腾空而去。剩下的几节被水冲到岸边，长成了一排排小树，就是栾樨树，树叶可治病。那年夏天香山县闹瘟疫，人们去采栾樨树叶冲糖水喝，病就好了。以后每年四月初八，人们就舞醉龙来纪念这个日子。至今中山市四月初八还有吃栾樨饼的习惯。醉龙只有龙头和龙尾，由两人操作。舞者需有七分醉意，举步轻浮，东歪西撞，

① （英）弗雷泽．金枝：下册［M］．北京：中国民间文艺出版社，1987：762.

醉态可掬，达到出神入化的境地，有如当日的老渔翁。这故事发生在四月初八，寓意已相当明显，那是传说中“佛世尊”悉达多的诞辰。和尚指代“佛”，和尚洗澡便是“浴佛”。“斩蛇”是一种灾祸的转嫁，民间常用这种手法把灾祸转嫁给动物、植物、无生命物体或者他人，此中转嫁给蛇。这种习俗，世界各地都有，实际是一种巫术。从消极地希望蛇不加害自己，进而要求它给予一点积极的好处，变为栾樨叶，给人防病治病。而这一切都是佛世尊带来的，这显然是后期宗教影响的结果。醉龙舞后来传到了澳门，醉龙会成了当地渔行工人的社团组织，远远超出了民间游艺的范畴。类似这一主题的还有丰顺的火龙舞，原先也是为驱灾镇邪而举行的。传说中的“火龙”是一条恶龙，经常兴妖作怪，烧死禾苗，有位勇士决心为民除害，与之搏斗，最后请来火神，把恶龙烧死在洞里，自己亦为之献身。此后人们为了纪念这勇士，在庆祝丰收时都要举行烧龙活动。先扎一条火龙起舞，最后把它烧掉，以示惩戒。这是一种由模拟巫术仪式发展而成的民间动物舞蹈，旨在把这一可憎的动物赶出世界。而龙在我们民族观念中却是一种圣体动物，这正好表现了原始人类对这一圣灵既害怕，又崇敬的心理。既不想杀伤，又想杀戮肉食。广东人对食蛇最感兴趣，蛇正是龙这一虚拟动物的原型。杀死神性动物，以神体作圣餐的风俗世界各地都有，甚至吃过祭神的面包也会使人在自己的身体中得到一份神的实体，也就是与神有了一次神秘的交往和沟通，这也是原始崇敬动物心理的一种表现。

以上两种龙舞，都是表现驱灾除祸的，这是民间动物舞蹈中较为普遍的一个主题。遍及岭南各地的醒狮舞（下文详述）、鹰雄组舞（“雄”是民间传说中的一种类似狮的猛兽）、舞貔貅（貔貅形似狮，头似猫，比狮更凶猛）、舞火狗等，其最原始的意义也是驱灾除祸。舞火狗实际很少出现狗的形象，而是由龙、凤、麒麟、鹿、犀牛、蟾蜍、宝鸭、锦鲤、鳌鱼九种动物形象插上香火组成的，因粤语“九”与“狗”同音，故俗称“火狗”，实际是一种“火色”，因流传于增城麻车一带，雅号“麻车火色”。麻车乡是由九个自然村组成的，出色时每村扎制一种火兽，串村过寨游行，最后付诸一炬，在熊熊的火光中与神灵沟通，驱除妖魔，祈求丰年。这一活动，以往都是在本乡遇到三灾六难，如虫害盛发、天气干旱等情况下举行的。现已变成了庆祝丰收的一种娱乐，当然也蕴含着祈求来年风调雨顺的意思。龙门县蓝田乡的舞火狗则是另外一番景象。他们的火狗是由未婚少女扮演的。姑娘们穿上以黄姜叶扎制的衣裙，身上插满香火，在夜空中舞动。人们拿着长香火把，跟着游行。两支队伍相遇时，男女青年交换香火，互道吉祥。这一活动，除上述理念外，还有图腾崇拜、祖宗神灵崇拜和姑娘成人礼的含义。龙门蓝田乡是瑶族同胞聚居之所，瑶胞是以狗为图腾圣物的。当地瑶族还有个风俗，姑娘必须参加过三次舞火狗的活动才能出嫁。所以这一活动意味更为深长。

其他动物舞蹈，多与祭祀、开耕、祈祥、庆丰有关。如粤北的舞春牛，既是一种春祭活动，又是对神牛的一种崇敬和祭拜，也是开耕前对动物的一种抚慰。人们给春牛披红挂彩，充满爱怜地抚摸春牛，从牛头摸到牛尾，边摸边唱："摸摸牛头摸牛尾，农家耕作全靠你……"使人想起"昔葛天氏之乐，三人操牛尾，投足以歌八阕"（《吕氏春秋·古乐篇》）的情景，古老的舞蹈，在民间得以再现，这也是"礼失求诸野"的佐证吧。电白的"双凤舞"是一种典型的祈祥舞蹈。凤舞许多地方都有，但电白的"双凤舞"以画眉、鹩哥、白鸽、白鹤、翠鸟等配舞，欢快清新，色彩斑斓，构成一幅"百鸟朝凤"的彩图，更具祥和的气氛，更富有生活情趣。德庆的"雄鸡舞"和连县的"舞马鹿"，既有祈祥的韵味，又有庆丰的欢乐。传说德庆先民早年居无定所，人畜不旺，频频迁居。后来到了德庆武垄乡，见一雄鸡挺立，引颈长鸣，人们便在此处定居，世代安居乐业，从此当地每年都舞雄鸡来庆贺。人们把雄鸡当作吉祥的征兆，与舞仙鹤、舞鲤鱼一样，祈求有更加美好的未来。阳江的"鲤鱼化龙"舞，正是这种心理的写照。"鲤鱼化龙"的传说和舞蹈早在清朝道光年间修撰的《阳江县志》上已有记载，舞蹈根据民间传说编成，起舞时一条红鲤和四条金鲤相继登场，在游弋嬉戏，腾跃吐雾之后，一股青烟突起，红色的鲤鱼化为一条青龙，与四条金色鲤鱼一起戏水戏珠、表演"金线挂带"、"鲤跃龙门"、"吉祥如意"等画面，展现了人们不断进取以及功成名就后的欢悦，充满南国水乡的气息。连州"舞马鹿"中的动物"马鹿"，并非现实中的"鹿"，而是一种神性动物，据说它生活在深山密林中，以仙草灵芝为食，能给人带来吉祥和福寿。舞蹈构思超凡脱俗，描写猎人追捕两只马鹿失败之后，竟为这神物的风姿所迷，采摘了灵芝和鲜花，献给马鹿，化敌为龙，共同欢歌，歌颂了大自然的美好和狩猎追捕的欢乐。这一意境古朴、高雅，符合原始幻化的心态和圣体崇拜的观念，给人一种纯真古雅的美感。

以上舞蹈中的祈求都偏重于对实际利益的追索，或者说是经济方面的获取。而番禺的"鳌鱼舞"和新丰、饶平一带的"舞马"（包括"纸马"和"布马"）则偏重于意象观念，或者说是精神理想的追求。鳌鱼舞是从浙江奉化传入番禺的，已有600多年的历史。相传早年有个书生赴京应考，途经美人国时被一群女妖追逐，书生逃到海边，见一只巨鳌游来，便纵身跃上鳌头，鳌鱼背负书生渡海而去，逃脱了灾难。后来他进京殿试，高中状元，仙逝后化为天上的“文曲星”。“独占鳌头”之成语，便源出于此。自此，民间便把鳌鱼视为救世圣物，崇拜起舞，并配以文曲星，以示逢凶化吉，高中迁升，学业上进等。这就是所谓的“金鳌之意”。舞马是从北方传来的，到广东分为纸马、布马两大类。纸马流行于新丰、龙门、兴宁、五华一带；布马主要在饶平。两者形式、规模略有不同，但都为广东人民所喜欢。一则新奇，广东人少有机会与马接触，不像北方“与马为友”；二则意头好，其中寓意“高中状元”等，都兼有进取、奋发之意，特别是在新中国成立前，升官与发财往往联系在一起，故备受人欢迎。但布马舞中的状元不是文曲星，而是武状元。舞蹈着重表现了校场练武、铁骑闯阵、同心卫国等许多场面，刚劲热烈，豪情奔放，一看便知是从北国艺苑引进岭南的奇葩。

最能表现人们精神追求的还有大埔的“黑蛟灯”，又称“乌龙”，这是一种龙舞，也是一种灯饰，类似温州的“首饰龙”。乌龙浑身漆黑，龙头高大，分为三层，布满灯盏，口含火球，额顶有角，相当威严。这种龙舞源发于粤闽边界的汀江河畔，相传是300多年前两位横渡汀江，在此披荆斩棘，开基创业的人留下的。它反映了中原南迁的客家人三次搬迁创业的侧影，表现了一种强悍奋进的精神，至今横江、产坑一带的群众，还把这种精神称为“乌龙过江”，其特异的风格，也是外地少见的。

二、图腾崇拜与分享神的福佑

世界上许多民族都有这种习惯，每当他们杀死一头自己心目中认为是神圣的动物时，便带着这一圣体，挨家挨户地走访，以便所有人家都能分享一份神的福佑。他们认为，这是与神灵交流的一种形式。吉利亚克人抬着一头被杀死的熊，印度人带着蛇，古希腊人举着一只鹪鹩，苏格兰人披上一张牛皮，挨家挨户去祈求、祝福，或列队在街上行走，或走村串寨游行，这种原始宗教性的巡礼，在亚洲和欧洲的许多地方，一直保留到18世纪末，有的延续到19世纪初。

岭南舞醒狮的风俗，从其产生和流传的形式看，都和这些风俗十分相似，前人只从图腾崇拜和驱除邪魔方面去分析，所以未能发掘出它深层的内涵。

中国原无狮子，岭南更无。狮子是从西域传入的，因它形态威严，凶猛异常，一向被民间视为瑞兽。北方的狮子舞就是仿照西域狮的形象制作的。

岭南的醒狮的形象和北方狮完全不同，它是一种独角怪兽，高额大眼，宽口缩鼻，下颌有长须，佛山地区称之为“唓兽”，因为它不时地发出“唓唓”的叫声。传说明代初年，这一怪兽每逢春节前后便出来残害人畜，践踏庄稼，搞得人心惶惶，人们既憎恨，又害怕。因其形象怪异，老百姓视之为神兽，不敢捕杀。于是人们用竹篾扎制了许多模拟兽头，涂上斑斓色彩，一个供在庙宇里，祈求神灵保佑；其他埋伏在田野间，约定怪兽出现时以金鼓为号，一齐上阵，把怪兽赶跑。一天深夜，怪兽果然来了。守庙的小和尚一时惊慌失措，便用供桌上的兽头罩住自己，藏身其中。怪兽来到供桌前，两相对视。小和尚害怕得浑身颤抖，真怪兽以为假兽头是个活物，视为自己的同类，不断张牙舞爪，吓得小和尚魂不附体，颤抖得更厉害了，抖落了供桌旁的一面铜锣。“咣啷”一声，真怪兽转头就跑，小和尚高声疾呼：“怪兽来了，怪兽来了!”一时金鼓齐鸣，埋伏在田野间的乡民举着扎制的兽头一齐冲出，狂呼乱舞，把怪兽吓跑了，从此再也不敢来了。为了纪念这一胜利，人们每逢新春佳节便舞狮志贺，这便是岭南舞狮风俗的来由。至今舞醒狮时还有一“睡佛”（俗称“大头佛”）逗引，演的就是那庙里的小和尚。因为在表演过程中狮子有“采青”、“吃青”、“醉青”等程式，有“醉”便有“醒”，所以人们把岭南狮称为“醒狮”，并寓意沉睡东方的中华猛狮已经苏醒。

这一传说，反映了古人崇敬神性动物的心理：由崇敬而禁猎，由禁猎到祭祀，由祭祀到举着圣物起舞，便是这种心理的不同层次的表现。但这还不能说明挨家挨户起舞的风俗，然而这正是岭南醒狮与北方狮舞不同的地方。北方狮子舞一般在舞台、广场或固定的地点进行；岭南醒狮则穿街走巷，挨家挨户去拜舞，去“采青”（青色植物内裹着红包）。用世俗的眼光看，就是去讨钱、讨彩。从民俗的眼光看，这与古印度的“拜蛇礼”和欧洲的“鹪鹩礼”十分相似。印度西北部的蛇族部落，每年9月都有一次拜敬蛇神的活动，历时9天。在这期间，人们用面粉做成蛇形，涂上颜色，装在一个筐子里，挨家挨户去拜访。进门就说：“你如果服从蛇，你和你全家就都兴旺！蛇神与你们同在!”人家就给他一点谷物和卢比，他又唱道：“给蛇一块布，它就送你一个好媳妇!”类似潮州地区的“坐大菜，明日讨个好夫婿”，讨个口彩，加上接触实物的魔力，也是一种巫术（接触巫术）。这样挨家访遍之后，还为蛇举行葬礼，全村妇女都要到蛇的坟前礼拜。认为这样就可以得到蛇神的福佑。“鹪鹩礼”在法国、德国和英国都流传很广，直至18世纪，英格兰还有这种风俗。每逢圣诞节前一天，即平安夜，人们整夜不睡，去捉鹪鹩，捉到把它弄死，张开翅膀，拴在长杆上，带着它游行，挨家挨户去讨点钱，然后到教堂去为它唱挽歌，把它埋葬，晚上就用得到的钱物一起聚餐。在苏格兰还有一种风俗：每年的最后一天，一个男子披上牛皮挨家走串，一群青年人跟着他，用棍子敲他披着的牛皮。他每到一家，都要围着那家的房子转三圈（注意，舞醒狮时每到一家，都要先在门口拜三下），然后走进屋里，向人家祝福："愿神保佑这房子和房子里的一切，包括牲口、石头和木料！但愿这栋房子里永远肉多、床多、衣服多，人人安康！"据说这样就可以使家人免于灾祸，尤其不遭魔法暗算，这种仪式国外叫"嘉路音"，原意是敲牛皮的声音。以上几种动物崇拜的仪式，和舞醒狮十分相似；只是醒狮舞后来与武术、杂技和娱乐逐渐结合，淡化了祭祀、巫术的成分，特别是发展到今天，已成为群众竞技娱乐的一种形式。但从它的表演程式：睡佛逗引、狮子落峒、过天桥、跨三山等，还不难看出它与原始宗教祭祀的关系。新中国成立初期还流传在广州西关的榕叶龙，也是一种古老的祭祀仪式。

西关榕叶龙是以榕树枝叶扎作的，每年中秋之夜起舞，每约（一条街分为几个约）出一条龙，每条长10米左右。举舞者穿过大街小巷，边舞边唱道："龙来咯，找钱找无数咯！签（捐）钱买草绳咯，今天又太平咯！签钱买蜡烛咯，年年起大屋咯，签钱买元宝咯，明天娶新抱（媳妇）咯！"①龙到之处，各家各户争相膜拜，把香火蜡烛插在龙身上，青龙渐渐变成了一条火龙，在人群的簇拥下巡回飞舞，最后回到城外的树林中，放龙归山，来年再舞。那歌词，和印度人礼拜蛇神多么相似；那祈祷的意念和程式，又和"鹪鹩礼"与"嘉路音"一脉相通！其舞蹈语汇是相当丰富的。人们都想从这些动物的圣体上得到一份福佑，沟通一份灵感，以求人寿物康。带着圣体游行，人人利益均沾，也避免一家遭灾，殃及全族，实际也是保护民族和部落的行为。这也是企图利用巫术控制自然的一种手段。

三、两种崇敬心理的吻合

本节一开始我们就提到，原始人类崇敬动物的两种心理，那是极其矛盾的，于现代人是不可思议的；同时也谈到，岭南龙舞之多，是全国少见的；而广东人食蛇之最，也是全国少有的。这正好是两种崇敬心理的吻合。舞龙与食蛇，崇敬与圣餐，在这里得到了统一。类似的还有舞狗与磔狗。在诸种

---

① 民俗，新2期，中山大学中文系内部印行。

动物舞蹈中，舞狗外地少见，而广东却古已有之，现在还有吃狗肉的特别嗜好，这恐怕也是有其内在联系的。至于舞鳌鱼与广东人“宁可食无肉，不可食无鱼”以及舞雄鸡与广东人“无鸡不成宴”的饮食习惯有无联系，在没有足够证据之前我不想断言，但有一点可以肯定，广东人的祖先与上述动物的交往必有悠久的历史，不管是用它做舞蹈还是用以作圣餐，都是古人心理的一种自我调节，虽然它和巫术、宗教不一定相关。

为了说明这个问题，我想从古代猎人对动物的一种特殊的抚慰说起。在古人看来，动物和人一样，也是有躯体、有灵魂的。他们应该和人一样平等地生活在这个世界上。杀死一种动物，就要受到它的灵魂或者它的同类的报复，因此，非万不得已的情况，原始人是不轻易去射杀凶禽猛兽的。非洲的鳄鱼很多，也经常伤人，但土著人对捕杀鳄鱼是郑重其事的。住在马达加斯加岛伊塔西湖附近的民族，每年要向鳄鱼出一张告示，历数鳄鱼危害人类的罪恶，公开宣布他们年内要杀死多少鳄鱼，以示报复，劝告无关的鳄鱼走开，然后才下钓捕捉。捉到后严加“审讯”，才处以死刑，然后把它埋葬。因为那里的许多部落是信奉鳄鱼图腾的。苏门答腊人对老虎也是这样，捕捉后一再向老虎“说明”，陷阱不是他们设的。如果是用箭射死的，就把箭放在虎尸上，并禀报上帝，说明这只老虎伤害了他们的亲人，此次报完仇后，发誓不再射杀其他老虎。但是另一方面，为了生活的需要，特别是在远古渔猎时代，原始人又不得不杀死动物，以充饥肠。因此，他们就想出了抚慰它的灵魂及其同类的办法，诸如先给它献上果品，再向它道歉，请求它谅解等，才把它杀死。杀食后妥善安置它的遗骸，向它祭拜等。如西伯利亚的科里亚克人杀死一只熊后，把死熊带回家时，妇女出来迎接，打着火把跳舞，把熊皮连头剥下，由一个妇女披上，一边跳舞，一边请求熊的宽恕。再用草填满它的皮囊，带着这个假熊围屋转圈，再送走它的灵魂，以祈求它的保护和再猎的丰收，然后就举行熊肉宴会。北美的印第安人边吃熊肉还边说：“不要因为我们杀了你而仇恨我们。你是懂事的；你看见我们的孩子在挨饿。他们爱你，希望把你装进他们的肚子里去。”这样的宴会，他们视为圣餐，也是一种最有力的盟誓。这种仪式表明，参与盟誓者如果背信弃义，决不能逃脱吃进腹内长在身上的神的惩罚。这样的例子，在许多民族中都可以找到。海南黎胞围猎后，把猎物分给全村每人一份，以现代的眼光看，是一种有福同享的友爱行为，但在古代，难免也寄托着“有祸同当”的圣餐心理，或者是抚慰动物的一种遗风。

明白了这个道理，我们就不难理解广东人爱舞龙，又爱吃蛇；爱舞狗，又喜欢吃狗肉；爱舞鱼，又爱食鱼；爱舞鸡，又喜欢吃鸡；爱舞牛，又常宰牛；等等。这就是对动物“两种类型的尊敬方式”，“这两种类型的尊敬在一定程度上正好是相反的：一则因为崇敬，故不食其肉，一则因为崇敬，才食其肉”①。几年前，有一位青年学者，根据史籍中曾有“饲龙”、“乘龙”甚至“食龙肉”的记载，认为这样一来，就否定了“龙”在中华民族中的“神圣”地位，因而就不具备图腾的特征，所以断定：龙不是华夏族团的图腾。这一谬误的判断，正是由于他不懂得古人对动物这两种崇敬的关系。

广东人烹蛇，古代是否有特别隆重的形式，已不可考，但烹蛇的场地要特别讲究，一般要在露天空旷之处，传说是为了防止蜈蚣拉尿到蛇羹里去，吃了会中毒，这只是后人的一种解释，恐怕还蕴涵着某种祭祀和交感巫术的原理。人们在食完蛇肉以后，都小心地把蛇骨埋藏好，因为蛇骨很硬，不容易腐烂，民间传说踩着蛇骨会导致麻风病，这正好表现了古人在圣餐后妥善处理圣体遗骸的庄重礼仪，是对动物的一种特殊的抚慰，古人认为这样做了，不但是对被宰的牲畜，而且是对它的同类全体都祭礼如仪了。这是一种抵赎的行为，目的是求得兽类的谅解。

至于磔狗，最初是为祭祀而作的。《风俗通义》载，古人夏至“磔狗以祭四门”；《广东新语》则说“夏至磔狗御蛊毒”；《增城县志》云“夏至磔狗，云可解疟”，总之都是为驱灾除祸而作的，这与舞火狗的目的是一致的。但磔狗致祭之后，狗的躯体如何处置？狗肉大补且味道鲜美，不妨食之；但狗肉性热，夏日炎炎食之不宜，故在祭祀之礼淡化之后，广州人把食狗的节令改为冬季，这是在实践中不断摸索出来的。至于宰鸡、杀鱼等，其圣餐的意义就远不如其美食的意义了。正如舞雄鸡、舞鱼灯，现在也纯粹变成一种娱乐活动一样，其远古的意义也逐渐被人忘却了；只是以其装饰性和技艺性来达到使观众赏心悦目的效果，并以其丰富的舞蹈语汇表现其蕴含的象征意义，达到教育的目的。

四、自娱自乐和参与意识

民间舞蹈是群众自娱自乐的一种形式，因此它具有广泛的群众性，有些节目，往往演员比观众还多，人们参加演出，并不是为了表现自己的某种天才，只是志在参与，乐在其中。

广东动物舞蹈多为广场舞蹈，因此它的群众性更为广泛。就以狮子舞来

---

① （英）弗雷泽. 金枝［M］. 北京：中国民间文艺出版社，1987：762.

说，北方狮以舞台表演为主，“狮子滚球”穿街走巷很难演出，演员也需要一定的特技。南方狮子主要是广场表演，很少登台，所以参与的面更广泛。特别是伴随而来的“高台采青”（俗称“狮子上楼台”）、拳术等表演，需要的人更多。新中国成立前广东各地都有狮子会的组织，实际上就是群众娱乐习武的场所，目前各级工会都有“醒狮协会”的组织。据统计广东现有“醒狮协会”100多个，珠江三角洲的各村镇都有自己的醒狮队，广州工人醒狮队还远赴香港、澳门、新加坡等地去交流演出，群众基础相当广泛。有的中小学、少年宫也组织少儿醒狮队，参与的人更多。笔者少年时代曾是云南河口镇的两个少儿醒狮队的头目之一，当时完全是模拟成人狮子会的自发性的组织，连小狮头都是我们自己制作的。回味当时的心情，就是为了参与。因为成人狮子会没有我们的位置，就自己组织，和小朋友们一起同乐健身，有如一种集体游戏，家长一般都很支持，成人狮子会的师傅也主动前来教习。据了解，类似的情况目前珠江三角洲还不少，日前报载的少儿醒狮队，就是在这样的基础上建成的。广场表演的形式，也决定了这些舞蹈的“纯舞蹈性”，它很少利用歌唱来帮忙的，不像别的民间舞蹈，舞之不足，歌之搭够。因为古代没有扬声器，广场表演歌唱不好发挥，所以动物舞蹈都是用自己丰富的舞蹈语汇来表现它的潜台词的。如新会纱龙舞的团龙、反脊、滚沙、摆尾脱皮、回龙吐尾等，每一舞姿都有特定的内涵。这是由它的表演形式所决定的。

更能体现这一群众性的，还有江门紫来乡的金龙，长达70多米，分为30节，其中龙头、龙尾、龙珠各要4人至6人，中间每节要3人至5人，还得配备两个梯队，以便轮换，还有旗手、牌头、罗伞、鼓手等，整个舞龙队要配备260多人，全村的青壮年男性都得上阵。表演时，全村男女老少都来观看。这种人人参与的特色，也是由它本身的特性所决定的。再有增城麻车的“舞火狗”，全乡9条村庄，每村出一色。这些“火色”出游之前，每家都来上几炷香，这就使参与的面遍及每村每户。还有番禺诸乡的舞鳌鱼，每队二三十人，穿乡过寨表演，有时集中于某村广场上“斗标”，从白天舞到深夜，筋疲力尽者自动退出，坚持到最后者获胜，这也是对集体意志和参与者毅力的一种考验。这种集体参与的意识，恐怕与动物圣餐分享圣体的灵性一样，其精神来源是一致的。

丰富多彩的民间动物舞蹈，以它特有的形式从各方面培养了人们的集体观念和参与意识，所以，在广东的民间文娱体育活动中，常常可以听到这样的佳话：某老人不惜重金，以1 000块钱买下某龙船鼓手的位置；某村妇以两头烧猪的代价，为自己一岁多的孩子夺得了扮演飘色某角的权利。这里除了“重金购彩”之外，志在参与是很重要的。现代参与者不一定有祈求神灵福佑之意，老鼓手在富不忘本的今天，希望一展自己的才华，为集体争取更高的荣誉；母亲望子成龙心切，自古英雄出少年可以理解，但过早催熟的做法似不可取，科技大学少年班的问题可为借鉴。广州荔湾区的“私伙局”（自发的民间曲艺组织）一向十分繁荣，也是来自这种参与意识。曲艺爱好者们自愿聚集，自拉自唱，自我娱乐，有人称之为“卡拉OK”的前身，我看很有道理。还有深圳的“大家乐”舞台，参与面更为广阔。目前卡拉OK遍及广东城乡，与这些历史的渊源，都有重要的关系。广东人在精神生活中的参与，诸如“当一分钟市长”、为广州交通、教育献计献策、广州市风大家谈等，都表现得十分活跃，不能都说是民间动物舞蹈所培养起来的参与功能，但弘扬民族文化，从中培养民族性格的特质，民间动物舞蹈是不容忽视的。

第六节　娱乐：广东民间娱乐圈的色相

广东民间娱乐圈的色相，异彩缤纷：春色、秋色、火色、水色、飘色、马色、灯色等，这个“色”字，恐怕不是一般的“景象”、“景观”所能包含的。如“佛山秋色”，不是指佛山秋天的自然景观，而是指佛山秋色赛会的各种工艺品、灯饰、车心、旱船、十番等；展示这些艺术品以达到竞技、娱乐、庆丰之目的，当地人叫做“出色”，也就是这些色相的展览和表演。这个“色”字，恐怕与佛门“色空”的“色”，即与“心”相对，泛指客观世界的“色”相似，其内涵相当广泛。佛山一带的出色活动，多在秋季进行，故称“秋色”；紫坭一带出色多在春天，故称“春色”，不单季节不同，内容、风格也不一样；吴川、沙湾的“色板”，凌空飘逸，技艺超群，称为“飘色”；市桥、小榄一带的“色”，有在水上表演的，称为“水色”；麻车出色，以“火狗”为最，故称为“火色”，因在夜间进行，又称为“夜色”；饶平县的“马色”，实际上就是“舞纸马”和“布马”，是中原文化与岭南文化融合的结晶；佛山的“灯色”工艺精细，潮州的“灯色”璀璨逼真，其大型灯屏，就像一座流动的舞台。这千姿百态的色相，集音乐、舞蹈、工艺、美术、体育竞技于一炉，门类齐全，风格特异，使岭南民间艺苑变得更为多姿多彩。

一、春色：潮汕新春游大标

春色，原泛指春季的出色活动。包括潮汕新春“赛大标”（又称“游标旗”），大型化装游艺巡行，粤西年例出色、街景等，甚至古代立春日迎土牛，扮演杂剧，饰彩女踏歌而行等活动。江浙一带称为“演春”，广东省连州一带称之为“看春”。这是由古代春祭活动演化而来的一种新春民间娱乐。起初只是“立春先一日，官府迎春于先农坛。盛列百戏，前陈吹鼓，以导芒土牛。老幼填集街巷，谓之看春。乡落之人，遇土牛用五谷掷之”①，以祈求风调雨顺，六畜兴旺。后结合春节和元宵喜庆，人们张灯结彩放烟花，打十八闲为乐。“城内外舞狮、象、龙、鸾之属者百队，饰童男女为故事者百队。为陆龙船，长者十余丈，以轮旋转，人皆锦袍倭帽，扬旗弄鼓对舞宝镫于其上。”② 其内容越来越复杂，后发展为“地面”和“棚面”的各种板色，还有大型灯屏车色等，在春节与元宵期间，行进在大街小巷，以及村落的田野上，概称为“春色”。

广东民间春色内容相当丰富，各地区又有不同特点。潮汕乡间盛行“赛大标”。各乡镇都成立有标旗队，挑选俊男俏女参加。巧手的姑娘在自己村寨的大标旗上绣上龙凤瑞兽，花卉草木，还绣上“物阜年丰”、“宏图大展”、“四海升平”、“万民同乐”等挂金大字，绣上花边。每面标旗长3米，宽1.5米。还要制作许多工艺精湛的小花篮，由打扮得花枝招展的小姑娘挑着，轻移玉步，左摇右摆，徐徐前行。标旗队后面是大锣鼓，吹吹打打，浩浩荡荡，长达数里，往往全村青壮劳力都要出动。两村标旗队相遇时，就要停下“斗锣鼓”，任由观众评品，输者主动让路，尽欢而散。这实际是一项群众性的工艺、技艺、曲艺的表演赛。最有潮汕特色的新春游艺巡行，还配有整齐的仪仗队、腰鼓舞、花环舞、扇子舞、剑术舞、英歌舞、大锣鼓、套笛、舞狮、舞龙等，热烈壮观，真是使人间平添春色，增加了不少乐趣。

珠江三角洲的春色活动，以番禺紫坭最有特点，并一直保持着原有的风味。其余多以灯色为主，如顺德大良的“鱼灯会”，通透玲珑，形象逼真，鳞鳍毕肖。南海平洲的针灯，工艺精湛，堪称一绝。粤西茂名、吴川则以泥塑、鲜花摆街景，并装扮“花桥”，又出飘色，并称“梅菉三绝”，确是很

---

① 连州志. 明·弘治十三年重修.

② 清·屈大均. 广东新语 [M]. 北京：中华书局. 1985：事语.

有水乡特点。还有澄海的纱灯，又称绸衣公仔，以泥或橡胶塑制人物头像，穿上五彩绸衣，摆设成某一戏曲故事场面，亦很有趣。再有许多民间舞乐，如舞龙、舞狮、舞凤、舞鳌鱼、舞麒麟等，也是春色活动少不了的。

这些民间艺术在其发展过程中不断归一化，各自的特色也越来越明显，如以“色梗”造型称绝的“飘色”，凌空飘逸，不露痕迹；以展示工艺制作精良的佛山“秋色”，以表演马背骑功神韵的“马色”等，都单独配以其他行当，分别“赛色”，以突出自己的主题，所以概以“春色”之名的赛事逐渐少见，现今较为有名的就是“紫坭春色”了。

紫坭是番禺一个镇。紫坭春色分为两类，一类叫“树头色”，以大茶仔树桩插在桌上，其枝干装扮两三个女孩童，扮演故事，出色时抬着桌子游行，叫做“树头色”；另一类叫做“锣鼓柜色”，用四根木柱扎成一个八音锣鼓架，扮演故事的小女孩置于其中，由 4 ~ 8 人抬着出行。这一活动盛行于明清之际，流行于紫坭、三善一带民间，一般在正月初十至十五期间举行。连续几晚，每晚由一个坊出一至两板春色，共约 20 板。前有醒狮开路，渔灯、火炬掺杂其中，吹吹打打，非常热闹。观众则评头品足，论说各个板色制作和表演的技艺。评论的主要话题，一是板面的构思，要讲究神韵和诗意。一板春色就是一幅画面，要做到画中有诗，耐人寻味。二是人物的扮相，包括长相、服装都要得体，符合人物性格，又给观众留下美好的印象。因此各坊都作了严格的挑选。三是扎作工艺，布局要和谐，花草树木要逼真，庭院剔透，楼台璀璨，包括头牌灯、花灯对联都相当讲究。虽然无须决出名次，但实际上是无形的竞争，各村各坊都尽力显示自己的富有和才华。长期的艺术熏陶，使人们对板色的要求相当高，哪怕是一件小道具的配置稍有不足，观众即当场指出。每板春色都配有一副对联，所以当地人对对联的雅兴也很浓，普通农民也能出口成联。

二、秋色：佛山秋色比春多

秋色包括秋色工艺与秋色赛会。一般说“秋色”，指的是秋色工艺品；秋色赛会叫做“出秋色”。这是佛山特有的民间工艺及其展览的一种特别形式，开始是酬神庆丰活动，后发展为一项综合性的民间群众游艺活动。

佛山是我国古代四大名镇之一，早在明朝时候，手工业已相当发达，现祖庙所存北帝铜像，就是明代景泰三年（1452 年）铸造的。明清之际，佛山“烟火十万余家，炒铁之锅数十，铸铁之炉百余，昼夜烹炼，火光烛天”，为秋色工艺的发展创造了条件。由于商品经济的发展，人们利用废物，制作各种仿古器皿、银盏、石雕、彩灯、花、鸟、虫、鱼等，达到了以假乱真的地步，并逐渐发展为一项专门的艺术，这就是秋色工艺品。

秋色工艺品品种繁多，主要门类有：扎作艺术、纸扑艺术、黏砌艺术、蜡塑艺术、批削艺术、针刺艺术等。其中纸扑艺术是佛山秋色的主要品种，作品有人物造像和器物造型，以仿古铜器、石雕、玉器、陶瓷最为出色。蜡塑艺术以各种花卉、瓜果为主，形象逼真，可以长期观赏。雕刻艺术则利用天然瓜果的外形进行，如用冬瓜雕刻采莲船，用木瓜雕刻大红宝鼎等，刻成后剔去瓜瓤，内置灯光，使瓜上所刻人物花草毕现。亦有以荔枝、香芒、柑橘等加工后打蜡上色，使其长期保存的。黏砌艺术如用芝麻黏砌人物，用瓜子黏砌花灯，用刨花、谷豆黏砌宫灯等，精巧玲珑，别有风趣。扎作艺术则用竹篾、铁线等扎作狮头、龙灯及各种鸟兽虫鱼，神态酷肖，活灵活现。针刺艺术则是以针作笔，在各种特制的咭纸上刺绣各种字画、人物、花卉形象，用以裱贴各种灯饰，通过灯光透射来表现其针刺技艺的，其中以平洲的针灯最出名，每届秋色赛会必有平洲针灯参展。在整个秋色工艺中，最著名的也是灯色，不但品种多，制作手法各异，表现形式也十分丰富。除平洲针灯外，还有刨花灯、稻草灯、灯草灯、鱼鳞灯、芝麻灯，这是以制作原料区分的。从花色品种上分，则有头牌灯、宫灯、走马灯、鸟兽灯、花灯等。1978 年，佛山民间工艺社制作了一盏稻草灯送往法国博览会展出，剔透玲珑，有如象牙雕成一般，一下轰动了欧洲，被誉为“世界灯王”。这些利用废物妙手加工巧制的秋色工艺品，确是令人叹为观止。著名文学家郭沫若同志到佛山参观后也情不自禁地赋诗赞道：“凭将秋色千张纸，夺取乾坤万象春；神似人灵神已废，而今百姓尽为神。”不但欣喜之情溢于言表，且将秋色的特点，秋色之起源，以及他对当今群众的非凡创造都赞美无遗。

首先，“舞十番”是秋色活动必不可少的项目，民间早有“无十番不算秋色”之说。所谓“十番”，即“十番锣鼓”。以高边锣、大文锣、翘心锣、单打、大钹、大鼓、群鼓、沙鼓、云锣、响锣十种乐器组成，轮番吹奏，表演一定的套曲，故名十番。过去佛山民间十番乐社颇多，著名的有“演义堂”、“善裕堂”、“何广义堂”等，平时为群众自娱自乐，有喜庆仪式或迎神赛会时参加表演。十番演奏曲牌丰富，乐韵清脆，爽朗悦耳，还有“飞钹”的特技表演。表演者手执数尺长的绸带，拴着钢钹，挥舞旋转，犹如金蝶穿空，银燕飞翔，热烈欢快，潇洒谐趣，甚有特色。

其次，大头佛也是秋色会景中不可缺少的。起初他只是作为游行队伍中沿途引狮、打趣取乐的角色，清朝光绪年间，金鱼塘武馆老教头为其创造了一整套表演程式：①三次睡醒；②惊醒起；③开门望天；④开窗扫地，洗漱穿衣；⑤拍门呼妻；⑥礼佛、出门采药；⑦过桥、上山、背妻涉水；⑧遍山寻药；⑨喜见灵芝；⑩醒狮下山；⑪搏斗伏狮；⑫引狮归寺；⑬炼丹济世。整个套路以舞蹈为主，掺杂一些武术动作，除佛公一人舞外，又增加了与佛婆的双人舞和带佛仔的三人舞，更加活泼可爱。

出秋色时，人们把精心制作的各种工艺品，组装成一担担的“担头”和一板板的“板面”，配合着各种“车心”、锣鼓柜、扮演故事等，敲锣打鼓，载歌载舞，穿街走巷游行。“车心”有船车、马车、鱼车、轿车，造型都很别致，一船由 1 至 2 人进行表演。扮演故事分为“地面”和“棚面”两种。“地面”演员随地行走，边演边行；“棚面”演员在彩棚上表演，由大力士扛着棚面前进。现在则把彩棚搭在各种机动车辆上，叫做“花车”。过去扮演故事多以传统神话、戏曲为主，如“八仙过海”、“嫦娥奔月”、“苏武牧羊”之类；现代花车除传统题材外，亦有不少现代题材的，如“体育之光”，“四化腾飞”之类，也很受群众欢迎。秋色队伍中较抢眼的还有各种灯色，除引路的头牌灯外，还有宫灯、花灯、鱼灯、龙灯等，交相辉映，琳琅满目，五彩缤纷。舞狮、舞龙、舞十番的队伍，夹杂其间，锣鼓喧天，龙腾狮跃，十分热闹。最后群狮齐舞，在振奋人心的狮鼓声中达到高潮，结束游行。

秋色工艺反映了佛山地区工农业、特别是手工业生产的水平。珠江三角洲农民精耕细作的作风，反映到手工业生产上就是精打细算和精雕细刻。人们利用废纸、木屑、竹枝、灯草、贝壳、瓜果仁、鱼鳞、蜡衣之类，经过妙手加工，制成精美的艺术品，不仅使人赞叹其工艺之精细，更佩服他们挖掘财力、物力思路之广阔，这也是一方水土养育一代人之风格。而秋色活动的兴衰，又往往与当时的政治、经济紧密相关。国泰民安，秋色活动便应运而生。1931 年，农业生产获得了大丰收，当年便举行了盛大的秋色赛会；1945 年抗战胜利，人民高兴，也举办过大规模的秋色活动；1949 年新中国成立后，人民翻身做了主人，工农业生产蒸蒸日上，佛山市成立了民间工艺研究社，秋色工艺大发展，几乎每年秋天都有秋色活动。“文化大革命”期间，万马齐喑，秋色活动停止。打倒“四人帮”后，秋色活动才得以重见天日。1982 年出秋色，历时四天，展出秋色工艺品 1 700 多件，参观人数达 30 万之众。随着改革开放的深入，近年亦不断有秋色赛会，结合商贸活动进行，秋色正向着更高的层次发展。

三、飘色：飘色凌空赛绝活

飘色是流行于番禺沙湾和吴川梅菉一带的一种民间游艺。其特点是以一根特制的钢筋作“色梗”，使表演的人物凌空飘起，故名“飘色”。类似天津一带的“重阁”（节节高），江南一带的“抬哥”和云南通海的“高台”，但又各有自己的特点。“重阁”一般2人为一组，下面男子身背一物，物上站一旦角，由儿童扮演。下走上舞，边舞边唱。“抬哥”使幼童饰剧中人于桌上，抬桌行走，边走边演，并无“飘”、“屏”之分。“高台”虽有凌空飞来之感，但只讲究形象逼真，缺乏飘色奇妙含蓄的神韵。

沙湾飘色博采上述各类之长，奇妙逼真，飘逸洒脱。飘色每板由2名至3名儿童扮演，大的六七岁，最小的仅10个月。他们分别化装为戏曲中的人物，配置在一个板台上，用“色梗”巧妙地把其中一两名支撑起来，组成一个生动的画面，表现一定的故事内容。凌空撑起的叫“飘”，底下站着（或坐着）的叫“屏”。只造型亮相，并不歌舞。配以八音锣鼓柜等，吹吹打打，徐徐行进，供人观赏。这就叫“出色”，也就是飘色游行。

传统飘色十分讲究神韵，造型要奇妙、含蓄，色彩要艳丽，色梗要纤细、耐力，整个板面要稳固。其中的关键就在于“色梗”，首先要使它能坚固竖立在板面上，依傍着孩童的身躯，不露痕迹地藏在他们的衣饰之中，伸出体外的部分要巧妙地装饰为各种道具，如花篮、羽扇、刀枪等，成为整个画面的一个有机部分。如“黛玉葬花”一板，“色梗”就通过锄头把与花枝相连、装扮花神的小童飘逸在花枝上，可谓匠心独运，不但在意境上使人回味无穷，造型设计之奇巧，力学重心之掌握，也是相当讲究的。这一点，正是“飘色”较之于“高台”、“重阁”高妙的地方。“高台”、“重阁”虽然也在铁杆顶端装置活人，但其造型多为垂直结构，有如高楼叠起，彩阁重峦，缺乏飘逸的动感。“飘色”则出人意料，横空出世，会凌绝顶，给人一种新奇、险峻的美感。如高台“牛郎织女”一板，牛郎骑在牛背上，与织女并驾分列于一棵古树两旁，他们的子女分三层立于树干上，犹如一座浮雕，生动但不活泼，逼真但缺乏想象。重阁虽有一定联想和诗意，但构图简单，变化不多，有几分惊险，但仍嫌不够韵味。如重阁第六组“泣残红”，贾宝玉身背木制大花篮，林黛玉站立于花篮之上，比起飘色之“黛玉葬花”，意境就没有那么深邃了。再说高台“许仙借伞”，许仙蹲在白娘子前边，白娘子手持花伞站在一条小船上。若以飘色造型，必令许仙持伞，白娘子单足独立于伞尖之上，而且许仙持伞之手一定向外伸开，使两人不在同一垂线上，给人一种洒脱、飘逸之感，展示出一幅深远的诗的境界，这就是飘色艺术的特色。因此，看飘色要先看其色梗，看其“飘”下的东西是否纤巧、逼真，天衣无缝，又要想象独到，奇妙含蓄。

传统飘色内容十分丰富，大多取材于民间神话传说、传奇和戏曲，如“嫦娥奔月”、“哪吒闹海”、“穆桂英下山”等，现代飘色除保持传统优秀板色加以发展外，取材更为广泛，如“嫦娥思乡”利用传统神话题材加以创新，赋予现代化的内容，“江山色秀”、“和气夫妻”等内容则是全新的。沙湾飘色一般配以鳌鱼舞进行，一金一银，游弋嬉戏，在前开路，充满南国水乡的浪漫色彩。梅菉飘色多与游花桥、品泥塑一起进行，并称“三绝”，造成一个色彩缤纷的艺术世界，更为迷人，亦很富有粤西水乡的特点。两地的飘色在总体上给人一种轻盈飘逸、清丽洒脱的感觉，风格上与北方的重阁、高台（据考云南通海的高台是从安徽、江苏一带传入的）迥然不同。

飘色、高台艺术最初都与游神赛会有关。从抬神像出游到抬化装为神的儿童出游，继而发展为一套民间游艺活动，经历了千百年的演变。沙湾飘色还经过红船梨园弟子推波助澜，他们在抗清起义失败后流散各地，以“赛色”为生，加速了飘色艺术的发展。故现今飘色儿童演员，都还有一种神秘的光荣感，一般家长都以自己孩童入选为荣，一些村庄甚至采取投标的形式选取角色，家长们仍不惜重金投注。1983 年春节期间，广州市举办了规模盛大的民间艺术大游行，其中有沙湾飘色 26 板，儿童演员 50 多人，最小的才 10 个月，被扎在支架上六七个小时，家长也在所不辞，高高兴兴地尾随而来。近年几届广东民间欢乐节，都有飘色表演，每届都有 20 多位家长陪同，直到演出结束，方才尽兴而归。这种心理，保佑儿童幸福成长的成分多于儿女成才的光荣感，这是与飘色发展的历史密切相关的。

近年来，沙湾、梅菉两地的飘色艺术都有了很大的发展，剔除了其中封建迷信的糟粕，使之成为富有地方特色的民间娱乐，发展成为联系海内外亲友的艺术纽带，每届回来观光旅游的同胞数以万计，使这一古老的艺术焕发了青春。

四、火色（夜色）：火龙火狗驱灾邪

火色，又叫“夜色”，俗称“舞火狗”。其中以增城麻车火狗最为出名；龙门蓝田瑶族自治乡亦有舞火狗活动，但另有一番含义；连南三江一带还有舞火狮的，也都是在夜间起舞，那是一种“烈火硝烟的洗礼”，蔚为壮观。

传说麻车火狗起源于明朝中叶，至今已有 600 多年的历史，当时因为村

中瘟疫流行，人们束手无策。就在这个时候来了一位“先生”，告诉人们用稻草扎制一只“草狗”，插上香火，在村中四处舞动，便可驱灾除疫。村民依计而行，果然成功。从此，麻车村民每年都扎作草狗，燃上香火，到处耍舞，以避凶邪。这一活动，人们称之为“舞火狗”。

实际上，后来麻车舞火狗，是包括龙、凤、麒麟、鹿、犀牛、蟾蜍、宝鸭、锦鲤和鳌鱼九种动物，因粤语“狗”与“九”同音，所以还是叫做“舞火狗”。这九种动物，与我国传统建筑屋脊饰物“仙人走兽”大体相符，略有变异。如天安门城楼翼角的九个走兽为：龙、凤、狮子、麒麟、天马、海马、鱼、獬、狁。增减的种类更体现了南方的特色。这些动物都是当地人们心目中的吉祥物。历史上麻车乡共有9个自然村，出火色时每村出一只火兽。一般用竹篾制作，扎上粗香，显示动物的棱角。入夜，点着长香，依次结队游行，观众聚集在马路两旁观看，有时一连舞几个晚上。起火的仪式叫做“千人点火”，由每户派一名代表去点燃火兽身上的长香，霎时火光齐明，金光耀目，热烈壮观。接着是“巨龙出洞”，翻江倒海，导引着整个队伍前进。火狗前面有一个巨大的牌坊，上书“麻车火色”（或夜色）四个大字；火牌后面排列着十副火字对联，写着“风调雨顺 ”、“国泰民安”之类的联语。队伍一边行进，一边燃放鞭炮、烟花，加上火狗的光辉，映彻整个夜空。如是舞至尽兴，游遍9个村寨，最后来到一口池塘边，表演“宝鸭穿莲”。只见宁静漆黑的湖面上，数艘亮闪闪的采莲花艇穿梭游弋，反衬出热烈中的一片冷静，很容易引起人们的遐思：对眼前神奇的景观，对未来丰收的展望，对火狗活动的追溯……

的确，麻车舞火狗活动最初是为驱灾除难，祈求农业丰收而起的。后来但逢天气干旱或瘟疫流行，都要进行。据老农分析，香火及烟花、爆竹中含有大量硫黄，烟熏过后，次年虫害减少，这是很明显的。1986年秋后，久旱无雨，群众强烈要求舞火狗，那是改革开放后第一次，规模相当盛大，各村寨参舞者少则四五百，多则近千人，围观者达6万之众，每晚从9时舞至11时，火光冲天，浓烟滚滚。果然三天之后下了一场大雨。这也许是巧合，也许是浓烟熏天聚凝水珠所致，致使群众在心理上、客观上都得到了满足。近年作为一项民间游艺，庆丰娱乐，秋收之后亦有举行。

龙门县蓝田乡一带舞火狗则是另一番景象。中秋之夜，未婚女青年们以黄姜叶制成衣裙，插上香火，扮演火狗，在村中起舞，一直舞至溪边进行洗礼。按当地风俗，少女必须参加过三次舞火狗活动才算成年，才可以出嫁。这舞火狗活动，带有成人礼的性质，后来才逐渐发展成为男女青年节日社交，对歌恋爱的一种娱乐。在女青年舞火狗时，男青年们总是拿着长香火把，尾随而行，穿乡过寨，与人交换香火，互相祝愿，互换吉祥，情投意合者则相约至村边水榭，对歌倾谈。

据刘锡蕃《岭表纪蛮》载："狗王惟瑶祀之。每值正朔，家人负狗环行炉灶三匝，然后举家男女向狗膜拜。是日就餐，必扣槽蹲地而食，以为尽礼。"瑶胞是信奉狗图腾的，槃瓠神话认为，龙犬是他们的祖先，所以瑶胞一直保留着敬狗爱狗的习俗。蓝田瑶胞不食狗肉，禁止打狗，狗死了要礼葬，家中小狗繁殖过剩不得随意抛弃，要送给别人收养，或放在村边路口，搭上两筒米，让过路的好心人收养。这实际上是图腾崇拜的一种遗风。舞火狗也是从"负狗环行"和"向狗膜拜"的遗风演化而来的。因为在古人看来，"不时在老祖宗面前演习他们本图腾的特殊姿态、动作与声调，以便提醒老祖宗的记忆"①，祈求他的保佑，并强化本图腾的形象，这就是民间动物舞蹈的原始形态。随着社会生产力的发展，狗逐渐从图腾崇拜物变成了人类的恩人与忠实的朋友，它给人类带来了谷物的种子，帮助弱小惩治凶顽，劳动致富，大义凛然，知恩图报等。狗的这些特殊的灵性，反映在民俗活动中，其神奇色彩逐渐淡化，社会功能逐步加强，从古朴、粗犷的龙门舞火狗，演变成为祈雨消灾的麻车火色，就可看到这一轨迹。前者重视纪念、祭祀，后者带有明显的功利色彩。在现代社会中，两者都在向着综合娱乐、竞技的方向发展。

此外，连南三江的舞火狮，实际也是一种火色，举舞时间是正月十五前后，与龙门火狗的时间不同。火狮只有狮头，没有狮披，一人独舞，赤膊上阵，没有锣鼓相伴。其特点主要是要在爆竹的硝烟烈火中经受考验。火狮每到一家门前，主人便以各种爆竹对准火狮鸣放，舞狮人不得以狮头盖掩自己，只能左右摆动，任由爆竹烧灼。队友们也赤膊上阵助威，在火狮周围跳动，可轮流举舞，还有一人专司以燃放松香粉来驱散硝烟的，场面十分热烈，险象横生。这样一家一家舞下来，狮头已被烧得面目全非，最后只剩下一个骨架了。舞后祝捷会餐，吃"火狮肉"，分享圣体的福佑，这才是勇士们最大的心愿。人们认为，吃过了"火狮肉"，就可保身体一年安康了。这实际是一种顺势巫术式的圣餐。

还有丰顺的火龙，罗定的香火龙，东莞的烟花龙等，实际上也是一种火色，在民间动物舞蹈一节已有论述，此不恕烦。

---

① 闻一多．神话与诗·伏羲考．

五、水色：番禺水色见才艺

水色，就是在水中出色。广东著名的水色有两处：番禺市桥与中山小榄。

市桥水色是与“沙湾飘色”齐名的一种民间艺术，它与红船艺人流散民间以“赛色”为生有关，从清代中叶盛行至今，已有几百年的历史。

过去，市桥水色表演的阵容相当庞大，往往是10多张木筏连接在一起，每张木筏长约2丈，宽约四五尺，装饰华丽，前有头牌罗伞，四周插满彩旗、鲜花，布景道具，光艳夺目。民间艺人化装为各种神话、戏曲人物，每张木筏上扮演一个节目，犹如飘色之板台。节目多为传统题材，但以突出水色主调，如“水浸金山”、“水淹七军”、“八仙过海”等。演出时波光掩映，飘飘欲仙，更能体现故事的韵味。每板水色之间，都有音乐艇相随。丝竹管弦，伴随着艺人婉转的歌唱，像天外之音从海中生起，袅袅而至，清丽柔美。一组组艺人穿着五彩缤纷的戏服，站在水中，顺流而下。日常平静的水面，突然出现这般奇景，有如海市蜃楼，新奇神秘，所以十分引人。表演之时，两岸人山人海，欢呼雀跃，乐在其中。

小榄水色是结合小榄菊花会或盂兰节进行的。小榄有条环镇大涌，俗称“水色箍”，水色表演是十分盛行的。

小榄素有菊花盛会的习惯。每届菊花会期间，除赛菊、赛诗、征联和各种文娱活动外，必有水色，绕镇河一周，以志庆贺。出水色时，由大会彩楼船领先，数十艘色船随后，音乐锣鼓船间隔其中，浩浩荡荡，鱼贯而行。两岸立观者数十万人，最近一届达90万人之众。

另外，小榄盂兰节期间亦有演水色的习惯，所谓“水陆超幽”，以此超度幽灵亡魂。一般在农历七月十四至十六晚进行，由各社坊筹措，每社一只色船，一只施船，分衣施食。清人何大佐《榄屑》载：“各坊多建醮演戏，作水陆道场超幽，奉神驾出游，或一日二日……各坊竞出水嬉，以随从神驾、谓之水色，或每坊一座，或二座，乾隆壬午年及癸未年，通乡所出水嬉，竟多至十八九座，每座扮一故事，用小童演，一上一下……望之飘飘若仙。不论神船色船，各船中俱是锣鼓喧天，笙箫鼎沸，一河两岸，观者云集。”观之不足，一些青少年还驾着舢板，来往穿梭，放烟花，烧爆竹，参与其中，更为热闹。实际上，这超度的形式已逐渐发展为一种民间娱乐，但宗教迷信色彩还是比较浓厚的，与市桥艺人赛色为生的水色明显不同。

六、马色：连平马色光北国

马色是指在马上扮演的赛色活动。广东的马色，分为纸马和布马两大类。纸马又叫“竹马灯”，主要流行于新丰、龙门一带；布马则以饶平最为出色。饶平的布马舞是从江西传入的。传说宋朝时有一新科状元，因抗击金兵有功，皇帝为表彰其功绩，赐其与探花、榜眼、进士偕同各自夫人策马游街以志庆贺。民间艺人据此编成马舞，南宋年间由一位江西陶工传入饶平，当地艺人融会南北技艺，不断加工提高，把布马装扮得栩栩如生，使较少有机会与马接触的南国观众，一睹各类骏马之雄姿，感到鼓舞，为之激奋。再加以潮州大锣鼓伴奏，气氛热烈，曲调抑扬顿挫，而又圆润抒情，粗犷中存细腻，激烈中见柔情，使南国的观众也易于接受。特别是在演员的“马技”上下工夫，使不善马术的南国观众看到娴熟的“马技”，为之拍案叫绝，才能使这一北国的艺术扎根于南国的艺苑。

经过几百年的艺术陶冶，饶平布马舞已有一整套完整的套路，在1990年广东民间欢乐节上，只见20名穿着古代将士战袍的舞者，策马奔驰而来，时而摆开长蛇阵，时而表演“闯四门”、“八卦开门”、“蝴蝶采花”等。跃马扬鞭，情满疆场，甚为壮观。布马舞除传统节目《六国封相》、《昭君出塞》等外，新创编的《草原民兵》等，也很受欢迎。

纸马舞规模较小，一般由3人演出，一生一旦，加上一个马童。旦角手持罗伞，拂动纶巾，立于纸马中间，作骑马状；男角挑着一对花篮，尾随其后；马童抖舞纸扇，打趣逗乐。舞者迈着秧歌舞步，边扭边唱，不时表演一段马上功夫，奔跑、跳跃等，欢快活泼，充满生活气息。纸马舞道具简单，形式比较固定，唱词可随时更新，易唱易学，深受群众欢迎。传统节目《送郎出征》等，根据形势发展不断更新，历演不衰。

广东马色多流行于客家方言区，广东的客家人多是宋代以后从中原迁来的移民，至今尚保留着雄直强悍的北国民风，对马色的喜爱，更反映了他们的这种心态，表现了客家人民意气风发，勇于开拓，艰苦奋斗的精神，所以舞布马、舞纸马至今仍在粤东山区流行，成为多姿多彩的广东民间文化的一个部分。

七、灯色：华灯璀璨潮汕春

农历正月十五是我国的传统节日——“元宵节”。相传，元宵节始于西汉文帝时，因为正月又称元月，“夜”在古语中又叫“宵”，故汉文帝将正月十五定为元宵节。在广东，有的地方把元宵节叫“正月半”、“灯节”、“喜节”等。

元宵张灯，在我国有很久的历史。相传隋时灯会，就有“绵亘八里，通宵达旦，光烛天地”之说。到了唐代，更是盛行。初时只有元宵夜，后增至三夜，到了宋代又有十三上灯、十八落灯的规定。彩灯的品种繁多，有北京典雅的宫灯、浙江针刺花纹的灯彩、上海的龙灯、广东奇巧的走马灯。潮州则以花灯著称海内外。潮州花灯的历史颇长，具体起于何时还有待查考。优秀传统潮剧《陈三五娘》，发端就是元宵之夜上街观游花灯。故事的背景是明代，如果据此推算，游花灯就有好几百年的历史了。

元宵，潮州俗称“喜节”、“灯节”。游花灯是节日里一项富有特色的活动。游灯活动，清朝时已经非常丰富多彩，在民间各个神社的组织下，潮州城内有不下于十个游灯的队伍。出游时以潮州大锣鼓为前导，紧接着是标着姓氏铺号的灯彩队伍，以威武昂扬的龙头灯领先，以翩翩起舞的凤凰灯结尾，中间是以狮、象、鱼、鸟为形象的花灯，还有以戏剧故事为题材的人物纱灯和盆景古玩。这样的游灯队伍，潮州人称为“龙头凤尾”，含有好头好尾的意愿。

所用的灯分为挂灯和屏灯两大类。挂灯形制上有圆形的灯笼，典雅大方的宫灯，象征农家丰收的水果灯、鱼灯及动物灯、双喜灯、走马灯，还有用萝卜镂刻的菜头灯等。屏灯是装在台座上的人物彩灯，它可放可抬，便于参加游行、赛会。一般以戏曲故事题材为主。屏灯的屏底座也是用竹架搭成，在规格上分两种：活灯与纱灯，人物高度为80厘米以上，头部为石膏作模裱纸脱胎而成，饰以服发、涂以颜色，身体用竹篾、铅丝扎作，按照不同的身份穿上不同的薄料服饰，腹中置灯，这叫活灯。人物为30厘米以下，头部就用泥土塑造，身体各部用竹、木、纸、草绑扎成各种样态，穿帖上袍带、盔甲，这叫纱灯。这两种人物花灯，往往在屏座上衬以楼台、亭阁、山水等背景，经过不断的完善提高，形成独立的可供室内陈设欣赏的艺术品。由于工艺师傅的精心制作，这些取材民间传说、历史故事、潮剧人物或花鸟虫鱼、瓜果、祥禽瑞兽的花灯无不惟妙惟肖，栩栩如生。有的花灯屏部分人物甚至以真代假，令观赏者真假难辨，赞叹不已。

每一屏花灯由四至八人抬行。制作灯屏，一要讲究姿态神韵，二要讲究衣冠服饰，三要讲究脸谱勾画，精工绣制，方能以假乱真，做到融灯色、飘色、故事扮演于一炉，富于立体感。

游花灯时，一般有几十屏，著名歌册《百屏灯》从“活灯看完看纱灯，头屏董卓凤仪亭，貂蝉共伊在戏耍，吕布气得手捶胸……”一直唱到“……百屏拜寿郭子仪”。队伍的末尾则是一只亭亭玉立的五彩凤凰。洋洋大观，多姿多彩，美不胜收。

华灯初上，潮州的大街小巷便挤满了人，男女老幼，倾城而出，但见数里长街，鼓乐喧天，人山人海，灯光灿烂，整个古城变成了一个灯的海洋。只见一个个游人伸长了脖子在等待游花灯队伍的到来。“花灯来了!”巷头的方向传来了潮州大锣鼓，热烈而又欢快的乐声。不一会儿，便见那灯光灿烂、色彩缤纷的游花灯队徐缓而来。

首先是一对对扛在肩膀作引路的竹编火把，紧接着是一只通体透亮的大龙灯，雄赳赳、气昂昂。再后面是一队穿着绫缎旗袍、浓妆艳抹的年轻姑娘，扛着黄、红、绿各色标旗款款行进，紧接着是一班腰扎黑丝带、脚上打着绷腿、气宇轩昂的汉子，合着大锣鼓的节奏迈着大步。不久花灯依次出现。莲花灯、蜜柑灯、柿子灯……一盏接着一盏，令人目不暇接。金鳞闪闪的大鲤鱼灯过来了，真像一群鲤鱼游来游去，还有各种漂亮的金鱼，再有一系列的活灯又出现了，灯上画着各种古代人物:《凤仪亭》董卓戏貂蝉的故事;《陈三五娘》后花园幽会的故事;《韩文公冻雪》韩愈雪拥蓝关的情景……灯上面闪烁着各种人物画像，惟妙惟肖，妙趣横生，让人眼花缭乱。待游灯进入高潮时，鞭炮齐鸣，焰火腾空，天上地下，交相辉映，恍若人间天堂。

除了游花灯，大街小巷、行铺、院落、祠堂也张灯结彩，几十座古牌坊上挂满各式各样的灯橱，吸引着无数赏灯人流连忘返。除了元宵，游神赛会(游“安济圣王”)时也一连几个晚上游花灯，最后还把花灯集中在一处，组织各方人士进行评比。每屏花灯都是由当地商家出资制作的，商贾们把花灯看做是事业发达的标志，因而都乐意在花灯上花钱花工夫。

清末宣统二年(1910年)，花灯艺人杨云楼、杜松制作的《红楼梦》、《白孟玉》两大屏花灯在参加南京全国花灯比赛中获奖，后《哪吒闹海》、《陈三五娘》等五屏花灯应邀送加拿大参展，致使潮州花灯享誉国内外。

除潮汕地区外，以灯色著称的还有佛山。在佛山秋色工艺中，最著名的也是灯色，不但品种多，制作手法各异，表现形式也十分丰富。除平洲针灯外，还有刨花灯、稻草灯、灯草灯、鱼鳞灯、芝麻灯等。这是以制作原料区分的。从花色品种上分，则有头牌灯、宫灯、走马灯、鸟兽灯、花灯等。1978年，佛山民间工艺社制作了一盏稻草灯送往法国博览会展出，剔透玲珑，有如象牙雕成一般，一下轰动了欧洲，被誉为“世界灯王”。

第七节　婚嫁：岭南婚姻世界的浪漫情调

人类社会有许多“复归”的现象，大的从没有阶级、没有私人财产的原始社会，发展到人类社会的光辉顶点就是没有阶级、没有压迫，财产归全民所有的共产主义社会。小的从人们的衣饰用具到生活习俗等，诸如清代的旗袍又变成了现代的时装，贵州的蜡染又走上了现代工艺的宝坛，被人遗忘已久的酸枝木家具又进入了现代化的厅堂，还有厌恶了明亮的电灯之后，情侣们又需要荧荧的烛光等。在婚姻大世界中，这种复归的现象更为有趣，曾盛行于珠江三角洲一带的“自梳女”结拜金兰的风俗以及海南岛的“串隆闺”，与现代同性恋及试婚，就有许多相似之处。但人类社会的发展，不能不使它又富有特异的本质，分析起来，不但使我们可以见识岭南文化的一些特异现象，对现代生活观念的形成，也不是没有裨益的。

一、反抗封建婚姻的两种特殊形式

“自梳”与“串隆闺”，历来被人们视为岭南婚姻风俗的两大奇事，它们形式不同，性质也自相背向。“自梳女”视男女交媾为人生最丑陋之事，因而终生不肯嫁人，即使被迫出嫁也绝不和丈夫发生两性关系，“不落家”。“串隆闺”则视两性关系如平常，男青年多交个朋友，到“布隆闺”去与姑娘对歌，谈情说爱，在封闭的社会中自我调节，自娱自乐，也是一种寄托；女性则可通过“串隆闺”来选择知己，比盖头盲婚，终身从一要幸福自由。两者从表面看来，似乎表现了两种不同的人生价值取向。但在封建社会里，在客观上都起到了反抗封建婚姻的作用，对世俗婚姻观念是一种有力的冲击。

“自梳女”是珠江三角洲特有的一种婚嫁习俗，以顺德、南海、番禺、中山为最，盛行于清初，直到辛亥革命初期，历久不衰。据1903年时人邬庆时调查，当时番禺南村数千名妇女中，出嫁者不过数人，1909年甚至无一人出嫁，全部“梳起”。顺德容奇缫丝厂1 000人中，就有800名是“自梳女”。直至1953年，番禺第四区大龙乡2 023名妇女中，仍有“自梳女”245人，占妇女总数的12%（据广东省妇女联合会调查），可见其风气之盛，时日之持久。

按照过去珠江三角洲一带民间习俗，凡未出嫁之女子，不论年龄大小，都应梳辫，不能梳髻，直至出嫁前夕，才雇专人代梳发髻，此后逢年过节或有红白喜庆，外出都要梳髻，以区别于未婚女子，所谓“自梳”，就是决心终身不嫁的女子，自行梳髻，以此向社会公开发表声明：永不婚嫁。故女子对“梳起”相当慎重，因为一经“梳起”，即成铁案，不能翻悔，日后若有思春言语或不轨行为，要受到乡规的严厉责罚，重者捆绑塞入猪笼，坠以大石，投入江中溺死。“梳起”还要举行严格的仪式，一般是到神庙进行，由知心姐妹陪同前往，带备新衣、新鞋、镜妆以及烧猪肉、鸡、水果、元宝、香烛、酒菜等祭品。到神庙后，摆开祭品、衣物、点燃香烛，向神像三跪九叩，发誓起盟，然后由已“梳起”的姐妹为她解开作为姑娘时代标志的辫子，改梳辫为梳髻，并换上新衣服，再向神像叩拜，接受姐妹的祝贺。仪式完毕，就算“梳起”，终生不能嫁人。如果家庭同意，还要在家里设宴摆酒祝贺，接受亲友的贺礼，视为人生中的一大喜事；如果家庭不同意，“梳起”仪式后托“老姑婆”代为转达，并将祭品分送亲友食用，有如今日派喜糖一般。一般家庭对女儿独身终老，无所归宿，开始都持反对态度，甚至百般阻挠，但社会风气如此，最后也只好罢了，也有的强迫女儿出嫁的，由此衍生出婚后“不落家”的习俗，下文详及。

这种陋俗，无疑是由于封建礼教的摧残，妇女饱受三从四德之戕害，视婚姻为畏途，扭曲人性的一种恶习，但封建桎梏下的柔弱女子，居然敢于以终身的幸福作为代价，反抗封建婚姻制度，并且形成一股社会力量，也是对封建传统文化体系的一次冲击。

“串隆闺”是海南黎族男女青年自由恋爱的一种形式。新中国成立前，黎胞村寨都设有“布隆闺”（没有灶的屋子），几家合建一间，住3~5人，男女青年从十四五岁起就搬到“布隆闺”过集体生活。“布隆闺”分开男女，一般是男青年到女隆闺来对歌、玩乐器，谈情说爱，双方情投意合时还可以在女隆闺过夜，次日清晨才告别回家。如此来往一两个月，甚至两三年，双方情投意合，便由男方家长遣媒提亲，举行订婚仪式，俗称“放槟榔”，因为订婚的彩礼中必定有两串槟榔。正式订婚以后，若有一方反悔，就要遭到社会舆论的谴责。但在正式订婚以前，即使经过了较长久的“布隆闺”生活，甚至女方怀了孕，如果双方感情破裂，仍可各自另找新欢，不受舆论干涉。非婚生子女不受歧视，女方重新找到归宿之后，孩子随新的男家姓，归新的男家所有。由于新中国成立前黎区盛行“不落夫家”的风俗，婚后新娘仍住在母亲家里，农忙时才回夫家小住，也可以去“串隆闺”，直到怀孕后才回夫家定居。此间如果遇到新的情人，双方父老调解无效，就离婚。

离婚比较自由，手续也很简单，不需要举行什么仪式，双方在见证人面前许诺便可。有的由见证人将1寸长的竹片折为两段，男女各执一半。离婚后可通过“串隆闺”再找对象，再结婚，但仪式从简，男女平等，并无歧视离异妇女的现象。

这种婚恋风俗，产生于社会发展较为缓慢，生产力比较低下的五指山区。那里直到新中国成立前夕还保留着带有原始公社残余的“合亩制”。婚姻方面只要不是同姓同宗的男女，都可以过自由的两性生活。

二、“自梳”效应及其社会冲击波

“自梳”风俗的兴起，引起了一系列的社会效应，如“不落家”、“代守清”、“金兰契”、“大妗姐”、“捻妹花”、“埋月会”、“做妈姐”等，都与“自梳”风俗有关。

首先是一些人家的女儿，自己决心过独身生活，但由于父母防范甚严，无法“自梳”；或者虽已秘密“自梳”，但不敢告知父母，被迫出嫁，只好采取“不落家”的手段加以反抗。

所谓“不落家”，是指婚后不到夫家长住，也不与丈夫过夫妻生活，与黎族的“不落夫家”不同。被迫出嫁的“自梳女”，出嫁前夕，必由其“金兰姐妹”特制一套紧身衣服，上下衣裤相连，穿上后再密缝夹口，致使新郎无法扯开。新娘还带备刀剪自卫，若新郎施以暴力，新娘呼救，乔装“从嫁”（或“大妗姐”）的金兰姐妹即应声而出，解救新娘危难，使其不至于“落家”。按俗例，新娘婚后三天即返回娘家，俗称“回门”，“回门”后遇重大节日，或男家有红白喜事，可派人来请，女方当天返回。这样的婚姻名存实亡，男家对此亦不敢强硬追究，否则闹出人命，金兰姐妹便会到男家兴师问罪，闹得不可开交，俗称“闹人命”，这更使得“不落家”的风气势不可挡。有的女家也相应采取一些折中的办法，如给男家一笔钱“买门口”等，男家可以另纳妻妾。纳妾后“原配夫人”在家中仍居主妇地位，但仍不回夫家居住，直到年老病重，无可救药时，才抬回夫家终老，但殡葬开支均由女家负责。若男家不肯迎回者，则死于“姑婆屋”或尼姑庵，绝不能死于母家，否则为乡规所不容。若夫婿先于“不落家”女子死亡，她可回婆家主持家务，谓之“守清”。另有些女子立誓不嫁又不想“自梳”的，“嫁”给早夭的男子，去守死鬼，俗称“代守清”，类似他处的冥婚。

自梳女们为了自身的权益和生理的需求，纷纷同其女友结拜金兰之盟，即所谓“金兰契”，俗称“夸相知”、“识朋友”。自梳女义结金兰时，要订立金兰契，契约一经成立，颇具法律效力，并遍邀朋友作长夜之饮，欢歌作乐，“朋侪亦群纷贺之”，此后坐卧起居，情同伉俪，不许第三者插足；然二女同居，亦有同性爱的一些秽亵行为，“或云适用磨擦力，或云适用机械的”①，这实质就是一种同性恋的行为。

为了独身终老，她们还创造了一种“迷夫教”，据说能致其夫于死地。如果某一自梳女中途变志，嫁给别人，其金兰姐妹便设法取得其丈夫的生辰八字，作法念咒将他魇死。自梳女们以此互相恐吓，不敢有违。“迷夫教”还有一套教规，成为自梳女的桎梏，也是自梳风气得以维持的社会氛围。

另外，广东婚嫁行业中的“大妗姐”、“捻妹花”、金融盘剥活动中的“埋月会”、雇工女佣中的“顺德妈姐”等，都与自梳女有关。

自梳女“梳起”后出外佣工，多以做“大妗姐”为副业。所谓“大妗姐”，即婚嫁时指导协助新娘施行各种礼仪，照料新娘生活的佣人，一般由有经验的妇女担任，自梳女们自十四五岁起结拜金兰，深通为人处世之道，有的被迫出嫁而“不落家”的妇女，当日曾蒙受大妗姐的保护，深通和热爱此道，所以从业者最众。其次便是到广州、香港等大城市，甚至远及南洋各地做“妈姐”的。“妈姐”即女佣人，分“干妈”、“湿妈”两种。“干妈”即保姆，“湿妈”即乳娘。由于顺德烹调技术素有盛名，自梳女们自幼独立生活，大多掌握一些传统技艺，且做事小心，体贴入微，所以很受雇主欢迎。“顺德妈姐”一时驰名省港，成为官宦显贵之家的时尚。

除以上正常职业外，自梳女们还有以“埋月会”、“捻妹花”为业的，“埋月会”原是民间一种互通有无的经济互助形式，自梳女们用以作生财之道，她们手头上有了一定积蓄，做“妈姐”时接触各种富豪显贵，人事关系很广，便利用各种渠道“埋会”，实则是一种高利贷剥削活动。“捻妹花”是专门为显贵培育妾氏的行业，即收养一些相貌端庄美丽的穷家幼女，精心捻制，使其知书识礼，肌肤嫩滑，婀娜多姿。到了妙龄时期，高价卖给达官贵人做小老婆，从中获取巨额利润。从事这种职业的，亦多为名门望族出身的“自梳女”。

另外，“自梳女”还可收养徒弟，作为义女，以便养老送终，并有权继承其财产。徒弟又都“梳起”，义结金兰，代代相传，使自梳风气得以维系。

可见“自梳”效应不但涉及婚嫁行业，还影响劳务、金融、宗法继承

---

① 胡朴安. 中华全国风俗志：下编［M］. 石家庄：河北人民出版社，1988：“广东”章.

等各个方面；不但涉及珠江三角洲城乡广大地区，还影响到海外南洋各地。对人们的心理、服饰、文艺、社交都产生了广泛的影响。1987 年、1999 年都有人前往顺德调查，当时仍有“自梳女”健在。如今最年轻的已 60 多岁，据说新中国成立后还有女子“梳起”。今天的顺德人对于这些姑妋并没有另眼看待，她们有的跟随侄孙一辈生活，有的在当年的姑婆屋冰玉堂中安享晚年。近年乡镇企业崛起，纺织行业又聚集了大批女工，加上外省姑娘大批涌入，单南海市西樵镇就有女工 2 万多人，人们又想起了当日缫丝厂“自梳”的女工。当然，时代不同了，历史不会重演，但不能不引起妇女工作的重视。

三、“自梳”与“串隆闺”的社会透视

珠江三角洲女子自梳形成一种风气，最早在明朝。首先，明清两代是封建礼教对女性摧残最烈的时期，为了逃避包办婚姻，免受三从四德之苦，繁缛婚俗之害，许多妇女情愿压抑人性，扭曲心理，牺牲夫妇人伦之乐，以达到一种痛苦消极的反抗，这种风俗在这一时期崛起，是可以理解的。其次，由于资本主义生产的萌芽，珠江三角洲得天独厚，农业、手工业迅猛发展，商业贸易昌盛。顺德一带盛产蚕桑，丝织业迅速兴起，缫丝厂大批涌现，从业者大都为女子。现实生活为她们经济自立创造了条件，集体生产与生活改变了她们传统封闭的生活方式与心态。大批年轻女子从与世隔绝的闺房中走出来，初次看到世界还有那么大，感受了生活的欢欣，必然有新的追求。繁忙的集体生活又使她们无法顾及其他，耽误了传统美好的婚嫁时光。丝织厂大龄女郎剧增且又相对集中，在找不到其他好办法之前只好独善其身，“自梳”或“义结金兰”。因此在清朝嘉庆、咸丰年间，也就是顺德缫丝业最发达的时候，“自梳”风气形成了第一次高潮，连著名文豪屈大均的原配夫人也是不落家的“自梳女”。“翁山因前妻仙岭乡刘氏不落家，而以王华美为继室”（据《屈翁山年谱》）。

“自梳”风气的第二次高潮出现在 20 世纪初。即辛亥革命前夕，那时清政府的闭关自守政策已被鸦片战争的洋枪洋炮击破，一批先进的机械设备涌入珠江三角洲，缫丝工业更加兴旺，门户开放后，一批自梳女下了南洋，创立了基业，更加显示了自梳妇女独立生活、闯荡世界的英姿。以原来比较贫穷的顺德均安镇为例，下南洋的“自梳女”达到了 80%，更使自梳风气愈演愈烈。直到 20 世纪 40 年代以后，由于战乱纷起，丝厂倒闭，自梳女子生活失去了保障，加上那时中国已进入民主革命时期，倡导妇女解放，妇女争取自由幸福的思想增强，女子在婚姻中的地位也有所改变，“自梳”风气才逐渐衰败。这是社会政治、经济方面的原因。

但婚姻不仅是一种社会现象，更重要的是一种生理、感情方面的需求，还应从伦理观念、人情世故、生理需求和性爱心理方面去探究。

顺德、番禺乡间的俗谚云：“阻头不便，跨头不祥。”“弟妹嫁娶，先于兄姐为跨（读揽去声）头；兄姐不能嫁娶，致误弟妹之婚期者为阻头。”①“阻头”、“跨头”都为世俗所惧，造成一种民俗心理，形成一种文化迫力，既不愿受婚嫁之苦，又不想“阻头阻势”者，只好就范，或“梳起”，或“不落家”，义结金兰，这就是自梳形成的民俗氛围。《中华全国风俗志》云：“总之，自梳、冒贞以归宁不返之俗，皆‘阻头不便，跨头不祥’之说有以致之也。”② 可见民俗本身也是一种不成文的法律。

另外，此处乡间还有一种心理，认为女子长大不嫁，长居母家，是一种不祥之兆；但“自梳女”一经“梳起”，则当别论。否则母家若有三灾六难，都会归罪于此女，认为是她“连累”。谁也不愿意做这样的“衰婆”。因此，不愿婚嫁的女子，也只好“自梳”，去做“老姑婆”了。这样的老姑婆，俗称“把家姑婆”，按照当地传统的宗法观念，“把家姑婆”有权视母家为己家，以操持母家之事为己任，兄嫂弟妇辈不敢非议，即便有些专断之行，母家亲属也只能忍让，否则要遭到乡亲的指责，非万不得已，不能迫使她们离开家庭。直到她年老病危之时，才抬到“姑婆屋”或婆家（指“不落家”者）去，不能死在母家，否则也被视为不祥。这也是“不落家”或“买门口”的民俗成因。从这些事实中也可看出，“自梳女”的心理构成是很复杂的，有完全自愿的，当然其中已包含着社会的压力；有随大流的，这是风俗的一种无形的力量；有被迫的，屈于社会、家庭或自身某些缺欠（如容貌丑陋、性情古怪等）。因此，“自梳”所造成的社会效应，也是五光十色的。

自梳引起的“不落家”，与海南黎胞串隆闺的“不落夫家”，表面看来有些相似，实质大相径庭。自梳的“不落家”表现了一种性封闭的意识，是封建社会男女授受不亲的恶性发展，至“视男女同室为大辱”。被迫出嫁者，“临过门之夕，嫁家必被带束缚，其状若死尸之将入殓，复饱喂以白果等物，使小便非常收缩。及归宁后，其兰友必亲自相验，若其束缚之物稍有移动，是为失节，群皆耻之，其女必受辱不堪。故顺邑常有娶妻数年，而不

---

①②胡朴安．中华全国风俗志：下编［M］．石家庄：河北人民出版社，1988：“广东”章．

识其妻之面者”[1]。而海南黎族之“不落夫家”，只是婚后暂时不到夫家常住，此间尚可以姑娘身份参加“串隆闺”，婚前婚后都过着较自由的性生活，是一种性开放的表现。考我国尚有“不落夫家”风俗的民族还有纳西族、壮族、布依族、景颇族、傈僳族等，各族风俗虽略有不同，但大体形式相似。纳西族叫“阿注异居”（“阿注”，朋友的意思，顺德自梳女结金兰契亦叫“识朋友”），也叫“望门居”，就是男不娶，女不嫁，昼分夜合，男方无须负担抚养与教育子女的义务，类似于群婚制的高级阶段和普那路亚家庭的初级阶段的婚姻形式。壮族不落夫家大体与黎族相似，婚后女方不立即到夫家长住，仍可像姑娘时一样跟男子对歌，自由交往，直到怀孕后才到夫家定居。不同的是壮族没有“布隆闺”供男女青年作为恋爱的场所。布依族的“不落夫家”开始与珠江三角洲的“不落家”有点相似，新娘在伴娘的严密保护下，与新郎日不同行，夜不同宿，三天后便返回娘家，一两年后要经过一场强制性的、给新娘戴“假壳”（以笋壳扎制的帽子）的斗争，才能使她屈服，到夫家居住，开始夫妻生活。这是母权制“从妻居”向父权制“从夫居”过渡的一种婚俗的残余。景颇族称不落夫家为“坐家”，以婚后立即到夫家居住为耻，也是怀孕或生了子女后才到夫家长住的。“坐家”期间，仍然可以参加“串姑娘”活动，与黎族“串隆闺”有些相似。傈僳族也有公房对歌的习俗，但婚后生活比较严格，一夫一妻制基本确立。

综合考察以上各族“串隆闺”、“串姑娘”、“公房对歌”、“不落夫家”、“望门居”、“坐家”等风俗，可以看到一个共同点：这些民族地区社会发展比较缓慢，文化位差较低，有些民族，如纳西族的某些地区直到新中国成立前还停留在母系氏族社会阶段，因而保留了许多原始的婚姻形态。海南黎族盛行“不落夫家”习俗的地区，也大都是保留着“合亩制”的地区。“合亩”，黎语原称“纹茂”，意即家族。大家的田地，大家一起耕种，产品平均分配。“合亩”制的组织基础，有直系亲属亩、旁系亲属亩和混合亩三种，定居立寨多以同宗同族为界限。黎胞婚俗严禁血缘婚姻，同一宗族内世代不能通婚，这又比纳西族的阿注婚姻进了一步。加上社区方面，村寨远隔，居住分散，又没有文化娱乐的公共场所，男女交际机会很少。黎族在新中国成立前没有文字，不可能以书信表情达意，男女自由恋爱只能通过“串隆闺”形式。这是由人们的宗法观念、居住环境和乡规民约所决定的。它比原始群婚进步，又比封建婚姻自由，并且从青年们“串隆闺”的整个

① 胡朴安．中华全国风俗志：下编［M］．石家庄：河北人民出版社，1988．

程序看来，规程是较为文明的，是上述三种社会形态混合的产物。黎族的“不落夫家”，还与他们“恋爱自由，婚姻不自主”有关。黎族青年男女通过“串隆闺”唱歌、玩耍，结下了情谊，恋爱是自由的；但结婚必须家长同意，明媒正娶，还要履行放槟榔、过礼定亲、迎娶、逗娘等一系列繁琐的礼节，显然是受了封建婚姻制度的影响。从“串隆闺”到“从夫居”，中间有个“不落夫家”的缓冲，也是一个适应的过程。从性心理上说，这是一个从开放到封闭的转变，从姑娘心理来说，“落家”标志着姑娘时代的结束。从此要做人媳妇，还准备为人之母，要受到许多礼教的束缚，“不落夫家”便是这一心理承受的试验期。在当时汉区已进入封建社会，黎区封建色彩已相当浓厚的时代，黎族的“不落夫家”无疑是对封建婚姻的一种反抗。以前对“串隆闺”“不落夫家”诸多微词，除了民族的隔阂之外，封建卫道者的作梗应是个原因。“不落夫家”与现代西方的同居、试婚在这点上倒有些相似，但西方的同居、试婚是建立在性开放和女权地位的加强上的。未来社会婚姻形态的发展，恐怕也是在一定法制的约束下，多种形式并存的。

四、潮俗“看新娘”与“做四句”

潮汕地区新婚媳妇在洞房之夜，必然要装扮一番，然后站在屋厅里让人看；或于当年元宵之夜，穿着婚嫁时的服装，由婆婆领着，到桥头去看灯，或站在十字路口，让人观看，叫做“看新娘”。看的人越多越好，看时人们还喜欢“做四句”，说些祝福或吉祥的话。

此时，看热闹的孩子便趁机进来讨香包，人人皆大欢喜。

出嫁时担任做四句要角的是倩娘母，又称“喜娘”，由能言善辩的民间歌手担任。从新娘出门上轿，到进入男家洞房，一路做来，出口成章，左右逢源。

如新娘下轿时，倩娘母为她掀起轿帘，并做四句曰：

> 掀起轿帘是箴丝，姑娘轿内笑嘻嘻，月老注定为夫妇，夫妻相爱二百年。

新娘出轿后，倩娘母扶她跨过门口的火烟，又做四句：

> 举步跨火烟，早得麒麟儿，夫妻同心腹，偕老二百年。

进入新房后还要做四句：

姑爷你今进房来，姑娘欢喜在心内，伊是名门千金女，配匹姑爷好文才。

次日出厅堂拜父母，也要做四句：

新娘行到大厅庭，爹妈请安是本分，爹妈请安添福寿，媳妇进府添财丁。

另外，席间敬酒、吃结房圆、“看新娘”等许多场合，都要做四句。有时遇上一些淘气鬼，做些歪诗来戏弄新娘，倩娘就做四句来回敬他，诗来歌往，称为“斗四句”，俗谓“斗邪歌”，幽默、浪漫、开怀。此时倩娘若稍不灵变，看客就要讽刺道：

会作倩娘不会作诗，会作母猪不会撬篱，带个布袋来装米，带个肚兜来装钱。

倩娘也不示弱，便回敬道：

饲着母猪好到奇，一肚都是好男儿，一胎生你这一只，饲大上市好卖钱。

恶作剧者一听便溜走了，观众发出会心的笑声，场面更加热闹。为了掌握这些句式，姑娘平时亦要学诗联句，当地民间流传有各种“婚姻手册”，也教授这方面的知识，倩娘母多熟读，未婚姑娘也得掌握，元宵走桥观灯时是没有倩娘陪同的，得自己应付。这一风俗，对提高群众文化的水平是有很大促进的。

客人闹完洞房后，就由男家请一“好命婆”到洞房里伺候新郎新娘吃“结房圆”。吃结房圆时倩娘要做四句：“食甜圆，甜糖糖，新娘食了惜新郎。食甜圆，甜融融，新郎食了惜新娘。”各吃两粒之后要互换圆盏，再吃两粒，俗称“交杯换盏”，倩娘再做四句：“交杯换盏团团圆，夫妻恩爱乐相随。老君送来麒麟子，明年生得状元儿。”

五、客家情歌唱响礼教不到的山冈

客家山歌情歌特别多，“条条山歌有妹名，一条没妹唱唔成”，这与客家地区山多田少，男人“过番”谋生多，加上婚俗中的“等朗妹”也多，丈夫过番的孤灯长夜，加上等郎妹的痛苦煎熬：“三岁老公鬼钉筋，睡目唔知哪头眠。夜夜爱偃兜屎尿，白白害偃一生人。”那滋味真不好受，比三纲五常禁锢得还要凄惨，这把软刀子，也把不少客家妹子逼上礼纲不到的山野，去直抒胸臆，呼发她们直白的心声：

南风唔当北风凉，亲夫唔当夜来郎，夜来郎子有话讲，亲夫一觉到天光。

龙眼花开千百枝，唔当牡丹开一枝，枕上夫妻千百夜，唔当心肝嬲一时。

这些过去被人视为“偷情”的歌曲，其实也从另一个侧面反映客家妇女的生活。客籍学者罗香林先生从礼教、宗法、地理、阶级四个方面分析原因，赞扬这一片“连情”的呼声，直破礼教的网罗而出。

而从客家女性在客家民俗中所占的地位来看，客家山歌中之所以情歌居多，也与她们的生活与才智相关。根据客籍学者、华南师范大学著名教授廖子东先生的考究，黄遵宪在《人境庐诗草》中收录的19首山歌全部出自女性之口。事实也是这样，客家山歌中，唱得最为情真意切的还是女性之歌：

一树杨梅半树红，哥系男人胆爱雄。交情爱哥先开口，女人开口面就红。

哥在那边妹这边，隔河两岸样得前。丝线架桥浮水面，你系敢过我敢连。

山歌爱唱情爱交，真心连妹唔使桥。灯草搭排你敢过，妹送金簪做桨摇。

火筛筛火簸箕栽，问哥爱姐呀爱偃？阿姐梳得髻尾好，挑花绣朵唔当偃。

那纯真的情怀、贴切的比喻，句句与客家风情相关，不在黄遵宪19首“买梨莫买蜂咬梨”之下吧！周作人认为，“这是优美的情诗的根苗，从中可窥测中国民众的性心理”。这样的歌谣，在《客家艺韵》中瞩目皆是，你听：

火烈唔怕生鲁箕，连哥唔怕爷娘知。湖鳅拿来煮豆腐，等得人知早熟哩。

高山流水响嗬嗬，连哥连到出谣歌。他人爱讲尽他讲，两人恋到无奈何。

过了一坡又一坡，风吹竹子尾拖拖。竹子低头饮露水，阿妹低头等情哥。

月牙弯弯朦朦光，坐在半山等情郎。风吹竹叶披披动，一阵欢喜一阵慌。

特殊的人文环境，铸造了特殊的性格和心理，使她们大胆喊出了偷情的歌声：

新买笠麻圆叮当，笠麻流水妹留郎，笠麻流水嘀嗒嘀，老妹留郎到天光。

今番风流打帮天，云遮月光入妹间，大风吹乌灯盏火，郎系有福妹有缘。

嫩娇郎来嫩娇郎，偓今眠个冷脚床，睡到一更思想起，目汁双双挂念郎。

这些大胆、直率的言词，正好反映了客家妹子粗犷的性格。这些行为，在三从四德的封建社会是不能容许的。以上几首歌谣，是从日本昭和十九年（1944 年）出版的《客家と山歌》中录下的。其中还有一首，对所谓“贞节牌坊”之类嗤之以鼻：

猪肉煮酒赶新鲜，妹爱恋郎赶少年，贞节也么牌坊起，风流一年正一年。

那才是人性的真情流露，难怪周作人说，这是“优美的情诗”，还有许多“过番歌”、“五更叹”，更是催人泪下：

阿哥出门去过番，洋船等到粤海关。妹子有话当面讲，下番搭信过艰难。

阿哥过番就离家，丢开妻子一枝花。灯草跌落涌水角，这条心事放唔下。

阿哥走撇妹痛肠，三餐茶饭唔晓尝。紧食烧茶肚紧渴，紧想心肝夜紧长。

五更鼓打天大光，送朗走撇割心肠。早知今日孤独苦，甘愿双双啜粥汤。

日想心来夜想肝，两人远隔路头长，梦中同妹相见面，正好团圆又天光。

日头一出照四海，山高万丈照楼台，红豆捡来做枕睡，好望相思托梦来。

如此浪漫的情怀，有谁知晓？向谁诉说？只有在那礼教不到的山冈上，去直抒胸臆了！

第八节　节日：从广东生菜会与民间欢乐节看传统民俗的走向

广州、南海一带农村新中国成立前有个生菜会，时间是正月二十六，其时人们除了求神拜佛、参与各种娱乐活动之外，还席地而坐，大吃生菜，以求添丁发财。改革开放以来，这一节日以崭新的面目出现，成为“生财有道，劳动致富”的民间盛会。1987 年，广东还诞生了一个大型的民间欢乐节，汇集了全省民间节日活动之精粹，在广州举行，坚持了几年，从 1994 年起改为旅游购物节，就中有不少经验教训，从中我们不仅可以看到传统民俗延续的因由，还可看到新民俗发展的趋向，领略人们在激烈竞争中拼搏的新的文化价值观念，是我们研究传统民俗及其走向的一个窗口，也是探讨新民俗节日形成规律的一个园地，所以应该引起我们的重视。

一、传统生菜会综述

广州的生菜会，以芳村的坑口为最，南海则以官窑、北村著称，基本内容相仿，各地规模大小略异。

生菜会起源于明末清初，与民间的观音信仰有关。正月二十六，是传说中的白衣观音诞。生菜会的会期是正月二十四至二十七，其中以二十六日为高潮，最为热闹。是日“菩萨出游”，供善男信女们顶礼膜拜。妇女们摸螺摸蚬，祈求神灵保佑。生菜会的会址大都在各地观音庙附近，如官窑的凤山古庙，就是白衣观音庙。坑口有四大古庙，其中香火最盛的也是观音庙。1884 年创刊的《点石斋画报》曾报道过当时生菜会的盛况：“南海县属入云墟，有观音庙焉……土人以元月二十六日祝神灵诞，不知何故为生菜会。男、妇所嗣者麕集该庙，虔爇办香。庙前饭馆、酒馆鳞次栉比，以备游人饮食。唯是日肴馔中，虽水陆并陈，必以生菜为主，以至老圃皆利市三倍。……有会后市归以取其生机者，嫩绿柔青，盈盈满筐，亦一时佳话。”广东人之所以以“生菜”为会，因粤语“生菜”与“生财”音相近，取意“生财”而已。又因生菜会期与送子观音诞偶合，封建社会重男轻女，以生子为“生财”，生女为“破财”。所以生菜会实则是人们祈求添丁发财的庙会。1937 年出版的《歌谣》（第二卷第 37 期）周刊上还有一段记载：“生菜会，郊野各乡村都得举行，大家都在郊外席地大吃生菜，非常热闹。唱八音，演戏的亦有，据说，这样做了，年成必好，故盛装的男女也纷纷去参加。”

生菜会期间，人海如潮，舞狮子、演大戏、烧花炮、杂耍、卖药、占卜、看相、赌博，应有尽有。规模最大的是演连台大戏，叫做“神功戏”，连演数天，日夜不停。戏台一排几座，由几个戏班同时演出，各自拿出自己最精彩的节目，以招徕观众。醒狮表演，场面最为热烈。鼓声动地，炮声震天，几十头狮子翻腾跳跃，十分壮观。二十七日按例烧“神炮”，共 6 枚，各有名号，第四枚称为“润三炮”，又名“财丁炮”，据说拾得此炮圈者必财丁两旺，故人们争相抢夺，甚至雇请专人，组织专门的抢炮队，争夺此炮。诞会期间，人们循例要做几件事：购买神符、丁财灯；食生菜包，摸取螺砚等。食生菜包是生菜会必不可少的一项活动。生菜包以鲜嫩的生菜叶为包皮，以虾米、粉丝、砚肉、咸酸菜等为包馅，以酸醋酱油为佐料，在大排档内，席地而坐，饱餐为快。大食生菜，除在语言上借其谐音寓意“生财”之外，恐怕与分食圣物，求得神的福佑这一心理有关。广东人在清明扫墓时，亦喜欢把祭品就地分享，其道理是相通的。第二件事就是到“摸仔岩”去摸取螺砚。“摸仔岩”一般设置于庙前或殿堂后，是一个深三尺左右的大石槽，灌满清水，内置螺砚若干。妇女们在溪边洗涤圣洁之后，向庙祝交纳一定的银钱，即可到岩中摸取，摸得螺预示生男孩，摸得蚬预示生女孩，据说多有灵验，所以慕名而来占卜者遍及省港各地，不少豪富人家还租赁紫洞画艇，专程前来与会。清末民初，生菜会盛极一时，谚云：“正月生菜会，五月龙母诞。”这是广州、南海一带民间两个盛大的节日。这一风俗，一直沿袭至新中国成立初期。

改革开放后，有些地方把它作为一项春游活动加以恢复，革除了其中的封建迷信色彩。1986 年，南海县官窑、盐步两镇还对传统生菜会进行了彻底的改革，把诞期由原来的正月二十六改为正月十五，与元宵节合二为一。内容上完全摒弃了游神拜佛，摸螺蚬的陋习，以醒狮比赛为主要竞技项目，以生菜会共叙乡情，联谊八方，开展贸易洽谈和物资交流。改革后的首届生菜会，在官窑石市南面的空地上搭起四个醒狮台，有 48 个醒狮队前来参赛，除本县外还有广州、番禺、三水、花县等地的狮队，佛山市还派了一条金龙前来庆贺，龙腾狮跃，锣鼓喧天，盛况空前，参加盛会的人群达十万之众，其中不少专程前来的港澳和华侨同胞。主会场的牌楼两边，写着“群狮迎盛会，生菜贺元宵”；“同游生菜会，共叙故乡情”的巨幅联语，正好表达了人们的心声。大会开始，28 响礼炮轰鸣，配以各色烟花，蔚为大观。人们在赛狮中以武会友，切磋技艺，增进了友谊和团结；在元宵佳节里探亲访友，共庆团圆，表达亲情、乡情；加上“生菜盛会”的节目，人们借此机会招徕四面八方的宾客，宣传自己的产品，介绍本地的投资环境，交流生产经验和商品信息，使生菜会真正起到了“生财致富”的作用。几年来，官窑、盐步等镇的面貌发生了翻天覆地的变化，“三来一补”企业与日俱增，乡镇企业蓬勃发展，工农业总产值翻了两至三番，进入了珠江三角洲乡镇的先进行列。它把传统生菜会人们向往美好幸福的精神寄托变成了现实。在这里，传统民俗的功利色彩和岭南文化务实重商的风格得到了完美的统一，人们正是利用了这一心理，对传统节日加以改造，此可谓成功之一例。

二、几届欢乐节的启示

广东民间欢乐节，自 1987 年创办以来，有成功的经验，也有失败的教训。每届参与人数，从第一届的 40 多万人发展到第四届的 70 多万人，越来越受到社会的关注，其成功之奥秘，已有不少人著文谈及，本文只想就民间节日与传统文化的利用上，谈几点看法。

在全国琳琅满目的民间节日画廊中，广东算不上多节地带，不如贵州的毕节、云南的瑞丽等地，三天两头都有节。但广东地区有五个少数民族聚居，有风俗习尚语言明显不同的三大方言区，民间节日多数虽承袭中原古俗的岁时节令，但到了广东传统风俗各显异彩，已迥然不同于中原古风。如一年一度的年晚花街，人日游花地，元宵夜采青以祛百病，雨水补天穿，惊蛰打小人，浴佛节舞醉龙，端午竞渡逾月，七夕乞巧成风，盂兰节演水色，中秋拜月削芋又嚼螺，重阳登高转运又照“好运相”，“冬至大过年”等，都具有明显的岭南色彩。许多节日诞会和风俗，更是中州所未见的，如正月的生菜会，五月的龙母诞，南海的“波罗诞”，白云山上的郑仙诞，还有中山小榄菊花会，一年一度的阳春高留怪圩，五年一度的五华山歌醮，粤北瑶族的“耍歌堂”，潮汕的英歌舞，顺德的“自梳女”，广州的“捻妹花”，潮州的功夫茶，广州的“龙虎斗”，客家的大围屋，水上居民的紫洞艇等，无一不标志着岭南民俗的特异风格。加上改革开放以来，西方的节日又随着商品经济一起入侵，什么圣诞节、复活节、母亲节、情人节也在岭南大地悄然兴起。时代曲、摇摆舞、牛仔裤也一起涌来，使善变多姿的岭南民俗文化又增加了一点“洋味”。传统的节日已不能满足现代人的需要，引进的节日又使传统文化面临着危机，人们在寻找一条新路。生菜会的改革不失为一种方法，俗话“旧瓶装新酒”，人们还需要更加彻底地“新瓶装新酒”，广东民间艺术欢乐节就这样应运而生了。它的宗旨是繁荣民族民间艺术，活跃群众文化生活，适应社会的新需求，将多姿多彩的民间文化艺术活动引导到更加健康和蓬勃发展的轨道，使之形成为新的民间节日，为社会主义精神文明建设服务。这一指导思想无疑是正确的，遵循这一原则，欢乐节在大力挖掘、整理和发展民族民间文化艺术方面做了许多工作，使一批濒临失传的民间艺术得以重见天日，如化州的跳花棚、吴川的貔貅叠罗汉、廉江的雄鹰组舞、中山的健武狮、大埔的花环龙等，都是多年未见的品种，连“跳棚”的“棚”字也是以讹传讹的。“跳棚”原为“跳祊”，“祊”古作“鬃”（音bēng 崩），人们不识此字，误念为“彭”转而为“棚”。“祊”是古代宗庙门内的祭祀，它最初起源于对生殖器的崇拜，转而为对宗族神和土地神的崇拜。是人们在夺得丰收之后，高高兴兴地祭拜祖宗神和土地神的一种仪式。表演者戴着各式面具，手持斧、锄、镰等农具，边唱边舞，节奏鲜明，刚健粗犷，雄浑有力，配以通俗优美的方言歌曲，更有地方色彩，所以一露面就受到了观众的热切关注。

在发掘整理的基础上，人们还着力于改革传统，推陈出新，使其不断臻于完美。以舞龙为例，广东的龙舞除常见的布龙、木龙、草龙、彩龙之外，还有纱龙、火龙、醉龙、乌龙、百叶龙、板凳龙、花环龙、烟花龙等，古朴神奇，新颖多姿，足以说明古代岭南是个群龙聚首的地方。古代百越民族用以寄托他们美好的理想和愿望，以虔诚的心情创造了这一古老多姿的艺术。新会的纱龙流传至今已有上千年的历史，人们从它的造型和耍舞的套路都进行了不断的改造和创新，为使龙身轻便，骨架用竹篾扎制，全身披以轻纱，通透玲珑，夜间点上蜡烛，光彩夺目。现又改用电珠，更加潇洒自如。在表演程式上摈弃了过去“点睛”、“龙上水”以及参拜神庙等环节，舞姿不断翻新，招式层出不穷，什么团龙、卷塔、戏水、钻档、穿龙门、过龙桥、走梅花桩、变海棠花等，在欢乐节表演时，还配有两条锦鲤助兴，更有水乡特色。罗定的火龙以其威武的形象、巨大的身躯成为欢乐节的“大明星”，只见它腾云驾雾，变化万千，当表演进入高潮时，巧藏于体内的烟火陡然喷出，火光四射，五彩缤纷，这是近年吸取东莞烟花龙技巧的新招，在表演上也融合了新会纱龙的招式，使得整个场面更为热烈壮观。

这些古老而新奇的艺术，向人们展示了中华民族悠久的文化艺术传统，对树立国家和民族的形象，提高民族自尊心，培养年轻一代的爱国主义精神，都是很有裨益的。从艺术发展本身来说，这些工作是为建设中国特色社会主义文化必不可少的。

每届欢乐节还注意不断增加群众参与性的项目，除第一届的“大家乐歌台”、“谜坛”之外，以后各届又先后增加了“赛艺坛”、化装舞会等，让观众自娱自乐，一展才华。单赛艺坛就设置了6个项目：国际标准交谊舞、拉丁舞、迪斯科、少年器乐、家庭文艺大赛和群众自演自唱比赛等。仅最后一项就包括独唱、独奏、重唱、重奏、曲艺、相声、歌舞表演等内容，每一项比赛都给获奖者颁发奖品和证书。这正适合现代观众特别是青少年的要求，使他们的参与意识得到了满足，也给了他们拼搏的机会，这就是群众文艺自娱自乐的特点，因此这些项目备受欢迎，每天报名参赛者络绎不绝，有些人老远赶来参赛。惠州市演出公司一位干部，是个魔术师，自称为“一人代表队”，几届欢乐节他都赶来参加。一位香港同胞还带着他的谜作和奖品，到“谜坛”摆擂台，与游园群众一起竞猜。

在“排污不排外”的思想指导下，广东欢乐节还积极借鉴、吸收外来文化中有益的东西，先后邀请了美国、澳大利亚、新西兰的民间艺术家前来表演，拓展观众的视野，并邀请国内各省区有代表性的民间艺术节目前来交流，如云南的阿细跳月、孔雀舞，四川的秀山花灯，羌族的皮鼓舞，辽宁的高跷秧歌队等，都极富有民间气息，和岭南的民间艺术相映成趣，更为多姿多彩。

广东民间艺术欢乐节的第四点启示是，他们始终注意到发展民间艺术与民俗旅游文化事业的结合。主办单位一开始就明确提出：举办欢乐节的一个目的，“是为促进我省旅游事业的发展”。人们深知，当今世界旅游与文化的结合是现代文化生活的一个热点，现代旅游者已不满足于自然资源——风景、名胜的游览，他们要在人文景观上得到更高的娱乐与熏陶。因此，能展示一个民族、一个地区文化艺术风采的节目最受欢迎。欢乐节集各民族、各地区文化艺术精英于一地，所以受到旅游者的青睐。第四届欢乐节干脆打出旅游的招牌，与博览旅游相结合，在组织民间艺术节目的同时，举办大型的博览会和旅游产品展销，集衣食娱乐于一身，既唱歌跳舞，又做买卖，收到了更好的效果，游园人数猛增至70万，为历届之冠。但在这一点上切莫急功近利，为了旅游和商贸，不顾民俗底蕴，随便增加一些完全没有民俗韵味的项目，掏观众的腰包，这样肯定要失败的。从第四届改为广东旅游欢乐节之后，增加了旅游商品摊档和风味小食街，有一届竟成了肇庆裹蒸粽一条街，观众颇有微词，加上时间安排不当，天公不作美等，第五届观众开始滑坡，1994 年起改为广东旅游购物节，舍弃了民间节日的品牌，更无法扭转它的局面。这里面牵扯到许多问题，从民俗学方面讲，首先要探寻一下民俗绵续与更替的规律，摸清新的民间节日形成的氛围，或疏导取缔，或催化孕育，都得以民俗文化的手段，哪怕带一点社会强制的色彩去进行。

三、民俗延续及更替的规律

从广东生菜会和欢乐节这一古一今的民间节日的产生和发展中，我们看到了一股无形的力量，这就是把一个民族、一个社区的居民共同体凝聚在一起的文化迫力。这种文化迫力是社会团结和社区生存所必须满足的条件，它可使团体产生一些协调的行动或制度的保障。从社会心理学上说，这是一种集合潜意识，是代代相传的经验通过语言、行为的表现反作用于人的精神实体，形成的一种超个人的力量。

生菜会以观音信仰和迷信而产生，在珠江三角洲务实重商的社会氛围中发展，使它带有明显的功利色彩。开始它可能只是人们向往美好幸福的一种精神寄托，希望送子观音保佑，早生贵子，添丁发财。这就是早期生菜会指望“生财”的含义。故庙会专门设置了“财丁炮”，拾到炮圈者有重赏，“大吉大利”、“财丁两旺”，参与者不少专门为此而来，把生菜会视为“生财会”，其功利目的显而易见。1986 年改革后的生菜会，这一主线也十分突出，以舞狮竞技，共叙乡情为名，招徕四方顾客，中心是开展贸易洽谈、吸引外商投资，举办商品展销，目的也是为了“生财致富”，手段一样，不过是技巧不同罢了。如果没有这一条主线，生菜会则不成其为生菜会，而成为别的什么商品展销会、贸易洽谈会。没有传统民俗的底蕴，新的“生菜会”也很难预料会办成什么样子。近年来不断从报刊上看到，一些地方举办了黄瓜会、葡萄节、荔枝节、梨节、酒节、茶节、风筝节、冰雪节，甚至大蒜节、辣椒节等，有的是在传统的基础上加以发展的，有的是仿效传统创新的，有的是根据需要创办的。笔者还未来得及对这形形色色的诞会加以考察，但有一条可以肯定，如果脱离了民俗的轨道，要创造一个新的民间节日让群众接受，那是不容易的。大蒜节办了一届就夭折了，某市的荔枝节也改弦更张了。笔者认为，新办的民间节日如果没有民俗底蕴是难以为继的。

民俗具有相对的稳定性，一经形成就世代相传，产生一种规范和特殊的功力，影响人们的行为。因为人们凭借自己的审美经验，认定某一事物为善为美之后，他们就会把它当作一种理想去追求，直至新的理想产生之前，他们都认为这个事物是至善至美的化身。即使一些陋俗，在人们的审美观念没有改变之前，它也是根深蒂固的。这是民俗的惰性，也是民俗得以延续的原因。要改变一种民俗，必须先改变人的审美观念；而要改变人的审美观念，除了主体意识的修养、转换之外，客观环境的改变有着重大的影响。这客观环境中的人文环境，在客体中又包含有许多主体，这正是移风易俗的艰巨性。特别是中国传统文化中的仁义道德观念，更增加了这方面的阻力。岭南文化离中原文化内核稍为偏远，受传统文化思想的束缚没有那么严重，所以容易在一些突破口上找到转换的生机，这就是岭南民俗善变多姿的因由。

丰富多彩的民间节日，伴随着绚丽多姿的节日习俗，其中有新风美俗，亦有陋俗恶俗，但经过时间的陶冶，能留存下来的，大多数是当时的美俗，但由于时代的变迁，有的逐渐失去了其原来的含义，或适应世人的需求，改变了原本的初衷。如春节放鞭炮，原来是为驱赶山鬼的，后用以增添节日的喜庆娱乐气氛；贴春联，开初也是为了辟邪赶鬼的，后来成为表达喜庆愿望的心声，更发展为一种诗词联语的艺术形式。就以生菜会吃生菜而言，起初也只是为了“迎生气”的。《广州府志》载：“迎春日……啖生菜、春饼以迎生气。”“粤人因其菜可生食，故以名之。每届新岁，居民互相赠言，盖取生发之意。”（《点石斋画报》1884 年 5 月 8 日）春天乃万物生发之时，生菜此时也正旺盛，充满生机，用以“迎生气”是最恰当不过了。后来随着商品经济的发展，才附会到“生财”、“添丁”上去的。可见，民俗虽有相对的稳定性，但也不是一成不变的。社会的发展，民俗心理的变化，影响着民俗活动本身，它是一定社会发展阶段的产物，是社会的一个窗口，正因为这样，历代统治者都懂得以观风俗来辅助政治，“为政之要，辨风正俗最为其上也”（应劭《风俗通义》序），就是这个道理。

一种民俗的消失或更替，除了社会的发展和民俗心理的变迁之外，就民俗本身而言，就取决于它本身所包含的意义和具体可感的事象是否能激发人们不同的审美机能，特别是民间节日的兴废更是如此。几乎所有的民间节日和民俗活动，都可以使不同层次的人得到不同层次的满足，而且不仅仅是生理的快感，而是一种理想境界的达成。否则这个节日就会被淘汰。春节作为我国民间的岁首节日，它具有纪念、祭祀、团圆、庆丰、祝愿等多方面的含义，故历千百年而不衰，其中的许多习俗不断被赋予新意而保留，就是这个缘故。放鞭炮这种习俗几经变迁，时至今日，它已没有深层的寄托，且为生态环境所不容（噪音、污染），在人口密集的都市容易引发灾害（火灾、伤人）等，所以它已濒临消亡的边缘。现许多城市已经禁止燃放。代之而起的是否会有“电炮”、“激光烟花”之类，则需看这些事象本身是否具有美的价值。近日羊城“花语”陡兴，以花传情，以花致意，不但在知识阶层，而且在一般市民中都习以为常，各种庆典送花篮，探亲访友送花束，母亲节送石竹花，情人节送玫瑰花，恋人发生口角后也请花店代送一枝花等，确是一种高雅的新风。它之所以得到迅速蔓延除经济承受能力的提高之外，和羊城悠久的花卉文化背景密切相关。这事象本身就充满了诗情画意。可以预料这一新风美俗将随着经济的繁荣而不断扩展。

有些民俗节日和民俗事象在其缘发阶段本义可能是单一的，但在其发展的过程中，都在向多元化的方面发展。大理的“三月街”从古代的“观音市”发展而来，内蒙的“那达慕”盛会，原是祭“敖包”后的游戏，现都发展成为大型的综合贸易和文体娱乐性的街会。本文所及的生菜会，也是这样一种典范，这正是现代民间节日的综合走向。这与现代民俗信息传递快，各地民俗的交流频繁迅速，参与者是多层次的审美要求和物质享受有密切的关系。新的节日民俗，也将随着这些内容的变化而变化，适者生存，载入民俗的历史画卷。

四、新的民间节日形成的理论探讨

一个民间节日的形成，其具体原因可能千差万别，但不外乎几个方面：纪念、祝颂、庆丰、娱乐。而不管是出自哪一方面的原因，都具有明显的寄托性。每个民间节日往往都伴随着一个美好的传说，赋予这些节日更加深远的社会意义。如大家所熟知的傣族的泼水节、彝族的火把节、苗族的芦笙节、壮族的歌婆节等，都有相应的传说，不管真真假假，言者信誓旦旦，听者恍恍惚惚，他们相信通过节日的活动能得到神明或先圣的福佑，驱灾除祸，获得美满幸福的生活。这是人们在经济、文化、科学不发达的阶段的一种精神寄托。甚至节日的每一种活动，都有它特殊的意义。佛山春节舞醒狮，是为了驱赶“唓兽”，清明插柳是为纪念介之推，端午划龙船是为了悼念屈原，重阳登高是为了躲避瘟疫等。新的民间节日不必要编造这些故事，但是这些故事所蕴含着的中华民族纯朴、乐观、团结、奋进的精神应该得到继承与发扬。参加节日活动，不应只是得到一时的快乐和物质享受，应该有更高的理想和追求。这就是一些传统节日为什么能使人风雨无阻地去参加，使人达到如痴如醉的狂热境地，就是因为他们有一个崇高的信念。宗教节日朝圣的狂热且不说它，莲花山的花儿会，广西的歌圩，“文化大革命”期间也有几十万人冲破民兵的阻拦去参加；广东端午赛龙舟，不少人为得到桡手或鼓手的位置追求了一生；沙湾飘色中的小演员的角色，是家长们以重金购买的；广州白云山登高的活动，每年都有几十万人参加，不少人半夜就上山露宿，因为他们相信这样做能交个好运。当然我们不必以迷信的舆论去欺骗群众，但为每个民间节日设计一个人人向往的主题，让人们去追求，去盼望，翘首以待，这个节日在人们心目中才能扎下根基。比如，在生菜会上评选“生菜大王”、欢乐节中决出“欢乐之星”，给予崇高的荣誉和经济上的重赏。评选的面还可广些，“生菜大王”可按创汇产值，上缴利税，对公益事业的贡献等方面分别设置，冠以各种头衔。舞狮竞技亦可纳入评选范围，甚至青年学生，德智体全面优胜者，可为“××王子”等，让人人都有份参与，公平竞争。“歌星”、“舞星”、“笑星”已有，“童星”、“智多星”为何不可？要给以殊荣，让其终生享用无穷。要让所有的参与者都有获得这一桂冠的机会，包括外地和外国朋友。竞赛的项目不一定太高深，要有“幸运儿”。让人们把参与这些活动当作展示自己才华，通往成功之路的一次拼搏，一次机会。人们年年盼望这一天的到来，这种心理积淀就是民俗形成的基因。年深月久，它就会植根于人们的心中，代代相传。

传统的民间节日多是群众自发的，一般没有严密的组织和固定的财源。新的民间节日不管是在传统的基础上改造的（如生菜会、梅县的山歌节），还是根据现实的需要创办的（如欢乐节、荔枝节），都必须有雄厚的财力。现代社会的发展决定了节日文化与经济的联姻，文化和经贸的结合，民俗和旅游的结合，是构成现代节日的主要途径。官窑生菜会和广东欢乐节的经验教训都说明了这一点。生菜会成了人们洽谈贸易，传播信息，交流物资的场所，为官窑招引了巨额投资，如今，官窑镇合资企业的生产总值占全镇的一半以上。经济生活的改善，刺激了人们学习文化的积极性，镇里办起了文化补习班和各种专业学习班，不少人自费到广州学习外语。文化素质提高，节日的封建迷信活动也就减少了，应运而生的是节日竞技和各种娱乐，歌厅、舞厅、桌球室比比皆是，镇政府还建了一座电影院和一间图书馆，人们学文化、学技术，小镇一片生机。

新的民间节日的时间和内容安排，必须适应现代生活的需要。传统民间节日的时间，大体都与农事季节相适应，因为我国是个农业国。许多节日都安排在农闲或农事告一段落之后。广西的歌圩各地时间略有前后，一般都以不影响农业生产为原则。傣族婚恋的“开门节”与“关门节”，完全是根据农事季节制订的。官窑的生菜会，过去安排在正月二十四至二十六，适逢观音诞期，又是生菜产销的旺季，春耕备耕刚开始，还没有进入春耕大忙，是较为适宜的。现在改为正月十五，与元宵节合一，则更为理想。它完全去掉了迷信色彩，使多节的正月不至于太过繁忙，纳春节之余庆，助元宵之欢乐，把整个春耕工作也稍为提前了。这一调整应该说是成功的。再回顾一下欢乐节的时间安排，第一届在元旦前后，农事已告一段落，四乡农民开着专车前来观看，观众达 44 万人；第二届是金秋十月，正值秋收大忙，各行各业也正在努力完成年终的各项任务，观众锐减至 30 万人；第三、第四届安排在元旦至春节之前，又才出现了好势头；第四届观众达到了 70 多万人，更说明了这个问题。经过一段时间的摸索，人们找到一个适当时机，如果其他方面的条件也成熟，把节期固定下来，一个新型的民间节日就形成了。

在节日内容的安排方面，必须充分注意到它的社会性和群众性。民间节日的形成，与一定的社会发展阶段，一定的物质生产水平，以及这一社区成员的思想、品格、习惯都有密切的关系。节日的民俗形成于民间，流传于民间，作用于民间，甚至成为不成文的乡规民约。例如春节舞龙舞狮，端午吃粽子划龙船，中秋赏月吃月饼等，无一例外。这些民俗，外在形式虽然不同，但都蕴含着一条爱国爱乡的主线，表现了我们民族团结奋进的精神。新的民间节日活动，必须继承和发扬这种精神，把弘扬民族文化作为主要内容，才能为群众所喜闻乐见，才会具有民族和地方色彩，这个节日也才有存在的必要。在弘扬民族传统文化的同时，适当吸收外来节日文化的内容，改革和创立新的项目，以适应现代群众的审美心理和行为要求，人们置身其中，既受到传统文化的熏陶，又感到时代脉搏的跳动。

在群众性方面，不但注意安排较多的广场节目，造成热烈的气氛，使更多的观众都能看到；更注意发扬民间游艺自娱自乐的特点，适应现代青年参与意识强的要求，设置了“大家乐”舞台和“赛艺坛”等许多园地，让观众一展才华，尽兴而归，其中亦发现、锻炼了一批人才，为开展更加广泛的群众文艺打下了基础。但从高标准来要求，现在的参与面还不够广，主要是项目还不够丰富，不能令男女老少、工农兵学商，人人都有参与的机会，人人都有中彩的可能。这也是群众是否关心这个节日，以及这一节日是否具有生命力的一个重要环节。只有人民群众真正参与文化的创造，这种文化才有生机；只有广大群众能真正享用这种文化建设的成果，这种文化才会繁荣昌盛。这就是许多民间节日之所以长盛不衰的机理。笔者于2000年正月初八参加了番禺市沙坑的生菜会，观看了醒狮表演，亲身感受那万民同乐、全民参与的气氛，深深感到那才是老百姓自己的节日。民间节日的传统，后继有人矣！

第四章　心意现象的文理透视

第一节　综述：广东民间信仰、迷信与禁忌

“粤人勇之言粤人俗鬼（师古曰：勇之，越人名也。俗鬼，言其土俗尚鬼神之事），而其祠皆见鬼，数有效。昔东瓯王敬鬼，寿百六十岁。后世怠慢，故衰耗乃命。粤巫立粤祀祠，安台无坛，亦祠天神上帝百鬼，而以鸡卜。上信之，粤祠鸡卜始用焉。”① 查《史记·孝武本纪》亦有此记载。括弧内注释，当为《中华全国风俗志》编者胡朴安文字。

又《清远县志》载：“岭表占卜甚多，有鼠米卜，箸卜，牛卜，骨卜，田螺卜，鸡卵卜，篾竹卜，俗尚鬼故。”《新安县志》：“俗尚巫，凡有病或使妪持衣燎火，而招于门；或延道家逐鬼，角声呜呜，自宵达旦。谚云：禾黄鬼出。”《陆丰县志》：“正月七日，……竞抬神出游，各村落设供，以兆一岁平安。”《兴宁县志》：“病鲜服药，信巫觋，鸣锣吹角，咒鬼令安适，名曰跳茅山。新迁后或一月，或半月，延道士于家，终夕诵经，谓之妥龙神。”《广宁县志》：“六月村落各建小棚，延巫者歌舞其上，名曰跳禾楼，用以祈年。”胡朴安案：“肇庆府属、皆有跳禾之俗。”②

总之，志书上关于粤俗尚鬼信巫的记载，比比皆是。在时人笔记中，亦不乏其例。如赵叔盎《千佛塔记》：“南海，广东一都会也。……号称富庶。其风俗事佛尤谨。”蔡絛《铁围山丛谈》：“今南人喜祀雷神者，谓之天神。礼天神必养大豕，目曰神牲。人见神牲，则莫敢犯伤。养之率百日外，始祀之。独天牲如此，他牲则但取具而已。又，遇恶气，禳疾病，必磔犬，与古同，殊有可喜者。谓传‘礼失求诸野’，信然。”（谨案：古有夏至磔狗以御蛊毒之说）再张鷟《朝野佥载》：“岭南风俗，家有人病，先杀鸡、鹅等以

① 汉书·郊祀志.

② 胡朴安：中华全国风俗志：上编［M］. 石家庄：河北人民出版社，1988：“广东”章.

祀之，将为修福。若不差，即刺猪杀狗以祈之。不差，即刺杀太牢以祷之。更不差，即是命也，不复更祈。死则打鼓鸣钟于堂，比至葬讫。”又李调元《粤东笔记》：“儋俗事神，有上帝会、天妃会、邓天君会、羊元帅会，銮舆五彩，迎神十百，大餐于村中。景泰、天顺间谚曰：柳英有艮，儿子跳神；洪全有金，阿母卖针。琼州以海水占年，海水热则荒。谚曰：海水热，谷不结；海水凉，禾登场。”

林林总总，录之不尽，真真假假，神鬼难分。信仰与迷信夹杂，禁忌与巫术合一，构成了五花八门的神鬼世界，对于社会风俗、文化心理都产生了深刻的影响。

一、粤人信仰、迷信与禁忌种目溯源

粤人信祈诸神，正如其人群构成一样之复杂。有中州士民南迁传入的，亦有本地土生土长的；有佛道儒三教的影响，又有耶稣伊斯兰的传播；有观念神，但又无纯粹如西方之上帝者；有自然神，但对星宿、灵石的崇拜都与人事发生了千丝万缕的关系；有宗族神，包括各路英雄与各业祖师，这些人后来都掌管了自然界的某个方面，成为一方神圣；还有冥神，组成阴曹地府的另一个体系，不少又与佛道和人间相通，如中国四大阎王最著名者包青天，便是“日断人间，夜断阴间”的“两栖类”。在阴曹地府中，有十殿阎罗和十八层地狱的大鬼小鬼，可列出名目的不下百计。新中国成立前，全省天后庙、龙母庙、关帝庙都在百间以上，据佛山忠义乡志所载，单是佛山就有大小庙宇54间，广州神诞表所列神明就有40多位，金花庙所供奉的尊神达98位，东莞城隍庙所录出的神名，亦有65位。致使当局惊呼，“无论山野乡曲之间，仍有牛鬼蛇神之俗，即城市都会所在，亦多淫邪不经之祀”，因此1928年广东省政府还下了一道“神祠存废标准令”，其中勒令废止的神明两类31种，尚可适存的两类20种。其用心无可非议，殊不知风俗这东西不是靠一纸禁令可以兴废的。半个多世纪过去，如今科学昌明，许多陋俗已被破除，但由于以上信仰之根深蒂固，加上近年西方自由思想的侵入，广东的迷信风气又有所抬头，为使当今盲目参拜的年青一代知道其所以然，现将过去人们所参拜的神佛鬼魅，摘其主要者开列于下，希望对现代迷信行为有所遏制。

（一）天神

天神包括玉皇大帝、王母娘娘、天妃娘娘、泰山娘娘、如来佛祖、观音菩萨、北帝、华光大帝、祝融、龙王、南极仙翁、福禄寿三星、麻姑、五斗星君、五斗君星、文昌帝君、天神、雷公、电母、灶君、九天玄女、十二奶娘等。

玉皇大帝：至高无上的天神，统管天地人三界，又称天皇、天帝或上帝。诞辰为正月初九。

王母娘娘：又称王母或西王母，民间以为东皇公之妻室。诞辰为三月初三。

天妃娘娘：又称妈祖、天妃、天后、海神，实则为人神，并非天神，下文详及。

泰山娘娘：全称天仙圣母碧霞元君，东岳大帝之女，能滋生万物，民间祀为送子娘娘。

如来佛祖：佛教始祖释迦牟尼，四月初八为其诞辰，又称“浴佛节”。原为印度僧人，涅槃后而为佛。由此教派生的佛在广东各寺庙中供奉的还有弥勒佛（诞正月初一）、宝生佛（诞正月初三）、阿弥陀佛（即无量寿佛，诞十一月十七）、普贤菩萨（诞二月二十一）、济公活佛（诞六月二十）、地藏王菩萨（诞七月三十）、达摩祖师（诞十月十五）、六祖禅师（诞二月初八）。以上皆佛门神圣，后几位似为人神，对广东影响甚大。

观音菩萨：又称观音、观世音，其诞辰为二月十九。民间又将其衍化为千手观音、送子观音、白衣观音等，均各有诞期。被作为大慈大悲，救苦救难的化身。

北帝：即玄武帝、真武帝，又称上帝。原为古人星宿崇拜的“四象”之一，后与动物崇拜结合，把每一星组想象为一种动物形象，遂有东方苍龙，西方白虎，南方朱雀，北方龟蛇出现。玄武即北方天帝，故为龟蛇形。北帝之所以成为水神，是因为古人以为“南溟之水生于北极”，要解南方之水患，必须治北极之本，故以祀之。广东各地都有真武庙，而以佛山祖庙为最。

华光大帝：全称“五显华光大帝”，是民间传说中的火神，有三只眼，因他喜欢玩火，把玉帝的九龙墩烧了，被贬下凡。诞辰为九月二十八。

祝融：民间信仰的火神，相传为炎帝之后裔，兽身人面，乘两龙，职司南方万二千里之地，曾奉帝令杀治水败将鲧于羽郊。在广东，祝融被祀为水神，供奉于南海神庙中。

龙王：民间信仰中专司行云作雨，掌管龙宫水域之神，始见于《太平广记》卷418所引称之东海龙王，后《西游记》衍为南海、西海、北海皆各有龙王主司。广东民间祀为水神，广州、佛山、潮州等地都有龙王庙。

南极仙翁：即寿星，老人星，因在天狼星东南，故曰“南极”。古人以星象卜世事，认为该星“见则天下理安，故祠之以祈福寿”（《通典·礼四》）。秦汉以后又把祭老人星和敬老活动相结合，致使对寿星的信仰更加深入人心。

福禄寿三星：又称福禄寿三仙，是民间最受欢迎之吉祥神。福星主财运，禄星主官运，寿星主命运，分别象征幸福、官禄、长寿。

麻姑：女寿星。她自称已见过三次东海变为桑田。能履行水上，掷米成丹砂，王母娘娘诞辰时曾采灵芝酿酒献寿，即所谓“麻姑献寿”。她曾在江西南城县西修道，此地至今尚有麻姑山。

五斗君星：五斗即北斗、南斗、西斗、东斗和中斗的并称，是古人星宿崇拜的化身。北斗落死，南斗上生，东斗主冥，西斗纪名，中斗大魁，总监众灵。皆与护命延寿有关。所以古人认为，只要能礼斗朝真，便可消灾解厄，增福延年。

文昌帝君：本为星名，又称“文曲星”，后被道教尊为主宰功名、禄位的神。元以后又与人神梓潼合而为一。广东人祭祀文昌帝君原因有三：一是武士祀之，谓梓潼张亚子护佑唐玄宗入蜀有功；二是文人祀之，谓该神奉玉帝之命，掌管文昌府和人间禄籍，求之文运通达；三是妇人求嗣，谓眉山苏氏云，张仙可佑人生子。①

天神：指“天地三界尊神”。广州多供于院墙上或屏门后，“朔望三叩首，晨昏一炷香”。又有的地方将它与“门官神”合一，供于大门墙上，即所谓“天官赐福、地官赦罪、水官解厄”的“天官”，实则门神。三官配三元是为道教之神。

雷公：即雷神。古代神话中司雷之神；道教奉为“九天应元雷声普化天尊”。广东各地多有祀之，雷州半岛所祀雷祖则为人神陈文玉。视为行云作雨，兼镇邪恶并打抱人间不平事之神。神诞为六月十六。

电母：雷公之配偶。古代神话中司电之神。民间祀于屋脊，以防火禳之灾。

灶君：灶王庙及各家灶台所祀之神。专司人间善恶，上奏天庭，降旨人间。各地传说和所祭时辰不一。广东民间多于腊月二十三“送灶”，并有“官三民四蛋五”之说。

九天玄女：又叫玄女、九天娘娘，原为古代神话中的女神，后为道教信

① 清·范端昂：粤中见闻［M］. 广州：广东高等教育出版社，1986：卷五.

奉之女仙。玄女原是一位求助危难，传授兵法的女神，现民间衍化为“送子娘娘”。

十二奶娘：有的地方记为二十奶娘，皆有姓有名，但查无实据，均与护花、送子等生育有关，是民间衍化出来的民俗神。

花婆：广州俗称“阿婆神”，多供于育后妇女房内。是主管人间生育与健康之神。二月初二为其诞辰。平常则每逢初二、十六或小孩子生日祭之。传说她不但可保小孩平安，还可保佑添丁。

（二）人神

人神包括各族祖宗神，各行业祖师神，各路英雄神，各种自然崇拜之神，如山岳、土地、灵石、星宿等。

1. 各族祖宗神。首先，各地的龙山、龙潭、龙穴、龙宫都祀有龙神，开始可能是自然崇拜的产物，后与图腾崇拜相结合，再转化为祖宗神灵。遍布南粤各地的龙母庙，反映了百越民族都是龙的传人。其次，盘古庙、盘王庙供奉的是瑶族、畲族同胞的祖宗神（畲族另有祖公图），不但瑶族同胞居住的连南、连山、花县等地有，粤东、粤西许多地区也有。海南黎族各宗族派系都有“祖先鬼”，实系宗族神。再就是各村寨的宗族祠堂，各家各户的宗族神祇，都供奉有自己的宗族神。

2. 各行业祖师神。太上老君、鲁班、华佗、嫘祖、黄道婆、无量祖师、达摩、慧能、吕洞宾、紫姑神、金花娘娘、郑仙、妈祖、何仙姑、三山国王、黄大仙、张天师、赵公明、齐天大圣、五谷主、姜太公等。

太上老君：即老子、老聃，名李耳，又称李老君，战国时人。后成为道教祖师，因炼丹八卦炉出了大名，故铁匠、砖瓦窑、炭窑都奉为祖师。

鲁班：名公输班，战国时人。后被木匠、石匠尊为祖师，在广东建筑行业被尊为“三行先师”（三行即木工、泥水、搭棚），六月十六为其诞辰。

华佗：东汉名医，医术高超，死后被祀为医祖。诞辰为四月十八。

嫘祖：黄帝元妃，蚕神，俗称马头娘。南海、顺德一带乡村祀之。

黄道婆：宋末元初女纺织家，曾到海南崖州传授纺织技艺，又把当地棉纺工艺传入中原，被奉为神。

无量祖师：实为上界天神，即前文所述北帝玄武。因他手下有两名干将，一是算命高手周公，一是巫术专家桃花女，故被相命先生尊为祖师。

达摩：印度高僧，527 年到广州传教，建西来庵，后北上少林寺，被奉为中国禅宗初祖。

惠能：唐朝贞观年间广东新兴人，出家到湖北黄梅修道，拜五祖弘忍为师，传得衣钵，被尊为禅宗六祖。现广州、韶关、新兴等地均有庙祀祭。

吕洞宾：八仙之一，道教纯阳祖师，广东多处有纯阳观祀之。广东理发行业又奉之为祖师。因为他曾授得“遁天剑法”，又为明太祖理“癫哩头”之故。诞辰为四月十四。

紫姑神：厕神。唐武则天时山东莱阳人，被暗杀于厕中，天帝悯之，封为厕神。主占卜诸事、问休咎祸福。后世“扶箕”（扶乩）巫术源出于请厕神信仰。诞辰为十二月三十。

金花娘娘：生育女神，广东各地多祀之，尤以广州河南金花庙为最。神本民女，有巡按夫人分娩数日不下，梦神告曰请金花女至则产矣，密访传之，果然诞子，因此奉若神明。世俗男子皆不敢与神婚配，遂投湖自杀，后人祀以为神。呼金花小娘，后改称金花娘娘，封惠福夫人。诞辰为四月十七。

郑仙：名郑安期。秦始皇时山东琅琊人。他原在东海边上行医卖药，后到广州白云山一带行医，为救治危重病人到山涧采九菖蒲，堕岩飞升。诞期七月二十四。

妈祖：又称天后、天妃，民间祀之为海神、水神。妈祖庙、天后庙遍及南粤各地，在粤西仅次于龙母庙，在粤东势力更大。传说天妃姓林，名默娘，是五代末福建莆田县湄州镇林惟懿的女儿，16岁时随父兄渡河，舟覆，能救死扶生，后屡救人于水厄，死后化为海神。封建王朝历有封典，闽台一带称之为妈祖婆。诞辰为三月二十三。

何仙姑：八仙之一。传说为今增城市小楼镇人。姓何，名秀姑。幼时得吕洞宾超度升仙。县城有何仙姑庙，小楼乡有何仙姑家庙，香火依然。并有岭南佳果增城挂绿与之附会，世传为何仙姑留下之珍品而身价百倍。

三山国王：三山即饶平县独山、明山、中山之并称，此三山的山神被封为三山护国王。潮州一带则祀之为福神。大埔县的三山国王分别为红脸的铁匠神、黑脸的农夫神和白脸的教书先生神。诞辰为二月十五。大埔有五月初五请三山国王游龙船的习俗。

黄大仙：本姓黄，名初平，晋丹谿人。少时家贫，8岁牧羊，15岁被晋代著名炼丹家葛洪收为门徒，戏称“黄野人”。葛洪升仙时，他云游未归，后匆匆赶回，服用师傅留下的一粒金丹，因分量不足，未能升天，留作地仙。传说他驯虎有方，坐骑为一猛虎，居室由哑虎守门，常在罗浮山一带行医济世，死后尊为黄大仙。过去南海、广州均有黄大仙庙，后移祀香港，成为当今香港香火最鼎盛的古庙。1998年广州芳村在原庙址旁重建，作为旅游景点。

张天师：名张道陵，东汉人。曾拜江州令，后弃官隐居江西龙虎山练习符咒术，子孙袭传其术。其后裔张宗演，于元顺帝时被封为辅汉天师。张天师者，由此得名。道教奉老聃为教祖，奉张道陵为大宗。张天师是为道教符术之祖师。诞辰为五月十八。

赵公明：财神。实乃道教虚构人物。说他是终南山人，汉代随张天师入鹤鸣山修炼，得道后被封为"正一玄坛赵元帅"，在元明间小说《三教源流搜神大全》中被描绘成财神，再经《封神演义》渲染，流布至今。俗以三月十五为其诞辰。

齐天大圣：又称斗战胜佛，即《西游记》中的孙悟空，各地城隍庙多有祀之。其诞辰为七月二十五。

五谷主：相传即神农氏。因他教人从事农业生产，种植五谷，尝百草以治病等，被奉为农业神，亦是祖宗神。诞辰为十月十五。

姜太公：即周代齐国始祖吕尚，又名姜子牙。西周初年任太师，辅助武王灭商有功，封于齐。小说《封神演义》加以神化，谓能未卜先知，呼风唤雨，驱神役鬼，民间祀以为神，常于建屋上梁时书曰"姜公在此"，以辟鬼神。

3. 各路英雄神。与上述各业祖师不同，此类人物多为历史上所实有，因功名显赫而被祀之为神，但并无专业神职，不过是一种纪念而已。如关公、岳飞、马援、郑成功、孔子、冼夫人、包公、苏东坡、韩愈、雷州十贤、海南五公等。

关公：三国名将，姓关名羽，因忠义大节，被后世崇仰，祀以为神，尊为关公，又称关圣帝。关帝庙为粤地仅次于天后、龙母的三大寺庙之一。先是作为"武圣人"，与"文圣人"孔子并立。后历代王朝不断加封，佛道两家争相拉拢，冠以各种头衔，使之成为万能之神。香港、广州一带尊之为"武财神"。其诞辰为六月二十四。

岳飞：北宋名将，因精忠报国而得后世崇仰，称岳元帅、岳王。粤地民间多有岳王庙。其诞辰为二月十五。

马援：汉朝伏波将军，曾率兵至海南，现儋州尚有白马井，即马援坐骑所留，井旁有庙，祀伏波马援。徐闻、雷州一带亦有庙祀之。

郑成功：明末名将，开台功臣，民族英雄，尤为台湾民众敬仰，称为"开台圣王"、"诞平郡王"，粤地亦有庙祀之。诞辰为正月十六。

孔子：春秋时鲁国人，学识渊博，曾任鲁国大司寇，删诗订礼作春秋，教子弟三千，被尊为至圣先师，文宣王。诞辰为八月二十七。过去广州、潮州等地每年二月初四、八月初四都有学生祭孔活动。现封开仍有学宫、三水有孔圣庙祀之。

冼夫人：南北朝时高凉（今高州、阳江一带）少数民族首领，深明大义，维护民族团结，武艺高强，屡立战功，被封为石龙太夫人、谯国夫人等，民间尊为“岭南圣母”，至今高州仍有庙祀之。诞辰为十一月初十（《茂名县志》谓十一月二十四）。

包公：即宋朝名相包拯，曾在端州（今肇庆）任职，粤地多有庙祀之。世人以他铁面无私能审判阴阳，故病人多往拜之。

苏东坡：北宋著名文学家，曾被贬广东惠州、海南，与当地人民结下深情厚谊，深受民众敬仰，今儋县、海口、雷州、惠州等地仍有庙祀之。

韩愈：唐朝著名文学家，曾被贬潮州为刺史，自掏俸禄创办乡学，关心民众疾苦，写下了著名的《祭鳄鱼文》等，至今潮州尚有韩文公祠祀之，阳山亦留有史迹。

雷州十贤：指宋朝年间先后被贬至雷州半岛的十位贤人志士，他们是：寇准、苏轼、苏辙、秦观、李纲、李光、赵鼎、胡铨、王岩叟、任伯雨。现雷州市还有“十贤祠”祀之。民族英雄文天祥特为该祠撰写了碑记。

海南五公：指唐宋宗年间被贬海南的五位贤臣，即：李德裕、李钢、李光、赵鼎、胡铨。今海口尚有“五公祠”祀之，董必武同志到此曾写下《游五公祠》诗，对他们的“丹心”称赞不已。

4. 各种自然崇拜之神。如山岳崇拜之东岳大帝、泰山石敢当；土地崇拜之社神、土地公；灵石崇拜之石头感生、石药、石符、石盟、鞭石为兽等，还有星宿崇拜之神。

东岳大帝：又名泰山府君。此神居阴阳两洞，掌人生死，并送世间作恶之人往地狱，故此备受敬重。有将其列入冥神之首者。实是古人山岳崇拜之一种。其诞辰为二月二十七。新中国成立前广东省各城隍庙多祀此神。

石敢当：“粤俗随地有泰山石敢当之石刻。大抵其地有鬼物为祟，或堪舆家以为形势弗利居民，借此挡煞气耳。”① 据容肇祖先生考究，这是汉代以前就通行的一种“压胜”的巫术。有的地方刻为“泰山石敢当”，则是古人山岳崇拜与祖灵崇拜的结合。古人认为泰山是中国人死后魂归之所。这也是灵石崇拜的一种表现。

---

① 民俗周刊，1929．第41、42期合刊．

社神：我国自古有社稷崇拜。“社”是土神；“稷”是谷神。土神就是土地公，又称福德正神。因为土地能使五谷生长，惠泽万民，这是自然崇拜造成的自然神，人格化后成为掌管各方区域的本土神，兼能镇妖压鬼。其诞辰为二月初二。

太岁：百神之统，俗谓之年中天子。实为“人君之象，率领诸神，统正方位，斡运时序，总岁成功”。故“出师略地，营造官阙，开拓封疆，不可向之。黎庶修营宅舍、筑垒墙垣，并须回避”。① 即所谓“怎敢在太岁头上动土”。民间祀以为土地神。广东人所祀“当年太岁”衍此而来，值岁神也。俗传主司年月风雨，五谷丰欠，故每年当于立春前后祭之。

另外，各地的“化身石”、“诞生石”、“得子岩”等，都是灵石崇拜中的石头永恒、石头感生的信仰。广州五仙观内的石羊，传说为五仙驱来的五羊所化；花都狮岭有个中间开裂的“盘古石”，传说为盘古王诞生之所；《广州记》中载有一石牛可以祈雨，传说天旱时以水洗石牛背，则必得雨；罗浮山阴阳谷有两块如男女阴形的奇石，谓正月初一以男阴石流出的水灌入女阴谷、可早生贵子等，即此信仰衍化之形象说。故此，新中国成立前许多庙宇所供奉的神明，不过是一块石头。如东莞城隍庙所祀的“猪雀大王”，云能帮助人间正义的人“打小人”，正是非，然不过是一块形像猪嘴的红石。所谓“牛王大将”，也是一块形像牛头的红石。还有山前屋后竖一块石头，即所谓山神土地之神位。再有以玉石作护身符；以稀奇樊石、磁石、钟乳石作药用；以及指石盟誓、拜石求子等，均为灵石信仰的表现。更有类似秦始皇“鞭石”的传说，如说云浮县的石山是赖布衣与龙母斗法时用赶山鞭化石为兽赶来的，龙母用鸡啼法破之，又使兽化还石；硇洲岛的巨石是大力神用赶山鞭赶来的，土地公假装鸡啼使石兽化还原身，现遍布岛上等，皆源于秦始皇筑长城用赶山鞭的幻想。这是对巨石营造与其残酷统治的一种形象化的解释，亦是灵石崇拜的一种表现。

（三）冥神

冥神即阴间之神，其最高主宰除上述东岳大帝外，尚有地藏王和阎罗王，还有城市守护神城隍，以及阴曹地府的鬼神、判官等，实为佛教轮回转生观念与中国传统的鬼魂迷信结合所构成的系统，在民间产生了深刻的影响。广东人所迷信的主要有：

1. 城隍：原为城市守护神。古代称有水的城堑为“池”，无水的城堑为

① 神枢经．协纪辨方．卷三．

“隍”。城隍最初指护城沟渠水庸，后衍化为守护神和幽冥之神，负责监护本城百姓，兼掌管冥籍等。广东人对城隍之迷信更甚。新中国成立前，邑人有病即入城隍庙住，令邪魔不敢近身，病人自愈；否则请城隍开堂审鬼，驱除邪魔。邑中遇瘟疫，即请城隍爷出巡镇压灾疫。遇旱还可手执白旗到城隍庙求雨。东莞乡间还有到城隍庙买“路票”和“烧王告”的习俗。潮州人到城隍庙报丧，还得给庙中“差役”每个嘴上抹点鸦片，以免死者在被解往西天途中受虐待。其诞辰为七月二十四。

2. 阎罗王：阎罗本为古印度神话中管理阴间事务的最高长官，传入中国后又仿照人间官衙设置，下分为十殿阎罗，每殿都有一位阎王掌管，各有诞期。如第十殿，转轮王薛，专司各殿解到鬼魂，分别善恶，核定等级，发配投生。其诞期为四月十七。

3. 判官：阎罗王的近臣，原为人间社会官职，置于唐，是地方长官的副官，借为阎罗王的副官。地府主要有四大判官：掌刑簿判官、掌善簿判官、掌恶簿判官、掌生死簿判官。后者为首席判官，大名崔珏，世称“崔府君”，曾帮助南宋康王逃命。广州南岗一带所奉康公，即衍此而生。

4. 钟馗：鬼王，又是一位正气凛然的判官，能斩妖除孽，迎福至喜，民间祀之为门神，并有“钟馗嫁妹”之戏，云钟馗本为明朝开元年间落第武举，实为讹传。

5. 神荼、郁垒：门神。传说中能“阅领万鬼”，并对“恶害之鬼”执罚的二位神人，贴于门户左右，能御凶魅。此俗全国皆有，广东至今依然。

6. 无常爷：勾魂鬼差。民间迷信人死之时，阎王派鬼差来勾摄生魂，无常即是。佛经中提到的无常鬼有三：一名夺魂鬼，二名夺精鬼，三名缚魄鬼。新中国成立前，我省各地城隍庙多有供祀。

7. 夜叉：地狱中的鬼卒，海龙王的巡逻兵。原为佛教护法神“天龙八部”中的一部，即“夜叉”部。“夜叉”是梵文 yaksa 的音译，意为“能啖鬼”、“捷疾鬼”，后衍化为专门吃人害人的恶鬼。

8. 夜游神：守卫人间通往地狱丰都鬼城的第一道关卡奈何桥和血池河的一位小神。

9. 地藏王：职掌幽冥教主，是三大冥神之一。传说目莲救母于饿鬼群丛，作盂兰盛会，殁而为地藏王。以七月三十降生之辰，士人礼拜之。广东人祀地藏王有两层意思，一取其“救母”之意，故妇女临产前为保母子平安，多往祀之；二传说地藏王掌管阴间金库，故贫苦之人亦多祀之，以讨回寄库之财，死后作个富鬼。

（四）主要禁忌

禁忌原意是禁止同“神圣”的东西或同“不洁”的人、事、物接近、接触，否则会遭到神鬼的惩罚。这是原始信仰中一种消极的防范制裁手段，从科学的观点来说，有些具有心灵感应的效果，有些则纯属迷信。古人的禁忌很多，经过长时间流传，有些至今仍影响人们的生活。现综述几种主要的禁忌。

1. 语忌。广东人讲话特别讲究意头，不吉利的话不说，所以把猪舌叫“猪脷”，把猪肝叫“猪润”，把中秋节唱的木鱼书“月光书”叫做“月光赢”。他们忌讳说出自己长辈的名字，只呼称谓；也忌讳说出死者的姓名，“生人不说死鬼”，一定要说时，加上个“死鬼某某”，特别是晚上，不能讲鬼或与鬼有关的事，“晚上不讲鬼，白天不讲人”，担心说鬼鬼就到。人死了不说死，说“他走了”、“他去了”、“长辞”或“仙逝了”。与“死”相近的字也不吉利，如“4”被视为不吉利的数字，诸多回避。“七日”、“百日”与办丧事有关，也要避讳。在山上不要谈老虎，平时也把老虎叫做“茅山师傅”，如山东叫之“大虫”。

2. 年禁。春节是一年中最大的节日，因此有许多礼节和禁忌。忌不吉利的人上门，如孕妇、寡妇、戴孝的人。年初一不扫地，不吃荤，不洗衣服，不汲水，不打人骂人，不劈柴，不食蔗，不打落碗筷。年初三是穷鬼日，不去串门。初七是人日，不可说凶话。初九是天地生日，那天绝不可把水倒在地上，否则将有报应。正月十六“忌不安”，那天不准外乡人进村，若有冒犯，则把他涂黑脸游街。

3. 食禁。除回族不吃猪肉，瑶畲不吃狗的民族习惯外，孕妇不吃“屈头鸡”（没孵出蛋壳的小鸡），小孩不吃“鸡忘记”，小男孩不吃隔夜蛋。老狗不能吃，嫩猫不能吃。吃饭时不能趴在饭桌上，筷子不能搁在碗上。和渔民共餐不能把鱼翻转来，一定要翻也不能说“翻”，叫“同心合力”。喝酒不说“干杯”，叫做“饮胜”，孩子吃饭不能用碟子盛饭，否则“肚量浅”。桌上的菜必须是双数，特别忌讳吃三个菜，这是死囚的刑餐。喜宴不能上豆腐，这是办丧事的菜。客人在喜宴上不要吃“三点金”（鸡头、鸡尾和鸡翅膀）。

4. 婚忌。结婚礼服不能饰以黑白色，这是办丧用的；送给新人的礼物不要有钟（送钟谐“送终”，不吉利）；礼物或喜钱一定要双数，不可奇数；新娘中途不下车，寓意自始至终，偕老百年；要避开新娘的经期，否则“撞红”不吉利；弟妹不能在兄姐前婚嫁，“阻头不便，跨头不祥”；海南黎族订婚禁用白鸡，否则夫妻不和。孕妇不能跨越动物尸体，否则会死胎，不得吃蛇肉、猴肉，否则会生怪胎；孕妇丈夫不能恶语伤人，不能安刀把、锄头把等，否则其妻子会流产或难产。妇女生育时，要在家门口插绿叶，示意外人免进；男性长辈不得进入月房；夫妇不能同宿月房。

5. 丧忌。报丧孝子不能进别人家门，只能在门口告知别人；死者下葬前，全家人必须打地铺，不能睡床；办丧事时不能穿艳丽服装，不戴首饰；未成家的人早夭，只能从后门出殡，死者手上还要拿根桃木；戴孝期间不能随便到别人家串门，不要抱别人的小孩；出殡时间不能在上午，只能在下午。海南黎族地区还禁忌：死者家属衣服不能正穿，必须反穿，不能洗头洗身，不能唱歌奏乐放鞭炮；抬棺者只能用左肩，而且中途不能换肩。

6. 凶忌。飞鸟入宅，母鸡打鸣、食蛋，半夜鸡叫，筷子落地，狗尿淋灶，左眼皮跳，梦见牙崩，男梦装整，女梦光身，是为凶兆，近期办事要格外小心；出门乌鸦当头叫，也不吉利，要马上回头；猫头鹰叫必有人死；遇见蛇脱壳，不死脱层皮，要立即脱下外衣，并说“蛇老蛇脱壳，人老人归国”，才可逢凶化吉（黎胞则以此为吉兆。遇见蛇蜕壳时，立即脱下外衣扔掉，意谓你脱我也脱，你长我也长，便可长命百岁）。

7. 行为禁忌。龙山龙神前不能大小便；灶前不吐口水，不能脚踩灶台；男不拜月，女不祭灶；妇女经期不能行房，不能拜神；夜间听见叫自己的名字不要随便答应，否则将被鬼勾魂，夜间不能吹口哨，不能照镜子，否则要做噩梦；不能蹲在凳子上吃饭；不能扛着锄头进家门，也不能把锄头竖挂于大门旁；借人药煲不要主动送还，要等对方来取；树上掉下来的果子不能吃，塘里跳上来的鱼不要抓，飞落的小鸟不要捉；不捅燕子窝，不掏燕子蛋；不留已婚女儿在家过冬至；水上人家见人落水不能救，以免水鬼找替身（此陋俗报端日前尚有批评，见死不救，人道天理所不容）；丈夫出门当天，妻子不要在家洗头梳妆，出海前妇女不能跨越船头。

二、对民间信仰、迷信的透视

过去人们对这一问题的探究，多偏重于思想、经济和科学文化方面的原因，而对人们的思维方式、心灵感应和超人心理很少涉及，而这些正是民间信仰、迷信所产生的重要原因。许多迷信都与原始巫术有关。古人根据同类相生和接触感应的原理，推导出许多巫术程式，加上各种氛围的影响而产生了一种超人的心理。这用一般的思维逻辑是无法推导的。现在日本的科学家正从这一方面去寻求答案，这是值得注意的。

广东的民间信仰和迷信，五花八门，有图腾崇拜、宗族崇拜、英雄崇拜，也有自然的山岳、土地、大海、灵石的崇拜。有中原南迁的神，也有外来神和土生土长的神。广东历史的负重并不多，因而古老的神明影响也不大；海岸线长，江河密布，所以海神天妃，水神龙王、龙母特受尊敬，连道教守护神真武帝君（广东称为北帝），赫赫有名的火神祝融，到了广东也变为水神；广东商业发达，从商者众，所以财神备受欢迎，家家户户供奉，连武将关公也弃甲从商，成为武财神。还有名目繁多的娘娘仙姑等，都表现了广东诸神糅合多变，务实重利的文化风格。这正是广东人文化风格的侧影。神实质“是一种武装着某种劳动工具的完全现实的人”（高尔基语）。北帝变为水神的原因，屈大均在《广东新语》中做过分析。他认为“广为水国”，水域广阔，而“南溟之水生于北极；北极为源，而南溟为委。祀赤帝者以其治水之委，祀黑帝（即北帝）者以其司水之源也。吾粤固水国也，民生于咸潮、长于淡汐；所以不与鼋鼍蛟蜃同变化，人知为赤帝之功，不知为黑帝之德；家尸而户祝之，礼虽不合，亦粤人之所以报本者也”（卷六“神语”）。这一分析不但符合辩证法，也很符合粤人的求实心理。

对于其他天神、人神、冥神的辨析，多如他处。这里有一个问题值得注意，即在广东民间信仰中，这三界神明似乎都是相通的。天人合一，阴阳变幻，这除了古人的灵魂信仰之外，似乎可从当代对人体科学的发现，如潜意识的诱发，人的综合感官作用，人在超静觉状态下的心理等方面作些研究。如粤西流行的“去阴阳街”，粤东的“伏仙姑”等，巫师可带活人去游阴间地府。参与者首先要坚信不疑，所谓“信则灵”，这是心灵感应的第一步。接着巫师导引，或念咒语，或喷符水，一则造成一种神秘的气氛，二则作用于参与者之各种感官，有如胎儿之听胎教，婴儿之听摇篮曲，很快便会进入一种迷糊状态；加上集体参与的场景，悟性较好的参与者首先获得了灵感，对其他参与者也有影响，形成一种群体的迫力，使之达到预期的效果。至于在参与过程中参与者能看到一些前所未见的景象，会见已故的亲人，做出惘然无知的动作等，过去被认为是神灵附体或神灵感召，从科学的角度来看，可能一是潜意识的作用，再就是在那种氛围下所产生的“超常心理”。这正是我们目前所没有探明的。

广东人对于龙的信仰，除了图腾崇拜和宗族崇拜的意味之外，自然崇拜还占主要地位，龙依然是人们心目中的行云作雨，统管江河湖海之神。广东各地的龙王庙大多是这一职能。这与广东水患频繁有关。风灾的季节性又很强，如二月初二“龙抬头”，三月初三拙尾龙拜山，是日必有风雨。似乎有一种超人的力量在控制着这一切。所以人们凡遇旱涝灾害，必向它祷告。加上在实际生活中，广东人接触蛇的机会比较多，特别是巨蟒，与传说中的龙有些相似，不能不引起人们的遐想。还有某些江河湖泊的深潭，深幽莫测，有的在天气变化之时，还会发出各种声音，有如锣鼓笙歌。古人遇上此事，以为深水下边有龙，于是龙潭、龙穴遍布南粤各地，龙王庙香火不绝，罗浮山还有个小黄龙观，供奉的是东海龙王的太子；潮州有个“风雨圣者”，据说是个能祈雨的神童，不过是由此衍生的一种信仰而已。

在各种自然崇拜中，广东没有五岳那样的名山，所以山岳崇拜并不普遍，远不及水神天后、财神关公、祖宗神龙母的影响大，倒是与山岳土地崇拜有关的灵石崇拜，在民间势力不小。巨石诞生神话到处皆有，五仙驱来的五羊化为石羊，刘三妹化为石人，望夫石、望夫山、望君顶遍布各地，立石为庙的土地神触目皆是，这是土地崇拜，也是灵石崇拜。特别是硇洲岛，灵石多得出奇：宋皇墙、通天石、响锣石、仙人梯、蝙蝠石、贼石洞，皆各有名目，并都伴有一个美丽的传说，宋皇墙乃因宋帝昺曾经在此驻足。人们借石头之永恒以寄托自己的信念，加上原始宗教的观念再赋予它某种象征意义，使灵石崇拜与山岳崇拜、灵魂信仰结合在一起，使石头变成一个具有灵性的偶像。

在广东诸神的信仰中，没有一个纯粹的观念神。即使是玉皇大帝，也被想象为一个有血有肉的天庭仁君，不同于西方万能的上帝，没有至高无上的权力，因而产生了许多杂神，才足以负责神界的各种事务。这也是广东杂神特别多的原因。这一现象，也符合广东没有中原地区大一统的文化风格，而具有多样性的文化形态。这些杂神中，单是人神，已近50位，还不算一些地区性的小神，如大埔的“保生大帝”，乃是个民间医生；潮州的“风雨圣者”，不过是个乳臭未干的小孩；广州的鲍姑，是神仙太守鲍靓的女儿，炼丹家葛洪的妻子；东莞的洪圣大王不过是个屠夫；佛山的乌利庙，所祀者乃清军的一个败将；梅县所祀的画仙，乃是南海著名画家李子长；还有神偷时迁，都有人为之立庙。总括起来，至少有一百以上，真可谓“神仙凡人做，得道乃为神”。道者，为百姓造福之谓也。据《金枝》的英国作者弗雷泽称，中国“所有化身为人的神都录名注册藏在北京的理藩院。正式取得神的资格的，共160名”。其实，他所指的只是那些欺世盗名、自命为“真龙天子”的，并非上列的人神。

另外，该书还提到广东祈神的一个事例：“1888年4月广东的清朝官吏们祈求龙王爷停止没完没了的瓢泼大雨，当它竟然对他们的祷告充耳不闻时，他们便将它的塑像锁押起来整整五天。这取得了有益的效果：雨停了。于是龙王爷又恢复了自由。前一些年，旱灾降临，这位龙王爷又被套上锁链牵到它的神庙院子当中曝晒了好些天，为的是让它自己也去感受一下缺少雨水的苦楚。”这一资料的原始出处尚未核实，从其中提到的祭祀形式看，有些像潮州的祈雨风俗，当祈雨无效时，便将“风雨圣者”的竹帽摘掉，曝晒于烈日之下；在游神时还有“舂老爷”、“绞老爷”的习俗。这是一种接触巫术。这一事例本身，即是人类企图以巫术控制自然的一种表现，尽管它的联想是错误的，但较之对神的诸多禁忌，还有它积极的一面。禁忌则完全是巫术消极的规则和应用，就是从伪科学的观点来说，也是不可取的。

三、现代迷信发展的忧思

从以上材料中可以看出，广东的民间迷信有其根深蒂固的基础，恰好与历来经济的发展两相背向。近年改革开放的结果，经济迅猛发展，为全国所瞩目，然而迷信风气之盛，也为全国之冠，这不能不发人深省。

如果说白云山重阳登高不算迷信，清明祭祖也不算迷信的话，那么三元宫烧香拜佛，盘古诞三跪九叩，北帝诞投币置龟可逃脱不了迷信的嫌疑吧！其实，就连白云登高，清明祭祖，广州的迷信色彩也是相当浓厚的。每年重阳广州登白云山者，都超过 10 万人，1986 年达 20 万人之众。当然，登山娱乐，锻炼身体，这是好事，但不少登山者的行为，是令人瞠目的。政府明令不准烧香放鞭炮，不准搞迷信活动，但人们依然在山下另辟场所，祭后上山。大部分人都是午夜登山，在山上过夜，次日上午下山。当然这其中不乏正想乘兴夜游露宿的恋人，但亦有拖儿带女，全家露宿山头的善男信女。据说是为了“转运”。笔者曾当场访问过一工人家庭，男主人先说：“尽下兴啦！”主妇直言不讳：“人人都说登高避邪，大家都来，我们不来，万一有个差错，就不好了。”在花都狮岭盘古王诞时，笔者也曾采访过一位中年妇女，她的回答也大致相仿，并举出了许多例子，诸如去年邻居某大嫂没来，儿子跌跛了脚；前年同村某阿婆没来，诞后三天就病倒在床上了。说得有鼻有眼，使人不得不信。这也许是巧合，但却反映了许多人的心态。白云山登高露宿者几万人，花都盘古诞赶来烧头炷香（一般是凌晨）者也上万人，广州清明节扫墓持续十几天，每天几万人，最高峰一天达 10 万人。悦城龙母诞每年也上十万人，熙熙攘攘，比赶圩还热闹。上元节的广州三元宫，1980 年朝拜者 6 万人，1983 年 13 万人，1986 年 20 万人。在一座几百平方米的小庙里挤进这么多人，因而排起长队，警察拿着对讲机控制人群流量，否则非挤死人不可，这不能视为正常现象。雷州市某寺庙因有道士超度，居然引来不少老人自动交钱排队等待火化。从化市某村，因大水冲刷，河床里露出一根巨大的古木，居然引得万民烧香膜拜。顺德是广东农村首富，也居然发生了侄女生病，家人认为是婶母做鬼，硬把老人拉到神庙求神弄鬼的闹剧，险些出了人命。这些事情，用一般的思想落后，心灵空虚是不足以解释的，简单地讲大道理亦很难服人。要摸清这些人的心态，加以疏导，提高他们的文化素养，帮助他们识别各种神的来龙去脉，懂得宗教、迷信和巫术的简单原理，学会分析神道、星相、堪舆的一些欺骗本质。

外国人信上帝，信真主，教民比重比我国大得多，有的国家几乎90%的人都信教。从报章上我们也可看到麦加朝圣，富士山朝拜，恒河庙会等狂热的场面，但却与我们的迷信闹剧不同。基督教信上帝，伊斯兰教信真主，佛教信释迦牟尼，各有经典与教规，他们的神界与人间社会一样，是靠法治来维护的。我们的神界杂乱无章，除佛、道两家有些经典外，许多教派是没有严格的法规的，有的神鬼根本无法考究。有些青年去拜神，连所供神的名字也说不上来。因此一些江湖骗子，凡事都可以造出个什么神来应景，欺骗无知者的钱财。广东灵活多样的文化风格值得赏识，但神鬼世界的光怪陆离却不足取法。造成这种现象的原因主要有三点：

1. 历史文化的积淀。如上所述，由于种种原因，广东的神鬼原来就不少，这些神鬼被一代一代传袭下来。“文化大革命”破“四旧”毁坏了不少历史文物，但对于一些历史垃圾，只打碎了它的外壳，它的残留物却比死蟑螂的毒气还要可怕，它仍在侵袭着新一代人的身心。当这些毒气袭来的时候，他们还以为是什么新鲜的洋货，或者出口转内销的好东西。比如武财神关公，这几年迅速卷入广东市民的神坛，特别是个体商业贸易行业。其实关公早在明清时代，就被历代统治者封为“万能”的大帝了，他最初只是一位义勇将军，后来兼具司命禄，佑科举，驱邪魔，诛叛逆，巡冥司的职责。由于他有一身正气，所以又兼庇护商贾之职，故便成了“招财进宝”的财神。爱赶时髦的小商界，正好取了这一点心意。须知，这并非关公的本职！因此，作为一位先贤供奉纪念是可以的，但作为财神是不足取的。

2. 没有高尚的理想和寄托，借以作为暂时的精神慰藉。由于种种原因，一些人对我们的事业失去了信心，缺乏远大的理想，一时找不到人生的目标。有的得过且过，有的今朝有酒今朝醉，有的趁机捞一把，有的暴发后又突然失落，他们虽然不一定相信命运，但又不能驾驭自己。特别是竞争机制引入之后，成败浮沉，飘渺不定，于是想寻找一种精神慰藉。此时正好落实宗教政策，各教门一度冷落之后也想重新热闹一下，迅速发展了一批教徒。雷州市在短短的3年间就有1 700多名青年出家；广州基督教青年会发展了上万人，还有一些秘密的教友沙龙。一家有名的佛教寺庙招收教徒，只要“今后不杀生”，交3块钱手续费便可剃度成为佛门子弟，还发给会员证。不少青年抱着“玩一下”的心理，也参加了。某市总工会曾对五百多名青年做过问卷调查，其中相信天命的占20%，“不可不信、不可全信”的占49%。某报记者曾对到三元宫参拜的青年做过抽样调查，不知所参拜者为何神灵的占3/5。他们并非如基督徒对耶稣，伊斯兰教徒对真主那样笃信、虔诚，只是寻求一种暂时的心理平衡。有些人甚至遭受某些挫折之后，见神就拜，根本无信仰可言。

3. 教育无方，文化断层的恶果。参与上述宗教、迷信活动的人，除老一辈的无知识阶层外，大多是“文化大革命”期间不读书照样升级的那一代人。“文化大革命”十年，这十年断层的跨度估计要在15年以上。这一断层的恶果在教育、科技、卫生部门已越来越明显地表现出来，它对民间文化的影响将更为广泛。近年来，由于知识的贬值，知识分子待遇之不公，已有一些人弃学从商，或人在学堂，心在他方，混个文凭。这种现象，若不引起高度重视，第二个文化断层就要埋下祸根。由于文化教养的浅薄，一些人根本谈不上什么理想、信念，还是迷信，他们随便对着一块砖头、一根木棍、一个粪箕，就烧香磕头。前几年在粤北刮了一阵“扶箕仙”的妖风，说是从海外传入的，实际上中国古已有之，称为“扶乩”（乩音稽，《说文》作“卟”，即“卜以问疑”之意）。扶乩即问卜，求神降示的一种巫术。很多人不识“乩”字，写作扶箕，亦因这种巫术原与请“厕神”紫姑有关。所用道具是一只粪箕，一根筷子，供在粪坑旁，扶箕者念念有词，筷子插进倒扣的粪箕中，在碎米或香灰上乱画，画出神的旨意来。此术唐代已有，盛行于清，20世纪80年代初台湾有些地方流行过，一代无知者又把它“出口转内销”。这不过是一种用联想或接触的方法来影响他人意志的一种巫术而已。稍有知识的人是不会上当的。许多杂神邪教的产生都是与愚昧无知相关的。

以上原因造成了现代迷信的迅速发展。它伴随着商业竞争，由农村走向城市，由单一向多元渗透，加上现代社会的信息化，现代迷信的传播是相当快速的。这个问题若不引起高度重视，不从全民基础教育着手，加强社会主义精神文明建设，提高全民的整体素质，其后果是不堪设想的。

第二节　信仰：广东的水神

中国的神多得出奇，但水神并不多，有数的几个如龙王爷、水仙尊王、河伯、巨灵等，还有海神天妃。广东则不同，水神特别多，大概是因为，“广为水国”（屈大均语），水域广阔的缘故。广东濒临沿海，海岸线长达4 300公里。南海岛屿众多，陆地江河纵横，除西江、北江、东江三大水系外，还有南江、韩江、梅江、鉴江，以及无数的河涌湖泊，人们无日不与“水”交往。天气风云突变，骤雨滂沱，江河水汛莫测。“水”，维系着人们生命财产的安全，加上广东的水域，怪异甚多，诸如南雄的龙罩水，下有深潭，“雨久，响则晴；晴久，响则雨”。还有仁化县龙王坑有一泉，“阴则小流，旱则大流；天久无雨，云自其泉腾至山巅则雨”。再有澄海南湾海中，“声起若雷，自东则风，自西则雨”①。诸如此类，现今还可列出百十条。这些怪异的水象，在古人看来，必有一种超人的力量在控制着水域，这就是“水神”，或叫海神。《广东新语》卷六一把“海神”威猛的神态，以及粤人敬事海神水神的情景，状写得惟妙惟肖：

> 溟海吞吐百粤，崩波鼓舞百十丈，状如雪山。尝有海神临海而射，故海浪高者既下，下者乃复高，不为民害。父老云：凡渡海至海安所，闻涛声哮吼，大地震动，则知三四日内有大风雨，不可渡。又每月十八日勿渡，渡则撄海神之怒。……然今粤人出入，率不泛祀海神，以海神渺茫不可知。凡渡海自番禺者，率祀祝融、天妃；自徐闻者，祀二伏波。祝融者，南海之君也。……而天妃神灵尤异，凡渡海卒遇怪风，哀号天妃，辄有一大鸟来止帆樯，少焉红光荧荧，绕舟数匝，花芬酷烈，而天妃降矣。……其祠在新安赤湾，背南山，面大洋，大小零丁数峰，壁立为案，海上一大观也。凡济者必祷，谓之“辞沙”，以祠在沙上故云。而二伏波将军者，专主琼海，其祠在徐闻，为渡海之指南。……

这段描写，虽有些神秘和怪异色彩，但广东三大水神之威势，已在其中，特别是火神祝融，在广东变成了水神；伏波二将，也化为水神，值得我

---

① 清·屈大均．广东新语［M］．北京：中华书局．1985：水之异条．

们注意。类似的还有北帝，此乃北方天帝玄武，在广东亦变为水神；还有屠夫洪圣，羽化后也化为广利大王，专司水职；加上龙母、龙王、水鬼等，广东的水神实在多矣！共同探讨这些水神的来龙去脉，水乡广东的民间信仰便可见一斑。

一、火神祝融变水神

祝融，原为汉族民间信仰的火神。传说他是帝喾（即黄帝之曾孙高辛氏）的火官，死后尊为火神。《史记·楚世家》："重黎（祝融的小名）为帝喾高辛居火正，甚有功，能光融天下，帝喾命曰祝融。"又《吕氏春秋·四月》注云："祝融，颛顼氏后，老童之子吴回也，为高辛氏火正，死为火官之神。"再《海外南经》载："南方祝融，兽身人面，乘两龙。"屈大均《广东新语·神语》释云："祝，大也；融，明也。南海为太明之地，其神沐日浴月以开炎天，故曰祝融也。"以上是祝融之身世、形象、姓名之来历也。在这些记载中，他分明是个火神，但已有两点隐约地透露了他与"水"有关。一是他乘坐的是两龙，龙是行云作雨之神兽，故与水有关。二是作为南方之神，南海冥冥，其神沐日浴月，这是很自然的联想，又与水有关。再有，《海内经》载："帝令祝融杀鲧于羽郊。"鲧是治水不成，兼偷天帝息壤而被杀的，祝融能杀他，亦可能有比鲧更高明的治水的本领，此为其三。屈大均说："司火而兼司水，盖天地之道。火之本在水，水足于中，而后火生于外。火非水无以为命，水非火无以为性。水与火分而不分，故祝融兼为水火之帝也。"① 这是根据五行相生相克之理所推导的，也是对祝融何以为水神的最早之解释。屈大均在该卷"海神"条中还记载了一件奇事：南海行舟之人，每天当地晦冥，飓风四起，雾雨弥漫之时，"涕泣呼号，皆愿少缓须臾之死以请于祝融，其声未干，忽已天日晴朗，飘行万里，如过衽席"。

其实祝融的原始神格是"城墉之神"，即魏晋以后的所谓"城隍"，城市之守护神，水，隍也；庸，城也。祝融实为"水庸"。而后世习以为火神者，或以都邑遇了火灾，必祈禳于城墉之故。另外可能与另一火神"章兮"混淆。"章兮"即"曦和"，那是驾驭日车之火神。古"墉"字写作"章"，因而把两者混为一谈。

综上所述，祝融乃黄帝后裔，南方民族之祖，司辖南海万二千里之极，后尊为南海之神。现广州东郊的南海神庙就是他的祀所。该神庙建于隋朝开

① 清·屈大均. 广东新语［M］. 北京：中华书局. 1985：卷六. "南海之帝"条.

皇年间，至今已近2 000年历史。历代统治者为了笼络南方各族人民，不断给他加封，每年春秋仲月均有祭奠，相当隆重。唐玄宗天宝年间封为“广利王”，宋又加封“洪圣”、“威显”，元再诏尊“广利灵孚王”，清雍正又再封为“南海昭明龙王之神”，民间则称之为“广利洪圣大王”。既是南海之神，当然也就是水神了。

另外，民间关于广州洪圣大王还有个传说，证明他是一位非常灵应的水神。这传说正好与宋代加封吻合，两者相得益彰，祝融也就更加显赫了。相传洪圣大王原是一位天神，他与菩萨良马一起看中了南海边上这块人间宝地，要在这里立庙受祭，两人相持不下，洪圣先下手为强，偷偷把一枚大钉打进地下，二人再到玉皇大帝处论理。玉皇大帝派千里眼去察看，果然见洪圣早已以钉为号，证明他先发现那块地，就判给了洪圣。洪圣便在此地建起了南海神庙，至今仪门的第六级石阶中还留有这枚永不生锈的神钉，就是洪圣大王当日打进去的。良马输了官司，怀恨在心，便在南海神庙的对面建了个小庙，指派虾兵蟹将经常在这一海域兴风作浪，致使无人敢到南海神庙进贡香火，洪圣大王发现后挥笔写下“海不扬波”四个大字（实际上“万里波澄”乃康熙皇帝御笔，并无“海不扬波”字样。）签发了盖着“南海广利洪圣大王”玉玺的符咒。从此海空明净，娱乐升平。后来，人们扬帆出海前都来南海神庙参拜，讨个盖有洪圣大王印鉴的符咒、祈求平安，一般都很灵验。故此许多文人墨客，如韩愈、苏东坡、杨万里、王士祯、屈大均、陈白沙等，都曾到此参拜，并留下墨迹，代代相传，声名远扬。

南海神庙坐落在扶胥江口黄木湾畔，面临大海，烟波浩瀚。每当旭日东升，洪波涌起，金光夺目，十分壮观。宋代羊城八景的第一景“扶胥浴日”，即在此地。那里又是广州对外贸易的重要港口，各国商船云集，出入船只，都要到南海神庙致祭。传说有一波罗国使者达奚司空，来华朝贡，船泊南海神庙前。达奚司空上岸参拜海神，并把携来的两棵波罗树植于庙前。他亦为这里的壮丽景色倾倒，流连忘返，直到他的船队扬帆远去，他在庙前“坐而悲泣”，“立化庙旁”，被乡人奉为波罗神。此后，南海神庙又改称波罗庙，神诞又称为波罗诞，自明朝洪武三年（1370年）立诞至今，已有600多年的历史了。

南海神诞为农历二月十三，为期3天，从十一开始，十三为正诞。每逢诞会，四邻乡民蜂拥而至，珠娘花艇云集其间，非常热闹。清人崔弼的《波罗外传》有一段描写：“楼船花艇，大舟小舸，连泊十余里，有不得就岸者，架长篙接木板桥，越数十重船以渡。入夜，明烛万艘与江辉映，管弦呕哑，嘈杂竟十余夕。连声爆竹，灯光通宵……凡省会、佛山之所有日用器物玩好，闺阁之饰，儿童之乐，万货聚萃，陈列炫售，照耀人目。”① 可见当时的盛况。这些情况，正好与上文屈大均所记互相印证，说明当时南海神庙祀祝融之香火已相当鼎盛。

火神祝融就这样由南方之帝君，变而为南海之神，再推广为司辖岭南各地江河湖海的水神，并与洪圣大王的传说相附会，化为本地土生土长的水神。

二、北帝南来做水神

北帝是北方天帝，又称玄武、真武、玄武大帝、真武帝君等。玄武最初是星辰神，后被改造为龟蛇合体的动物神，再被人格化成为道教所敬奉的无量祖师，即道教的守护神。玄武原为“四象”之一，即青龙、朱雀、白虎、玄虎。我国古人在殷代前后，就把星相想象为各种动物的形象，把二十八宿按东、北、西、南方向分为四组。到了春秋战国时期，又与五方配五色的阴阳五行观念相结合，形成了东方苍龙，北方玄武，西方白虎，南方朱雀的四象体系。这是原始动物崇拜、图腾崇拜与星辰崇拜结合的产物。《楚辞远游补注》云：“玄武谓龟、蛇，位在北方，故曰玄，身有鳞甲，故曰武。”这便是“玄武”名称的来历。到了宋代，真宗因避圣祖赵玄朗讳，改为“真武”，大中祥符年间（1008—1016 年）尊为“镇天真武灵应佑圣帝君”，简称真武帝君。

屈大均《广东新语》载：“吾粤多真武宫，以南海佛山之祠为大，称曰祖庙。其像披发不冠，服帝服而建玄旗，一金剑竖前，一龟一蛇，蟠结左右。盖天官书所称，北宫黑帝，其精玄武者也，或即汉高之所始祠者也。粤人祀赤帝，并祀黑帝，盖以黑帝位居北极而司命南溟。南溟之水生于北极，北极为源而南溟为委。祀赤帝者以其治水之委，祀黑帝者以其司水之源也。吾粤固水国也，民生于卤潮，长于淡汐，所不与鼋鼍蛟蜃同变化，人知为赤帝之功，不知为黑帝之德。家尸而户祝之，礼虽不合，亦粤人之所以报本者也。”（卷六“真武”条）把广东人之所以祀黑帝（北帝）为水神的道理讲得一清二楚。一因“广为水国”，人多祀水神；二则北极为南溟之源，光祀南溟的水神还不行，还必须祭其源本之神。可见吾粤人早已懂得拜神的辩证道理。

---

① 邓瑞本，等. 岭南掌故［M］. 广州：广东旅游出版社，1990.

玄武为水神见之于典籍的，还有《后汉书·王梁传》："玄武，水神之名。"李贤注："玄武，北方之神，龟蛇合体。"《证俗文说》记云："冥勤其官而水，秩在祀典。冥武声相近，然则在天为列星，在河岳为英灵，一如传说其尾之为化矣。"刘思真云："玄冥为水官，死为水神，冥孟声相似。"故又有以孟公孟姥为船神者（见唐段公路《北户录》）。可见广东人以玄武为水神，也不是没有根据的。只因广东水域广阔，人求于水之事甚多，所以礼拜最勤罢了。每年三月初三为北帝诞，佛山又称为"真武会"。是日祖庙门前摆花山致祭，放大爆竹，"举镇数十万人竞为醮会"，演戏酬神，抢花炮等，十分热闹。东莞乡民更是忙个不停，组织什么良支社、福禄社等神会，制扎色台、灯屏准备迎神出游，还有北帝的契男契女身穿道服，手执尘拂，背着个银制的小龟跟着巡游。各街各户，必烧香秉烛，恭候銮舆。平时乡人有病，还有去求北帝神水饮的。可见东莞人对北帝之笃信。三水卢苞祖庙，亦是以祀北帝为主的。在粤东梅县，供奉北帝的地方也不少。其中民间关于北帝来历的传说，与东莞关于洪圣大王的传说十分相似。相传两者从前都是一个屠猪工人，因感觉自己终日杀生，罪恶严重，想赎罪而衍生了后面的一幕。洪圣先是拜一老僧为师，老僧带着他云游至一处大海之滨，看见波涛汹涌如沸，便叫洪圣取出心肝抛下大海一试，洪圣应允，便以利刀剖腹取出心肝，掷下大海，化为五色祥云升仙而去，成为后来的水神洪圣大王。而北帝则是把屠刀藏于自己的腹中，实际上就是剖腹自杀。一刀进去，腹中幻出一龟一蛇，他的灵魂亦到天国去了，这就是今日之北帝。① 这两个传说情节单纯古朴，带有原始传说的色彩，都寄寓着一颗"放下屠刀，立地成佛"的心愿，都与水或以水为居所的龟蛇（龙）相关，所以二者后来都成了水神。因此，不少庙宇把这二位神仙并而供之，甚至混为一谈，江门潮连洪圣殿门刻"四溟首位，百谷朝宗"，显然是把洪圣当北帝了。也有不少是把北帝庙和洪圣庙分开的。

三、武将马援做水神

将军庙或称伏波庙在雷州半岛和海南地区享有盛誉，其他地方也不少，《佛山忠义乡志》载，佛山的将军庙便有三个：一在潘涌铺沙洛坊，一在观音堂铺镇南街，一在山紫铺拱北里，都是祀伏波将军马援的。

考汉时封为伏波将军南下的有路博德和马援二位，据说路博德开辟南方

① 洪圣大王的传说［J］. 民俗周刊，1929. 第41、42期合刊.

诸郡的功劳，并不亚于马援，宋徽宗曾予两神同一诰命，令粤人并祀之，但民间却偏爱马援，此得民心者得天下也！

《广东新语》关于伏波神的记载有两段，兹录于下：

> 伏波神，为汉新息侯马援。侯有大功德于越，越人祀之于海康、徐闻。以侯治琼也。又祀之于横州（今广西横县），以侯治乌蛮大滩也。滩在横州东百余里，为西南湍险之最。舟从牂牁至广必经焉。……侯庙在其北麓。凡上下滩者必问侯，侯许乃敢放舟。每岁侯必封滩十余日，绝舟往来。新舟必磔一白犬以祭。有大风雨，侯辄驾铜船出滩，橹声喧烑，人不敢开篷窃视。晴霁时有铜篙铁桨浮出，则横水渡船必破覆，须祭禳之乃已，此皆侯之神灵所云。……滩为交趾之下流，徵侧叛时，侯疏凿以运楼船。至今石势纵横，宛如壁垒……侯威灵盖千年一日也。祠中床、帐、盘、盂诸物，祝人拂拭唯谨。居民每食必以祭，事若严君。……（卷六“神语”）

这段文字虽然有些神秘色彩，但伏波将军作为水神之神格，已隐约可见。一是世人望文生义，取其“伏波制浪”之意，因朝廷封他为伏波将军，民间便祀以为水神。或因伏波将军之神勇，能制服一切鬼神，包括水旱妖魔，诸如关公之为伏魔大帝一般，故以祀之。还有一点最不可忽视的，就是马援曾疏凿过横州附近的西江水域，使滩涂化险为夷，舟船免于覆溺，这或许是他成为水神的主要原因。这一方面，在海南儋州，他还有一处奇迹：相传当年，马援将军率部来到北部湾畔，炎天流火，荒漠上找不到一口淡水，军马饥渴难忍。忽然他坐骑的白马长嘶一声，奋蹄刨挖，挖出了一眼涓涓涌泉，这就是著名的“白马井”。这神奇的至水功能，亦使他成为水神。这是人神转化的一个普遍规律。此事《儋县志》有记载：“大军历险渴无饮，白马知源刨及泉；一隙瀑开沙浅浅，数支香涌水涓涓。”此井“去海涛十四五步，其味清甘”，当地乡民，甚喜饮用，并于井畔立庙祀之。庙食千年，英风尚凛。被誉为“天下第一泉”。1962年郭沫若同志到此，还题诗云：“水泉清冽异江河，古井犹存马伏波。思见当年师驻日，三军潮波定如梭。海盐含量百之三，饮水倍知水渭甘。十所如今治惠则，胜标铜柱在江南。”现为省级重点保护文物。

马援还写过一首描述江河险峻的诗歌《武溪深行》，歌云：“滔滔武溪一何深，鸟飞不度，兽不敢临。嗟哉武溪何毒淫！”这是名人入粤所作的第一首诗歌。歌词高度概括地表现了武溪（即今乐昌县境内的武江）之险恶。后唐人李绅在写到这段水域行舟时也说："万壑奔伤溢作泷，湍飞激急如绳直。千崖傍耸猿啸悲，丹蛇玄虺潜蜲蛇。……"并在诗中自注道："南中轻舟迅疾，可入此水者，名曰泷船。善游者为泷夫。"可见它的艰险。马援南征路过此地，门生爰寄生善笛，援作歌以和之，可见他的从容。此举非水神泷夫所不能为。这亦可能是马援成为水神的又一因由。

另外，《广东新语》中还有一段记载："伏波祠广东、西处处有之。而新息侯尤威灵。其庙在交趾者，制狭小，周遭茅茨失火，庙恒不及。交趾绝神之。交趾人每惧汉人诉其过恶于侯而得疫病，于是设官二人守庙，不使汉人得入。而其君臣入而祭者，必膝行蒲伏，惴惴然以侯之诛殛为忧。侯之神长在交趾，凡以两广封疆也。"此中之伏波，就不只是水神了。

四、天妃林默为海神

天妃，又称天后，福建、台湾一带称为妈祖，奉为海神，国外则称之为"中国的女海神"。据统计，全世界妈祖庙共 1 500 多座，其中台湾有 357 座，均为福建分身；福建本身亦有 300 多座，广东有 100 多座，日本有 100 多座，香港有 4 座，澳门有 1 座。新中国成立前，广东沿海临江各县都有天后庙，影响较大的有深圳赤湾天后庙、三水西南天后宫、汕头升平路的妈祖宫等。三月二十三为天后诞，潮汕一带叫做"妈生"，三水渔民称之为"送大舅节"，传说是日必有"南风来，北风去"，这是天后送贺诞的大舅回归。

清·翟灏《通俗编》卷十九"天妃"条引《潜说友临安志》载："神为五代闽王统军兵马使林愿第六女，能乘席渡海，云游岛屿，人呼龙女。宋雍熙四年，升化湄州，后常衣朱衣飞翻海上，解救遇难之人，土人立祠祀之。宣和中，……特赐顺济庙号。绍兴时，以郊典封灵惠夫人，淳熙朝易爵以妃。"《元史·祭祀志五》云："南海女神灵惠夫人……护海运有奇应，加封天妃神号。"天妃之称始于此。为何封为"天妃"，屈大均解释道："天妃，海神。或以为太虚之中，惟天为大，地次之，故天称皇，地称后，海次于地故称妃。"（《广东新语》卷六）实际上，清康熙二十年（1681 年）还把她册封为"昭灵显应仁慈天后"，可见此中后妃并无区别，都是统治阶级廉价的给予，屈氏所称，不过是因名号而生的附会罢了。

在民间传说中，天妃原名林默，是福建省莆田市湄洲一位渔民的女儿，生于宋建隆元年（960 年）三月二十三，卒于雍熙四年（987 年）二月十九，仅活了 27 个年头。据说她出生后，弥月不会哭啼，因而得名"林默”。她自幼聪敏，诗书过目成诵；性情温和，常行善济人；她精通医术，博晓天象，娴习水性，能预卜海事，常为乡亲排忧解难，救助海上遇险船只，深得民心。有一次，她在大风浪中抢救一只翻沉的商船，10 人落水，她救起了 9 人，还有一人被风浪打出很远，她仍奋力救援。遇险者得救了，她终因过度劳累被海浪吞噬了。家乡的父老怀念她，便在她死后一百年即元祐年间（1086—1094 年）为她立祠，奉为海神。后经历代皇帝先后三十六次为她加封，推广到沿海及内陆各地，又随华侨传到南洋及世界各国。如今新加坡、马来西亚、菲律宾、澳大利亚、日本、美国、加拿大等都有妈祖庙。每年妈祖生日，台湾各地都有纪念活动。在纪念妈祖诞辰 1030 周年时，世界各地专程前来妈祖故乡拜祭的同胞达3 100多人。据统计，目前世界信仰妈祖的人超过 1 亿，祭祀南海女神天后的活动，已逐步成了我国沿海民间的重要民俗。广东有些地方，还把她和观音信仰捏合在一起，称之为观音天后，澳门甚至把她称为“天后圣母”，供在天主教堂中，把她的司职拓展至予人福佑、生子求财等各个方面，并有逐渐走向祖宗神灵崇拜的迹象。近年开始了访妈寻根的热潮。许多台胞跨过海峡，到福建湄洲拜祭妈祖，每年都有几万人。汕头的妈屿岛，原来只有一座老妈宫，因地盘太小，过年来到此烧香还愿的信男善女太多，特别是远游归来的赤子，对“妈祖”更为虔诚，所以又加修了一座，让天后圣母也喜迁新居。深圳赤湾的天后庙，原是广东省最大的天后庙，有屋大小 100 间，并以 99 个门而著称，可惜毁于 20 世纪 50 年代（现已修复）。

关于天后的身世，妈屿岛妈宫庙门的碑刻有一段史籍未见的记载：传说很久以前，有一渔妇，生得一女。生产时适逢狂风大作，洪水滔天。渔妇把刚生下的女婴放入瓮中，任其随波逐浪漂流，女婴漂到了福建湄洲，竟神奇地活下来了，长大后成了予人福佑的渔家女，再后成了海神。这段身世，颇似广东的另一位水神——悦城龙母，可能是天后传说流入广东后被改造添加的。对于这位神人的分析，已故诗人黄雨先生在他 1988 年著的《神仙传》中称她“是一位懂得气候而被神化了的渔家女。是人们在无法躲避自然灾害时代所创造出来的神”，并援引陈登原先生在《国史旧闻》中的话：“天妃故事起于五代、宋初，南宋至元更有发展，此当为当时海上交通日益发展之反映。”说明她被尊为神与海上交通发展有关。广州作为我国海上丝绸之路的起点，自然也信奉天后。据商承祚先生回忆，20 世纪二三十年代广州人神龛上的神像，第一位是观音，第二位是北帝，第三位便是天后，特别是水上人家，每条船上都供奉着天后神像（西江流域供奉龙母，亦有二者皆祀的），渔民出航前都要上香参拜。这一风俗，至今依然存在。这位海神在广东的影响，已超出了海事的范围，但其中心仍然离不开一个“水”字。

五、族神龙母亦水神

西江流域的龙母，其主要形象是宗族神，传说她原是个弃婴，原籍广西藤县，后为广东德庆悦城一位渔民收养，长大后豢龙而成为其母。死后升仙，被封为龙母。实际上，她是百越族团中生活在西江流域的某一支系的氏族领袖。从她本身未婚而为人之母，以及对她的信仰所表现出的母权的伟大，都说明当时的百越民族还处于母系社会阶段，民只知有其母而不知有其父。但龙母所豢养的慈龙孝子（俗称五龙子）却是“拾卵”而生的，不是她亲生，也不是“感生”的。因此可以断定它是母系社会后期的作品。龙母还有个养父——姓温的渔民，可推导出那是母系社会向父系社会过渡阶段的产物。从信仰的角度看，她是从图腾崇拜到宗族崇拜，从自然神到宗族保护神的。因自然神——龙的居所为水，而西江流域的水患又需要一个保护神，因此龙母这位宗族神也就变成了水神，这是很自然的。

龙母作为水神的神性，一是通过她本身的法力，二是通过她的孝子——五龙子来实现的。从她本身来说，一可解水旱之患：“每以水旱疾疫祇禳，悉随叩随应。”（宋·吴揆《赐额记》）“以旱岁有数，乃以雨泽四方，故能历享圣朝封诰之典。”（宋·邓显桓《孝通庙记》）甚至能“呼风唤雨，变化万千”（清·程鸣重刊《孝通庙旧志》）。此其功力之一。二能预测风云，平伏波涛，解覆溺之患：“舟人来往，蠲洁祭享，讫无惊波怒涛覆溺之患。”（宋·吴揆《赐额记》）“每洪水淹没，四周皆浊，而近墓数尺独清。墓之南有山，天将雨，云气必先群山而出。”（李调元《粤东笔记》）“洪武元年，南征将军平章廖永忠下岭南，遇波涛险阻，常梦五龙护其舟，遂无覆溺之患。”（清·程鸣重刊《孝通庙旧志》）此等神怪之事，直至 1989 年冬笔者前往考察时，庙主还津津乐道，暂且存为自然界之不解之谜。三导引航船，执钺助仗。宋熙宁年间，某将将征交趾，龙母为之默佑以通运粮。又明嘉靖二十四年（1545 年），两广都御史张公岳征封川，见一朱衣妇人执钺以助仗，此皆龙母默佑之。（清·卢崇兴《悦城龙母庙碑记》）以上是龙母本身的水神法力，见诸于典籍记载的，民间传说的还要多。至于五龙子，本身就是龙形，其行云作雨，兴风作浪的本领，都在龙母之上。只要龙母一声令下，群龙便可为所欲为。是故时至今日，西江上的航船，凡经过龙母祖庙前者，没有一艘敢不向她鸣笛烧鞭炮致意的。龙母在西江流域的功能，已远远超出水神的范围。

关于龙母的民间传说，始于秦时，正式记载，最早见于唐·刘恂的《岭表录异》，刘恂曾任广州司马，其记录当有一定的可信性。这位龙母，在民间传说中完全是一位人神，捕鱼、放牧、织麻都是一把好手，为人看病治病等，为乡民做了不少好事，活到78岁，备受百姓崇敬。作为人间圣贤死后上天而被尊为神，已有很多先例，而龙母又因她是以水为居所的“龙”之母，所以又应民间的需要统管水域，成为水神，人们赋予她更高的权威。这在统治者是一种手段，在人民大众则是一种实际的需求。所以她得以在民间享誉千年。西江流域大大小小的龙母庙数以百计，在广东她的势力也是仅次于天后的第二位水神。

六、安济圣王亦水神

潮州韩江南堤有座青龙古庙，供奉着潮州大老爷——安济圣王。传说神乃蜀汉（221—263年）永昌太守王伉。王伉忠于职守，在一次保卫城池的战斗中身亡，当地百姓为他立庙上香。明朝时潮州南门外人谢少苍，在云南永昌为官，到任不久，即逢天旱，五谷歉收，饿殍遍地。因地属边陲，交通阻隔，如依常例奏准朝廷赈济，必延迟时日，饥民就会死光。谢少苍动了恻隐之心，毅然开仓放粮，再上奏朝廷。百姓得救，他却因擅用国仓获罪，依法论斩。其时，云南地方处决囚犯的方式很特别，把死囚捆绑后吊于高山大树上三昼夜，如果不死，即可赦免。但当时瘴气重，日夜温差大，囚犯大都难免一死。他被吊上树后，民众环树跪泣，状甚凄惨，而他也自度必死，忽见天上有一神人，张开一张大黑布，顷刻化为乌云，把烈日风霜挡住，三天之后，竟得不死。获赦之后，他遂备祭品到附近神庙祭拜，见正中赫然端坐的偶像，正是当日所见的空中神人。经询问土人，才知此乃王伉神位，遂日夜焚香膜拜，后来将王伉及两位夫人的神像带回潮州。适逢韩江大水，便暂将偶像供置于南堤的青龙古庙，洪水竟然解除。王伉从此被潮人崇奉为安济圣王。谢少苍也配祀于青龙古庙。

又传说宋仁宗皇祐年间（1049—1053年），仁宗派狄青平侬智高叛。行军途中，忽见青龙（小青蛇）附在船上，于是，船行快捷，征战皆胜。班师之日奏闻朝廷，仁宗大悦，封为“安济灵王”。又传说这种蛇神通体青色，头有王字，出没难测，常现于青龙古庙，青翠可爱，不畏人。潮人出征遇青蛇至必奏捷。青龙古庙本祀蛇神，王伉入住以后，反客为主，接了安济王之位。

每年正月初三，由城中各社绅士集中在青龙古庙，以掷“珓杯”的形式请示安济圣王什么时候出游，一般都在正月二十三或正月二十四。择定时日之后，要一队人扛着“肃静”、“回避”的安路牌，敲着马头锣，沿着未来出游的路线行进，意在扫清路障，驱除妖邪。同时，要一边敲锣，一边宣布游神日期。闻者奔走相告，家喻户晓。于是，各行各业赶制、调运货物供应市场，商业顿时繁荣起来。

游神前的三个晚上，要先游花灯。头天晚上，青龙古庙门口要放三声礼炮，平均半小时一响。人们把安济圣王以及两位夫人抬进三乘金漆木雕的敞篷神轿上。神轿进城要经过一道狭窄的小巷，入夜之后，巷就已水泄不通。为了让安济圣王顺利通过这一路段，在出游之前，要有一群壮汉高举火把在巷中来回奔跑，人们不得不闪避两旁，经过半小时的折腾，道路才能畅通。

第三门礼炮一响，也即午夜，游神主持人在庙中举行完肃穆的“拜起马”仪式，队伍就在鞭炮锣鼓和人们的欢呼声中起程。每乘神轿由四名壮汉抬着，呼啸着冲出青龙宫巷，直上大街，稍事编队，便开始了连续达50多小时的游行。

沿途各家各户罗列香案祭品恭迎，游神队伍则在烟海花潮中奋步前进。进入闹市之后，气氛更为热烈。各商店都备好特大鞭炮烟火，长达十几米，用以驻神。潮俗以能使神轿停驻观其烟火为得福，时间愈长，福愈大，因而殷户巨商不计工本，争筑炮阵火墙来阻挡神像前进。

而游神者则因路引尚多，不敢久留，一心要争分夺秒，一行一阻，遂把游神场面推向高潮。值此硝烟弥漫之中，偏有一些人争先恐后地挤向二夫人轿，祈福求子。据传大夫人无子，谁摸得二夫人的銮舆，来年就有弄璋之喜。但安济圣王为水神的神格，一直没有动摇。

游遍了全城的大街小巷，直至第三天凌晨，神像才回銮复归庙中。锣鼓抵达东门，沿江回銮时，烟火锐减，观者稍稀，月色溶溶，轿夫慢步前行，兢乐班则大显身手，名师亲操鼓槌，高手争献绝技，吹奏潮州名曲，弦乐百转千回，锣鼓响遏行云，把听众带入一个美妙的音乐世界。因此潮州有“欲听好锣鼓，须待老爷出东门”之谚。1949 年此俗停止。20 世纪 90 年代后，许多民间热心人士多次商议复兴此举，始终未成，直至 2000 年才开始复甦。

七、自然水神龙王

一方面，龙是古代传说中能登天潜海的神物，“春分而登天，秋分而潜渊”（《说文》十一），我们的祖先“颛顼乘龙而至四海”（《大戴礼·五帝德》），后来它成了华夏民族的图腾物，华夏庶民，成了龙的后裔、龙的传人。在民间传说中，龙是行云作雨的神兽，居于深海洞穴之中。最早记录这一事实的是《梁四公记》：“震泽中，洞庭山南有洞穴，深百余尺……旁行，升降五十余里，至一龙宫。……盖东海龙王第七女掌龙王珠藏，小龙数千卫护此珠。”① 当代神话研究专家袁珂先生说：“此或为中国龙王之称之初见载籍者。又唐·李朝威小说《柳毅》所谓‘洞庭龙君’，当亦即龙王。演变至明·吴承恩小说《西游记》，遂有孙悟空大闹东海，东海龙王敖广被迫献出天河定底神针（即如意金箍棒）；泾河龙王降雨误点失期，‘犯了天条’，为魏征丞相梦中所斩；……《西游记》中所谓龙王，不仅东海有之，西海、南海、北海亦有，进而至于河、潭亦有。”② 继《西游记》之后，明·吴元泰又有《东游记》，叙八仙过海事，其中八仙曾与龙王大战等，皆小说家所衍生。另一方面，自汉魏六朝始，佛教传入，把佛经的黑龙王、娑竭罗龙王等故事带入中土。宋代道教盛行，附会佛经传说，大讲召龙求雨之道，并在各地兴建龙祠。这些做法，正好迎合了统治阶级的意愿。明成祖即位后，对龙大加恩宠，公开敕封龙为龙王，袭之以衣冠，加之以王号。清雍正二年（1724年）正式册封了四海龙王，顺治二年（1645年）还封黄河神为金龙四大王。这样，龙王便成了麻痹人民，掩盖统治阶级罪恶的工具。由于皇道、神道的宣注，加上历代民俗的陶冶，民间对于龙王的信仰日益加深。广东地方江河湖海遍布，所以龙的居所特多，龙王无处不在。新中国成立前，龙王庙比比皆是，凡遇水旱灾异，都要向龙王致祭，祈雨消灾，逢年过节还要舞龙灯、赛龙舟，以祈丰年，保佑平安。此中的龙王，已超越水神的权限，成为泛指的“龙神”了。

潮州还有个“青龙老爷”，又称“安济圣王”，如前文所述其化身是一条青蛇，有如龙母祖庙的五龙子，北方黑龙庙的黑蛇。按青蛇即青龙，青龙亦即“苍龙”，原乃东方七宿，源于古人的星宿崇拜，后与动物崇拜相结合，变成“东方苍龙”，所以关于龙王的最早记载，是东海龙王，以后才衍化出西海龙王、南海龙王、北海龙王来，就是这个道理。

此中的龙王，开始是自然神，后与作为图腾的“龙”合二为一，又再幻化成为人神：即便是人神，也离不开它的水性，专司水职，或管雨水，或

① 太平广记［M］. 卷四一八.

② 袁珂. 中国神话传说词典［M］. 上海：上海辞书出版社，1985：118－119.

管江河湖海之水。所以说，在以上诸种水神中，龙王应是水神的正宗；难怪南国水乡到处伺奉这位神明。

八、水仙尊王

水仙尊王原指大禹王，因他治水有功，被祀为水神。当然，更多的地方是把他当作宗族神祭祀的。除大禹外，民间还有以伍子胥、屈原、王勃、李白等为水神的。皆因大禹治水，伍子胥沉江，屈原投汨罗，王勃游南海，李白探采石等事迹，均有水缘关系，故被民间祀为水运业的保护神。水仙尊王诞在十月初三；而广东地方则以二月二十一为水母诞。这水母乃一如龙如蛇之物，谓见者能长生，当为水神。另外北方还有两位水神，一是河伯冯夷，即河北邺县西门豹所治者；另一位是巨灵，即把华山和中条山分开的河神，但在广东影响不大，此不详及。

九、水神演变考略

考“水神”一词，始见于《史记·秦始皇本纪》：“始皇梦与海神战，如人状。问占梦，博士曰：‘水神不可见，以大鱼蛟龙为侯’。”晋·张华《博物志·异闻》载：“水神乘龙鱼。”后来典籍所载的河伯、禺疆皆人面鱼身，或鱼身手足，此古水神之状貌。传说禺疆曾被黄帝派遣，与他的兄弟仲阳一起，来我岭南开天辟地，作法驱浪弄潮，扑灭了粤北的一场山火，劈开清远峡，使海潮接通了北江，如今清远峡又叫“禺阳峡”，并有致祭禺阳帝子，可知禺疆亦是南来的水神之一。据袁珂先生考究，“古水神之状不尽限于鱼龙，《海外东经》所记之水伯天吴，为‘八首人面，八足八尾，背青黄’之兽。而鱼龙之形，当为水神之正。故有‘人马有鳞甲，如大鲤鱼之鱼伯’，‘马首龙身’之江神奇相等传说。李冰与江神斗，其神状初为牛形，后为龙身。知水神之说亦终于由兽而为鱼龙矣。此外，龙王、共工、应龙、夔、无支邪等皆属水神。或为龙蛇，或为牛猴，亦无非或鱼或兽而已”①。广东之水神，大致与之相符，多与鱼龙（蛇）有关。但因岭南地区历史上开发晚，中原水神的原始形态流入也有一个过程，而本地面临的水患比中原地带还要频繁，故急需这方面的权威出来治理，龙母、天后、洪圣等本地的水神便应运而生。北帝南来也化为水神，火神祝融也变成水神，武将马援也得兼任水神之职，这一切都可能是当时的应急措施，但后来却扎下了根基，

① 袁珂．中国神话传说词典［M］．上海：上海辞书出版社，1985：1 103．

说明水乡确实需要众多的水神，方能分工负责各方水域的各项工作，仿如人间社会，这正好反映了广东人讲求实际，善于变通的人文心态。

从以上诸神的演变来看，不管是人上天还是神下地，也不管是从星辰变为神，还是从动物变为神，都必须先向原始水神的形态靠拢，如天神祝融乘两龙，北斗七宿化龟蛇（龙）等，这是中原文化影响的结果。但这古老的文化思想要在岭南扎下根基，必须经过当地民众的选择和改造，祝融、北帝二神都与一个屠户相关，变成了民间传说的洪圣大王，能使“海不扬波”，才能香火鼎盛。伏波将军还为西江疏通水道，龙母娘娘执仗护航，天妃林默能预卜海事，救人于危难，才得到了南海水神的高位。食人香火，就要为人办事，民间不奉高高在上的、万能至圣的神，有如西方的上帝。这样的神本事再大，广东人也不会供奉他的。神是人创造的。神鬼世界的道理和人间社会是一样的。

今天，科学昌明了，人们明知海中没有龙，水中没有神，但水域之神秘和不解之谜较陆地为多，人们在水上还不能自如地为人掌握之时，对于水神的信仰和迷信，恐怕在短期内还不能消失。但无论如何，不应该让新的水神再出现。而从当今对龙母、对天后、对南海神庙拜祭的疯狂程度看来，如果新的一代得不到妥善的引导和教育，随时都有新的水神应运而生的可能，这是应该引起我们高度重视的。

第三节　行为：龙母信仰与西江民间文化

整个西江流域，不管是水上人家还是陆上住户，绝大部分都信奉龙母，其广泛和深入的程度，无异于西方的上帝，远远超过了天妃、玄武等水神。她不但掌管着水患，而且主宰着整个人间福祸，民间的许多风俗习惯，如摸龙床、饮圣水、爱青蛇、吃金猪等，都与她的神圣有关。每年两个诞会，即正诞农历五月初八（龙母生日），润诞农历八月十五（龙母飞升日），诞期3~10天。诞辰期间，四乡善男信女，纷至沓来，酬神祀祖，卖艺竞技，歌舞升平，贸易物资等，参加的群众多达30万人。过去，为了筹备这一盛会，主事部门必须在两三个月前往佛山、三水等地采购物资，还得派人前往传说中龙母的故乡——广西藤县礼请这位先贤的族人，来为之沐浴更衣，叩拜祝诞。其波及面除西江上下游各州县之外，香港、澳门，乃至湖南、江西、福建、贵州等省，都有前来贺诞的。其热闹的程度，可谓岭南民间盛会中首屈一指的。

一、龙母信仰的文化心态

德庆龙母的传说，始见于唐代广州司马刘恂的《岭表录异》，后宋乐史《太平寰宇记》加以补充，再后各朝碑记、诰敕又有发展，民间传说，亦相得益彰，各方煞有介事，各有自己的思想和心态，大致是按以下三条线索展开的：第一，文人的笔记小说；第二，统治者的封赠诰敕；第三，纯粹的民间传说。现分述如下：

（一）从图腾崇拜到宗族神灵

最早记述龙母事迹的《岭表录异》载：

> 温媪者，即康州悦城县孀妇也，织布为业，尝于野岸拾菜，见沙草中有五卵，遂收归置织筐中，不数日，忽见五小蛇彀，一斑四青，遂送于江次，固无意望报也。媪常濯浣于江边，忽一日，鱼出水跳跃，戏于媪前，自尔为常。渐有知者，乡里咸谓之龙母，敬而事之。或询以灾福，亦言多征应。自是媪亦渐丰足。朝廷知之，遣使征入京师。至全义岭，有疾，却返悦城而卒，乡里共葬之江东岸。忽一夕，天地冥晦，风雨随作，及明，已移其冢，并四面草木，悉移于西岸矣。

这段文字，虽然早见于书本，但从其所记内容和情节来看，人间烟火气味太浓，并非原始传说的真貌。从略早于刘恂的唐代诗人李绅和许浑的诗中，均有偶尔说及媪龙的情况看来，可知当时民间关于媪龙的传说已经相当普遍，刘恂所采不过是其中之一说。

其后100多年，即南汉入宋后乐史所修《太平寰宇记》载：

> 昔有温氏媪者，端溪人也。居常涧中捕鱼以资日给。忽于水侧遇一卵，其大如斗，乃归，置器中。经十许日，有一物，如手掌，长尺许，穿卵而出。媪因任其去留。稍长二尺，便能入水捕鱼，日得十余头。再长二尺许，得鱼渐多。常游波中，潆洄媪侧。媪后治鱼，误断其尾，遂逡巡而去。数年乃还，媪见其辉光炳耀，谓曰：“此龙子也，今复来也。”因得之，盘旋游戏，亲驯如初。秦始皇闻之，曰：“此龙子也，朕德之所致。”诏使者以赤珪礼聘温媪。媪恋土，不以为乐，至始兴江，去端溪千余里，龙辄引船还，不逾夕至本所，所此数四，使者惧而

止，卒不能诏媪。媪殁，葬于江陵，龙子常为大波，至墓侧，萦浪转沙以成坟，土人谓之掘尾龙。南人谓船为龙掘尾，即此也。

这段记载，较之于唐代有几点明显的变化。其一，媪以织布为业改为捕鱼，把时代背景推得更久远些，因为人类社会的发展是从渔猎时代进入农耕时代的，织布是农耕时代的一个标志。其二，媪并非孀妇，拾卵得子而已；因所得为龙子，故而成了龙母。符合“民只知有其母而不知有其父”的母系社会的特点。其三，加入了特定的年代（秦始皇时），这是传说的特征之一，也是著家为了增强传说可信性的一种手段。其四，返还的情节由“有疾，却返悦城而卒”改为“媪恋土不以为乐……龙辄引船还，不逾夕至本所，所此数四，使者惧而止”，增加了传奇性和神秘色彩，这是民间传说所固有的。因此，我们认为这段记载更接近于民间传说的原貌，难怪它为后来的《南越志》、《岭南丛述》等广为引征。

这些记载向我们透露了一个信息：生活在西江沿岸的先民，是庞大的华夏龙族团的一个支系，他们也崇拜龙图腾。但龙母传说已不是一般的图腾崇拜。龙之有母，并形成其家族体系，姓梁姓蒲还是姓温，这都无关紧要，正好说明它是从图腾崇拜转为宗族神灵崇拜的产物。传说中没说及龙母有丈夫，有的文献提到她有个养父，但人们崇拜的并不是这位“龙公”，而是龙母，这是母系社会向父系社会过渡的表现。至于明清以后，又有人给她找到了父母，冠以姓名，还有姐妹并结义金兰等，乃是历代封建统治者为了证明他们是真龙天子、皇恩浩荡所攀的亲戚，不足挂齿。

（二）至圣显灵的种种烟幕

承上所说，既然历代封建统治者都是“真龙天子”，因而对于“朕德之所致”的龙子龙母，当然备加厚爱，赐予各种封号。据我所知，岭南各路人仙神中，获得封号最多的，在人，应数高州的冼太；在神，就要数这位龙母了。自唐朝天祐元年（904 年）开始，龙母被封为“永安郡夫人”，次年改封“永宁夫人”，南汉大宝九年（960 年）被封为博泉神龙母夫人，宋元丰元年（1078 年）被封永济夫人，加封灵济崇福圣妃，显德夫人等，大观二年（1108 年）诏以“孝通”为额，明洪武九年（1376 年）被封为护国通天惠济显德龙母娘娘，此外，五龙子、六姐妹皆获封号。还有说汉高祖十二年已获程溪夫人封号的。考汉高祖十一年方使陆贾立赵佗为南越王，次年四月即驾崩，似乎来不及给龙母加封。尽管这样，龙母的封号已经够多了。

如此多的封号，就必须有相应的圣绩。于是乎南巡的将军御史，心有灵犀，或梦见五龙子护舟，或见一朱衣妇女执钺助仗，故未尝风波之虞，凯旋而归，奏表于朝，加封晋爵，修庙立碑，谕官致祭，热闹非常。特别是那些碑记史官，搜竭枯肠，编造圣灵事迹，使其威灵更为显赫。如清康熙二十七年（1688年）提刑按察使司卢崇兴所撰庙碑，云龙母疾终后，“随有五秀士乘一苇至，如执亲丧，丧礼毕具，已筑墓于南岸青旗山矣。忽一夕，于烈风雷雨之中……（移）墓于北岸黄旗山内。远近靡不神之，遂立其庙于墓右，而五龙易为五蛇之形，朝夕出入于庙墓之间，如守制然。……（宋熙宁九年，安南招讨使郭逵奉命）远征交趾，龙母为之默佑以通运粮；元至正间，悦城寇董熙作乱，本路总管梁全讨之，乘夜捣穴擒三魁，民获安增，明洪武元年（1368年），征南将军廖永忠，（遇波）涛险阻，常梦五龙护其舟；又嘉靖二十四年（1545年），两广都御史张岳征封川僮贼，见一朱衣妇人执钺以助仗，而擒获贼首，此皆龙母默佑之……”清康熙四十九年（1710年）重刊《孝通庙旧志》说得更神：该庙“能呼吸风云，变化万千。凡水旱疾疫，随叩随应。往来仕者商者，咸沐其床。时有白鹿黄猿守墓，朝夕叫号者竟年。又有二大蛇，常在庙中，三蛇常在墓侧，与之酒则饮，闻乐益饮，乡人号为五龙。庙所最大者为掘尾，犹变化不测，即母所伤者。庙之左曰黄旗山，有夜游石，夜半放光，形如宝鸭并游。右曰青旗山，飓木郁茂。旧有盗伐木，群蛇叠次，盗暴亡。有三足鹿即母所豢者，善鸣，鸣辄验。如在上隅鸣者，贵官诣庙，自上来；山下隅鸣者，则自下至。迄今一毫不爽。有猿，有白鹇，有麖，有野牛迭出，并无一人惊之。故鼎革以后，大江山木濯濯，独此山葱郁不改，则神灵显赫可知也”。以下还详细记述了历朝文武祷告灵验之事，如高雷总镇都督粟养志，边事惶惟，诣庙祷曰：“苟叨神恩，当修庙报之。”果迁，乃捐金倡修之。后又有官商各界募助，大兴土木，康熙七年告成。是年八月二十六，龙母陛殿之晨，五龙归朝，飓风大浪，拥高二丈，官商无不称异。

这些神话，后已为一些有识之士所戳穿。如所谓“五龙归朝”，不过是庙祝们的精心摆布而已。他们悬赏乡民，谎称凡山野所见小青蛇，皆本庙出游的“龙子”，护送回庙，即获龙母赏赐。收回蛇后，即偷偷拔去毒牙，放入仓库的铁笼中饲养，喂以鸡蛋、田鸡等食，一经食饱，便恬然自适，任由摆布。于是庙祝们便把它们放到龙母神案的柚木枝上，摆成个“五龙太子朝母”的形象（见梁伯超《悦城龙母庙》，梁伯超新中国成立前曾任德庆县悦城税捐八处主任，1946年住庙监收司祝捐）。除了蒙骗群众，中饱私囊之外，还可宣扬“天子圣明”、“皇恩浩荡”，以巩固他们的统治，龙母龙子获得加封，发现这

“圣绩”的官员自然也就可以晋爵了，历代统治者之所以在各方神明身上大做文章，其目的不过于此。

（三）与赖布衣斗法及“人心不足蛇吞象”

与历代封建统治阶级宣扬的格调完全不同，民间的龙母传说是按照另外一条线索发展的。集纳起来，大致有两个母题：一是龙母与风水先生赖布衣斗法；一是与另一个俗语故事“人心不足蛇吞象”合二为一。

传说中的赖布衣是广西柳州人（另一说为江西人），是个深通天文地理，又有一定法术的风水先生，直到宋元时代，还有他的传说。屈大均的《广东新语》中说他是宋代人：“宋有厉布衣者，善相坟地。今广州故家大族，其始祖二世三世坟，多厉布衣所定穴。予宗有其二焉。谚曰：族有布衣坟，繁昌必有闻。”① 其中的“厉布衣”当是“赖布衣”口音之误，还有叫他做“赖普仪”的，是个“云游四海的法师”。总之，他是个很有法力的风水先生，为与龙母争夺“龙口福地”，使尽浑身解数，终于败在龙母脚下。群众津津乐道的是龙母和赖布衣斗法的场面：一位端庄秀丽的农村姑娘，坐在“五龙吐珠”福地的龙口上，放牛织麻。老谋深算的赖布衣也看中了这块宝地，请她让开一点，她不肯。赖布衣掏出一枚铜钱，丢在地上说：“我就要铜钱大的地方。”姑娘拿出一根针，不偏不倚地插在铜钱眼里，说：“我也只要针眼大的地方。”顿时光芒四射，把赖布衣惊呆了。原来，那针插的地方，正是龙口。这样，赖布衣才醒悟道，这姑娘不是凡人，正是龙母。但他一心想争那块宝地，不甘心失败，便制起他的茅山妖法，操起神鞭，驱赶石羊，妄图堵塞西江，淹没龙母的宝殿。龙母识破了他的阴谋，派五龙子镇守各处江口，用鸡啼法把他一一击破，至今石留满山，附会成当地的山川风物，这就是肇庆七星岩、华表石、三洲岩、云浮石山的来历。这些传说，并不称奇。桂林山水的来历，硇洲岛为什么没有土地神，情节都很相似。值得注意的倒是赖布衣这个人物，他和龙母同是广西人氏。为寻龙口福地先后来到广东，说明广东的自然地理条件确是比广西好，历史上开发也比广西早，是广西人民心目中的一个发财致富之地，通过这一侧面烘托，表现了西江人民对自己家乡的热爱和对异乡移民的礼遇。从民族学的角度考察，龙母和赖布衣可能是西江上游移居悦城的部落首领和军师，因此才有地盘之争，龙母立足当地，取得了胜利，并和当地人民一起开发西江，使得西江两岸风调雨顺，五谷丰登，受到人们的爱戴，被尊为神。赖布衣也不是坏人，

① 清·屈大均．广东新语［M］．北京：中华书局．1985：卷十九．坟语．

他在被龙母击败之后，云游广东，最后返回悦城归顺龙母，所以后人在扩建龙母庙时，还在庙前给他立了个塑像。

另一个就是关于“人心不足蛇吞象”的故事。此语始见于《楚辞·天问》：“灵蛇吞象，厥大如何。”引《山海经》注曰：“达海内有巴蛇，身长百寻，食象三岁而吐其骨。”这里只是泛说蛇之“怪”、“大”而已，并没有寓涵着人心不足之意。直到明朝诗人罗洪先的诗句：“人心不足蛇吞象，世事到头螂捕蝉”才明显用以比喻人心不足，后逐渐流行成为民间俗语。从后句用典的情况分析，可能明以前就有“人心不足蛇吞象”的故事在民间流传。故事大致是这样的：很久以前，有个名叫阿象的小孩，救了一条受伤的小青蛇（或小银蛇），把它拿回书房课桌的抽屉里喂养，蛇越长越大，食物不够，后被先生（或他母亲）发现了，逼他放掉。临别，蛇告诉阿象，以后遇到什么灾难，只要上山叫它一声，便可得救。不久，阿象的母亲患了不治之症，医生说要吃龙肝才能治好，阿象上山呼蛇，蛇应约前来，张开大嘴，让阿象爬进肚子里割了一块肝给他母亲吃，果然药到病除，阿象的母亲恢复了健康。后来县太爷送他许多金银财宝，要他多割一点，献给皇太后。阿象经不住物质引诱，爬进蛇肚，狠割龙肝，蛇忍不住疼痛，就把阿象一口吞了。但它依然不忘前恩，照料阿象的母亲。阿象的母亲死后，它每年都给她扫墓。但它毕竟吞食自己的恩人阿象，所以雷神劈断了它的尾巴，成了掘尾龙。现在每年农历三月初三（一说二十三）都有风雨雷电，传说那是掘尾龙给阿象的母亲拜山。

这个故事的主干是“人心不足蛇吞象”，结尾才与龙母故事的“掘尾龙”相附会，有的地方还和天后传说混为一谈，因为三月二十三正是天后诞，那天也必有风雨，那是天后娘娘送大舅回家，渔民又称之为“送大舅节”。主干部分很明显，是一则俗语故事。主人公阿象虽有名，但无姓，其名也像张三、李四、王小二一样，可视为通称，背景宽泛，其产生的年代必在龙母和天妃之后，在流传中产生上述变异，更说明龙母传说影响之大，她不但要把蛇吞象故事纳入自己的系统，还要把势力相当的天妃传说，也俘虏过来，这是显而易见的。

二、龙母信仰的种种表现

龙母简直成了西江人民的上帝，渗透在他们生活的各个方面，无时不在，无处不在。新中国成立前，西江流域各县大大小小的龙母庙数以千计，单是德庆县内就有300多座。几乎所有的船只，都供奉有龙母的神像。来往船只经过龙母祖庙，烧鞭炮鸣笛致意，有的还上岸祭祀。求子求财，可向龙母起愿；祛病消灾，可求龙母保佑。特别是水旱灾情，更是龙母直接掌管之下。这些信仰深刻影响了西江人的习俗，如忌食鲤鱼，放生，爱护青蛇，摸龙床、饮圣水等。

（一）万民朝圣

对龙母的朝拜始于何时，已不可考。清·康熙重刊《孝通庙旧志》说龙母汉时已封为程溪夫人，容肇祖先生认为，这是“以后人的想象，作为事实”，不太可能，而认为“龙母事迹，从始有记载，以至始有封号，约在公历800年左右”，当朝诗人李绅、许浑先后留下了“风水多虞祝媪龙”和“火探深洞燕，香送远潭龙”的诗句。① 可知当时或早一些时候，已有人给龙母进香礼拜。到宋靖康元年（1126年）吴揆所撰《赐额记》云，自1108年诏以“孝通”为额之后，庙食更盛，“舟人往来，蠲洁祭享，迄无惊波怒涛复溺之患。每以水旱疾疫祇禳，悉随叩随应。自秦迄今，几二千载，康人德神之德，愈久愈深，而庙食愈盛”。后来邓显桓的《孝通庙记》亦云：“凡仕宦之南北，商旅之往来者，靡不乞灵于祠。”清康熙卢崇兴《悦城龙母庙碑记》也载道：“从此往来之士庶农绎报赛祷祝者络绎如织，千百年如一日也。”又康熙四十九年（1710年）程鸣重刊《孝通庙旧志》云：“康州四乡三百余寨，皆设行祠，别郡所设，亦难枚举。”可见其影响之深广。

贺诞的情景，更是踊跃。“是时建醮演戏，异常热闹，多有集会贮款，届期偕往参神者，数日后始返。”② 特别是珠江三角洲及四邑一带的华侨、港澳同胞，早已纠合同好，组织“贺诞团”，专程前来拜祭。贺诞团的人数，一般以10人为一团，取其“十足齐全”之意。新中国成立后，每届诞辰组团前来的有广西梧州、柳州、桂林、南宁、贵县、龙州、百色等，广东的三水、佛山、中山、顺德、开平、东莞、广州，还有湖南、江西等省来的。以1946年计，总数在30万人左右。从农历五月初一至初十，香客络绎不绝，庙外码头停满船只，庙内每个角落都挤满了人。特别是五月初七那天，更是水泄不通。因为初八为诞辰，人们要在零时给龙母烧头炷香，因此不少人在庙外露宿，睡在地上，叫做“打地气”，据说这样可以接纳天地之灵气，祛病消灾。前来参拜的香客，大多是平民百姓，但也有达官贵人，富商巨贾。来者都要有所捐赠，以示虔诚，名曰“香油捐”，数额一元二元不

① 德庆龙母传说的演变［J］. 民俗，第九期.

② 胡朴安. 中华全国风俗志：下编［M］. 石家庄：河北人民出版社，1988.

拘，也有百十元上千元的。也可捐赠实物，最多的是香油，五罐十罐都有，还有捐金银首饰的。据史料记载，1939 年诞辰得捐金银首饰三箱，后来公开拍卖，得款四万多元，成为轰动省港的重要新闻。

新中国成立后，平日朝拜人数三五十至一二百不等，每逢悦城圩期（过去为五、十；现为二、五、八），香客总在三百以上。正月间多些，一般是还愿来的。诞辰期间几万至十几万之间，五月初七那天五至七万，每年总人数达 30 万。西江沿岸的各种庙宇，如天后庙、关帝庙等，不少已历尽沧桑，化为乌有；龙母庙不少也遭到破坏，但相对幸存者还有一些。1978 年后，由于党的政策顺应民心，港澳华侨同胞爱国爱乡，寻根访祖，作为华夏龙族一大支系的领袖龙母，理当受到人们的敬仰，成为万民膜拜的偶像。

（二）慈龙孝子

有人说，龙是张牙舞爪的皇权的象征，是耀武扬威、妄自尊大的封建统治者的理想。① 非也。且不说“龙生九子”中的“八子”是一条生性好文的“文龙”，黑龙江的秃尾巴龙是条慈龙，兄弟民族传说中还有“笑龙”等。岭南的掘尾龙，就是一条“慈龙孝子”。龙母本人就是一位心地善良，济物放生，造福万民的大慈大悲的圣母。五龙子更是隆恩厚报，俯首听命的贤良子弟。从它长大能入水取鱼之日起，便帮助龙母捕鱼；成龙之后，秦始皇逼纳龙母于宫，五龙子四次阻航，引还程溪。龙母疾殒，五龙子为之萦浪转沙以成坟，又把墓移至江北，并易为五蛇之形，守制墓侧。于黎民百姓，则为他们解水旱之忧；于清官良将，则为他们护航助战。是故五龙俱封侯爵，长龙为显济广泽助顺侯，二龙为右济助泽广惠侯，三龙为助济普泽敷顺侯，四龙为支济顺泽惠福侯，五龙为协济敷泽嗣应侯，真是功有应得。这些封赠，虽是封建统治阶级笼络民心的一种手段，但也反映了人民“老有所养，终有所送”的思想，他们希望自己的子弟孝顺忠义，五龙子的形象，便是这种心理的反映。

历代统治者和龙母庙祝正是利用这种心态，制造了“五龙朝母”的种种神话，每逢诞期，便把拔去毒牙豢养于室的小青蛇喂饱，让它栖息于神案的柚木枝丛中，摆成“五龙朝母”的形象。平常则放置三条，宣称“太子出游”，于是凡山野间出现的小青蛇，皆“出游太子”，乡民发现，均应护送回庙，庙祝还装模作样，焚香膜拜，“迎接太子回宫”，然后又偷偷拔去毒牙，放在笼里饲养，以备摆布之用。他们甚至与邻近的龙母庙串通一气，

---

① 严家其. 中国不再是龙［N］. 人民日报. 1988－05－23.

摆布这种场面，如1946年9月间，都城龙母庙祝秘密来到悦城，运回两条青蛇，置于都城龙母庙的香案上。与此同时，悦城龙母庙的香案少摆了两条。双方一起宣扬，“青龙太子”已到都城朝母。因此造成了都城热烈参拜的场面，持续了一个多月，骗取了大笔钱财，两方私分。

如此年深月久，当地就养成了一种敬仰和爱护小青蛇的习惯，把它视为龙子，很少伤害，见之护送回庙，形成了西江人的一种特殊心态。其他地方都说“见蛇不打三分罪”。悦城谚云“见蛇乱打七分罪”就是这种心态的反映。

（三）济物放生

传说龙母升仙之前，“日以济物放生为乐。又性喜豢白鹿，农人恶其伤稼，龙母断其一足，放之南麓”①。按“济物放生”本是佛门大慈大悲之举，除说明龙母慈悲，堪为后世楷模之外，还有它特殊的含义。

传说有一回发大水，龙母派五龙子下海夺取了海龙王的水界牌，赶走了虾兵蟹将，海龙王怀恨在心，一直伺机报复。龙母15岁那年，海龙王派鲤鱼精乔装打扮，潜入龙母的养父梁三的网里。梁三网到了这条大鲤鱼，非常高兴，时值中秋佳节，父女俩美餐一顿，龙母当场被鱼骨鲠死。至今西江人忌食鲤鱼，放生鲤鱼，原因就在此。这种传统风俗的形成是人们畏惧不幸和危险而祈求于神灵的一种表现。人们在放生时往往还有祈祷或祝愿，形成一种特殊的仪式，有着明显的实用目的，实际上是一种巫术信仰。它与西江水患频繁，古人无力对付而祈求神灵保佑的心理有关。人们航行和捕鱼在科学不发达的古代，又经常遇到许多意外，以为有一种神秘的力量在主宰着这一切：航行顺逆，捕获多少，生意好坏等等。于是就有一种欲望支配着人们去宣泄某种感情，乃至形成一种制度，将人们心理加以调整和组织，以对付当时的知识及技术所不能解决的难题。这就是这种行为的文化功能和它的社会价值。②

（四）圣迹迷信：摸龙床、饮圣水、服香灰、吃金猪

悦城龙母祖庙，坐落在悦城河与西江汇合处，背靠五龙山，面向西江水，形胜险峻，气势雄浑，构筑堂皇，手法高超，是广东最宏丽的一间神庙。庙分三进，正殿后二楼特辟“龙母卧宫”，安置龙床，龙被龙帐，高雅神圣，名贵非常，摸一摸便时来运转，坐一坐就早生贵子。庙祝们还挖空心

---

① 卢崇兴．悦城龙母庙碑记．

② （英）马林诺夫斯基．文化论［M］．北京：中国民间文艺出版社，1987：第一七节．

思，把莲子、红枣、花生、白榄等果品放置枕头被角之间，任由香客摸取。摸到莲子，庙祝便高声唱贺“连生贵子”；摸到枣便是“早生贵子”；等等。据统计每年前来参拜的香客，参与摸龙床、坐龙床、铺龙席的多达六七万人。

龙母庙后有一眼硫黄矿泉，水质清优，加上硫黄有一定杀菌功能，可治疥癣等皮肤病，故被称为“圣水”，说是龙母娘娘的口水，可治百病。庙祝们把这眼泉占为庙有，围上栏杆，取水盛入碗内，贴上“龙母圣水”的招字，向香客们兜售，每年亦可售出 2 万多瓶。事有凑巧，1987 年龙母诞，香港同胞何大伦先生来进香时，取回一瓶“圣水”，何先生是养鱼的，他把“圣水”倒进鱼塘里。那年香港不少地方发鱼瘟，何先生的鱼塘安然无恙。1988 年他带着家属前来参拜，并捐资一万港元。1989 年他又来了，并表示以后每年都来。1997 年，还有一位港商带着 100 万元巨资来还愿的。管理处主任冯生说：每年来拜祭起愿的人数以万计，总有千分之一的人如愿吧，他们就说龙母灵验了，其实是概率论在起作用。这一分析对迷信者应有所启示吧！

更有甚者，连龙母香案上的香灰，亦被视为“圣丹灵药”，说是内服可治疴呕肚痛，外用可治跌打刀伤。香客们争先向庙祝购买香灰。有的把敬奉龙母的香枝点燃后便熄灭，带回去备用。所以每届诞期，香价再贵，人们也在所不惜。每年销售香枝总在 10 万元以上。据说一位 70 多岁的广西籍水上居民重病在身，叫人背到了龙母庙大殿，拜神许愿后取了一点香灰冲服，不久精神爽利，又取了一些香灰回去。第二年，他神采奕奕地回来还神，说是阿嫲（奶奶）救了他的命，他要拜阿嫲。1986 年，他带着子孙，特地打了一把金钗，农历五月初一就来到龙母庙，一直住到初八龙母诞辰，亲手把金钗插在龙母的发髻上。后经验证，这是一把足金金钗。这样的传说，民间还有不少，多半是一偶然事件，被道家蒙上了一层灵符神丹的神秘色彩，使民间信仰变成了宗教鸦片。

关于吃“金猪”（烧猪）的风俗也是这样。传说龙母吃了“金猪”，便会“赐福金珠”，即招财进宝之意。传说敬奉过龙母的金猪，留有她的口水和牙慧，凡人吃了不但身体壮健，百病难扰，而且还可纳财得珠。因此，香客们多购备金猪为祭品，多则一两条整猪，特别是还愿时，为显示自己的气派，表示自己的虔诚，人们都用整猪。平时祭拜，也有一块烧猪肉的。奉神后例必在庙里斩食，以拾龙母的口水牙慧。现在广东人拜山祭祖，亦多备烧猪，拜后现场斩食，并分享其他食品，可能也是受了这种思想的影响。

其他如过往船只必鸣笛，敲鼓烧鞭炮致意等，亦一直延续至今天。笔者于1989年秋天的一个傍晚到悦城河与西江汇合处考察，停留约半个时辰，约有30多艘船过往，鸣笛者五，烧鞭炮者三，擂鼓鸣金者一，怪声呼叫者一。现场与一地理教授分析，因其上下游皆有险滩，下为刲鸡湾，上有大顶角，水流急，有旋涡，特别是丰水期，确是一处危险地带。在古代航行设备差，技术不高的情况下，人们自然把凶吉系在命运之上，于是希望有一种超自然的实体力量来帮助他们渡过难关。以上行动，不过是他们向神灵祈祷的一种形式。今天科学发达了，但自然界尚有许多未被征服的领域，加上心理积淀之根深蒂固，故一些风俗依然保留下来。

三、龙母信仰对西江经济文化的影响

（一）理论的依据

经济文化发展的水平，影响着人们对神的信仰及神与神、神与人的关系。关于大神的观念就是一个例子。① 龙母是西江的一位大神，这是“分层社会”（即阶级社会）的人更积极向她祈祷的观念所决定的。因为人们相信，她至今仍在支配各方神鬼并造福于民。因此，龙母诞自开放以来亦呈现出越来越旺盛的势头。1988年所售门票达22万张，加上外围拜祭者，估计总数达30万人。庙宇各项收入达100多万元，近年结合旅游开发，收入激增，加上各种捐赠，每年收入超过千万元。

这实际上是一项特种文化旅游。据前任悦城龙母庙文物管理处主任冯鉴仪分析，现今朝拜的群众中约有1/3是笃信龙母的，他们虔诚拜祭，三跪九叩，一连三载，不能中断，这些大部分是中老年妇女。其余2/3，有的是随家人前来的，有的是慕名而来看热闹的，有的是寻根访祖的，有的纯粹是观光游览的。但因有龙母这一特别的圣迹，确是招徕游客的一个好标识。这一旅游业的发展，势必促进交通、饮食、工艺等行业的兴旺，特别是特种工艺，各种圣象饰物等，据说诞辰期间，凡与“龙母”二字沾亲带故的物品，皆一扫清光，使悦城居民多了一条致富的门路。

（二）历史的情况

从历史资料看，前人已经注意到这个问题。新中国成立前，悦城龙母诞所需香烛、纸钱、爆竹等，都向佛山定购。1946年订货价值6万多元，加上沿江两岸大大小小的龙母庙，以最保守的数字300间计，其中行宫以30

① （美）马文·哈里斯［M］. 文化人类学. 北京：东方出版社. 1986：334.

间计，总销售额至少200万元以上，对佛山的冥镪业是很大促进，使之成为全省最大的祀神物生产基地。在交通方面，当时主要靠西江水路运输，每年诞期给船只平添了30万客运业务，当时经营西江航运的省梧、港梧、肇梧、都省等航运公司，从农历四月初开始，即在各埠街头巷尾贴街招，招来游客，据广西航务公司负责人透露，他们1946年诞期客运盈利9万多元。在商贩经营收入方面，1946年诞期计有2 000个摊档，每个摊位收租3元至60元不等，摊租收入便达2万多元，总销售额220万元左右。其中饮食业销售120万元，香烟4万条，金猪1.1万头，德庆首乌酒2万樽，肇庆花席2万张，三鸟10万只等，价钱均比平常高出一倍以上，商贩公开承认：一个诞期盈利，足够一年开支。

新中国成立后，龙母庙曾一度被废为粮仓，龙母信仰被视为封建迷信，除民间偷偷祭拜外，无人敢来问津。直到1960年修复，1983年重新开放。省文物管理处拨给3 000元。现行庙务由悦城龙母庙文物管理所主持，全所现有职工22人，诞期雇请临工，1988年最多雇请到600多人（新中国成立前最高峰为1946年，雇请460人）。庙宇主要收入靠门票、捐赠，附设小卖部，出售香烛及各种饰物，还有一间招待所，平时多为内部使用。1980年总收入约100万元，捐赠约占40万元。捐赠者均可留下芳名，千元以上者张榜高悬于接待厅内，万元以上者还刊出巨幅照片。笔者参观时芳名镜屏已挂满四周墙壁，已逾千人，以上各项收入，除解决全所职工福利外，大多用于维修并扩建有关设施，还为城镇装置了街灯，修建了河堤和沿江大马路，改革开放初期还牵头集资200多万元，兴建了悦城龙母公路大桥，使悦城至肇庆、悦城至德庆的公路缩短了一半路程。但从总的情况看来，悦城镇的经济还远不如珠江三角洲，这方龙口福地，还是要靠党的富民政策，增创新优势，才能更上一层楼。

（三）文化的印记

文化方面的影响比经济效益深远得多，从民间流传的故事、歌谣到文人的诗歌、戏剧；从古代文物到现代的商标，以至人们的习惯心理，都打下了龙母的烙印。至今广州、南海一带还有俗语说："正月生菜会，五月龙母诞。"这是广东民间特有的两个诞会。生菜会是正月二十六，龙母诞是五月初八。又说："三月二十三，掘尾龙拜山。"是日大风大雨，这是掘尾龙回来为龙母扫墓。考三月二十三刚好是天后诞，他们显然是把龙母的传说、天后的传说和"人心不足蛇吞象"的故事混为一谈了。还有些地方说："二月初二龙抬头。"是日刚好是土地诞，时有大风大雨。十二月排歌唱道："二月排来龙开口，千金小姐抛绣球，绣球跌落蒙正手，蒙正拾得满江游。”说的也是这件事。因此，二月有风雨，亦与五龙子有关。“龙行雨，虎生风”，这是民间信以为真的气象谚。悦城谚云：“金鸡岭后啼，龙母护国归。”五龙山后有金鸡岭，龙母被敕封为护国通天惠济显德娘娘，故云。其意不过如广州谚云：“九牛浮水日，肖养转回头。”是人们对自己崇敬的圣贤的一种怀念，金鸡自然不会啼，龙母也自然不会回归。九牛（指珠江中的九颗巨石，广州人呼为“石牛”，实际上只有八颗，所以无论江水落到何等地步，也只能见出八牛，而无九牛）自然不会浮水，黄萧养（农民起义领袖）也自然不会回头。这些道理都是相通的。悦城人还笃信“坐龙床，生贵子”、“奉敬龙母，四季平安”。所以新中国成立前虽然每坐一次龙床收费 10 元（当时庙里雇请临工，每日工薪 1 元），每天还是有 200 多人去坐，至今仍吸引着不少年轻妇女。珠江三角洲和四邑一带的人，认为龙母枕着三江水（龙母庙位于西江、悦城河和绛水汇合处），掌管着下游的旱涝丰歉，所以每年贺诞的人特别多，至今依然；过往船只，仍向她鸣号致意。这些故事、歌谣、谚语，都是龙母传说的产物。

至于文人诗歌、笔记散文中记及龙母及龙母诞的，更是不胜枚举。上文谈及的唐代诗人李绅被贬端州司马时，曾写过一首《移家来端州先寄以诗》，传说当日李绅乘船经过悦城，水浅滩多，船不能行，李绅即向龙母祷告，卒降大雨，江水骤涨，遂得顺流而下，乃有诗云。还有许浑的《岁暮自广江至新兴往复中》四首，亦言及媪龙。后宋代的萧注，写了《过悦城题五龙庙》，借题发挥，呼唤天下贤人；还有元代刘中孚《题龙媪墓》，列举了许多神异之龙，亦值得一提；再有明代陈白沙之《悦城》诗，写的是过龙母庙时的感想，但对龙母庙不着一字，只用山势、鼓声从旁描绘，妙语非常，兹录于下：

山作旗幢拥，江絣镜面平，舟航乘晓发，云日入冬晴。鼓到江心绝，槎冲石角横。经过悦城曲，无语笑浮生。

诗中对人生福祸无所系念，更表现了这位理学家的精神。

还有沐世阶的《悦城诣龙母神庙》诗，也值得一读：

层崖青黛映长空，庙集仙娅姐妹同。歌听玉箫云缥缈，书传丹凤月朦胧。十八篆受三天籍，千里舟乘一夜风。安得显灵频缩地，片时移到我南中。

用的都是龙母传说的掌故，可见龙母之显赫。因此历代笔记散文中，凡涉及岭南风物的，几乎都有提及。著名的如刘恂的《岭表录异》、屈大均的《广东新语》、李调元的《粤东笔记》、刘后麟的《南汉春秋》、范端昂的《粤中见闻》等，但亦都是一些片断，不过已给我们留下了宝贵的资料。20世纪20年代，容肇祖先生写过《德庆龙母传说的演变》一文，做过较系统的考究。① 新中国成立后，还有人把它编成戏剧，搬上舞台，名曰《悦城龙母》，并到新加坡演出，大受欢迎。

今天，人们对龙母的崇拜恐怕更多地出自龙的传人对自己英雄祖先的敬仰。龙母作为古代南方龙族团的首领，率众自广西到广东开发，创立基业，斗败了江湖术士赖布衣，还斗胆违抗秦始皇的君令，是何等的气概，难怪她香火延年，万民敬仰。

第四节　心意：雷州半岛的雷神与灵石崇拜

雷州半岛是我国著名的雷区，屈大均在《广东新语》中多次提及，雷州无日不雷，犹如“农人无日不耕”一样。是故有冬雷、春雷；旧雷、新雷；阴雷、阳雷之分；还有雷耕、雷石、雷种等神迹。人们又以雷占卜年成，诉说仇雠，认同祖宗，拜祭雷神、雷王等。并认为“雷生于石”，又祀“石神”，但凡石狗、石牛、石马，奇石甚至村边路旁的普通石头，都在拜祭之列。关于雷神与灵石的崇拜，涵盖了整个雷州民俗，辐射到社会生活的各个方面，对本土文化产生了深远的影响，是我们研究岭南民俗文化不可忽视的一个重要环节。

一、龙源于雷，雷生于石

龙，作为华夏民族图腾崇拜的神物，其原型究竟是什么？人类学家、考古学家、民俗学家各自从自己专业的角度，发表过许多高见，普遍认为，龙是以蛇为基本型的图腾的族团吞并了其他弱小族团之后，吸取其他族团的图腾综合而成的。人们想象中的龙的形象，就是蛇身、马头、鹿角、狗爪、鱼

① 民俗周刊，第九、第十期.

鳞的。而“蛇”的基本形状又从何而来？古文字学家认为，与“雷、电”有关。龙，甲骨文作、；电，甲骨文作，金文作，均为电光曲折伸延的画面，而雷字，则是在电字的形体上加上表示雷声的符号，甲骨文作、。在初民眼中，雷电乃合二而一的天体现象，在雷声大作之时，电光犹如蜿蜒之长蛇划破长空，这蛇，就是龙，也就是雷。龙字，可视为雷、电二字的变形。它保留了闪电的弯曲、放射的形状，又将表示声音的“口”部置于弯曲的终端，口朝下开，表示龙行雨时从口中喷出，这就是初民想象中的龙的象形。

根据古书的记载，龙、雷同体。雷神之形，或为龙，或为牛。《山海经·海内东经》载：“雷泽中有雷神，龙身而人头。”《大荒东经》又载：“东海中有流波山，其上有兽，状如牛。郭璞注：雷兽即雷神也。”屈大均《广东新语》卷六“神语”云：“况雷与龙同体。其从龙而伏也则在山，从龙而起也则在田。雷者龙之声也，电者龙之光也。龙本卵生，故雷神亦卵生。”又引邵子云：“石为雷。而龙常生石中，龙之生即雷之生也。雷以石为胎，其起也破石而出，石迸散于人间，故为雷公之石也。”所以祀雷、祀石，实际上都是后来龙图腾崇拜的一种表现。雷州人对雷神的信仰，几乎渗透了其民俗的每一个环节，祀雷、酬雷（所谓“雷州换鼓”）、作“雷坛斋”，寻雷公屎，食雷公马等，无一不与雷有关系。而对于“石”的崇拜，也遍及雷州的每一个角落，石狗、石牛遍布雷州大地，还有通天石、蝙蝠石、宋皇石墙等，灵石崇拜的源头，刚好与雷神崇拜吻合，作为龙、雷同体，龙生于石，雷亦生于石的最好注脚。

而“石”的本义为“在山洞内祈祷”，兼有“燎祭场所”之义，[①] 这是一种祭雷方式，与“火”有密切的关系。“火”从雷电而生，“火”从天而降，“火盛曰王”（吴大澄《字说》第3页），火神亦即是雷神，这在各民族神话传说中都可以找到依据。雷电一方面给人类造成了恐惧心理，带来灾难；另一方面又给人类提供了生活的最基本的必需品——火和水，构成了人类生存价值的两极对点，更增强了古人对它的敬畏，从而演示出一系列的民俗事象。这种文化行为模式的产生，首先来自人类的生理感觉，即雷电轰鸣与火引起的强烈刺激，这是一种低层次的生物心理。对雷电的认识价值，对水火的依赖，以及由此而产生的对它的解释和征服的愿望，反映了原始先民精神文化的重心在于处理好天人的关系，拜祀雷神的燎祭，正是这种思维导

① 徐山．雷神崇拜——中国文化源头探索［M］．上海：上海三联书店，1992：63．

向下的一种交感巫术，通过模拟雷神出现后产生的烈火熊熊的典型环境，呼唤雷神，祈求天人感应，以达到祈雨或消灾的目的，也是龙、雷、石一体的深层结集。

二、关于雷祖陈文玉

据《广东新语》引志书云：陈朝时雷州有个猎人，名叫陈鈇，无子，一日出猎，拾得一个直径30多厘米的巨卵，携回家后雷雨大作，巨卵裂开，爆出一个男孩，两只手上分别写有雷州二字。长大后，果然于太建三年（571年）做了雷州刺史。这就是后来被奉为雷神的陈文玉。

查陈文玉的身世行迹，正史未载。唐以前关于雷公庙的记载，都还只说雷公是“天上的灵物”，州人所祀的雷神，就是石神。五代初，州治迁徙，庙从州迁，于是有人造出了风刮庙梁飞到英榜山石神庙之说；到了北宋年间，丁谓被贬崖州时才记录了陈氏获卵得子的事。这些传说，显然是对古籍“雷震卵生”的附会。明清以来，历代府志又根据这些传闻，添枝插叶，衍为“史实”：“陈文玉，雷州人，世传陈太建中，其家出猎得巨卵，携之置诸庭，雷霆卵坼，得一男子，即陈文玉也。少而明敏，长涉猎书传，唐贞观时，辟茂才，任本州刺史，精察吏治，巡防境内，甦民疾苦，怀集峒落，诸酋相继输款，阙后，乡人立庙塑像祀之。”（《雷州府志》）又《雷祖志》云：雷州古为南荒，直至唐代还被视为蛮夷瘴疠之乡。自陈文玉任本州刺史后，政教并行，僮傜向化，请更郡名为雷州。捐俸造城，不费民财，安抚峒落，各族和睦相处。从此，雷州风俗大变，地方富裕。陈文玉因此被尊为“雷祖”。雷祖庙内除供雷祖像外，还把雷公、电母、风伯、雨师以及雷车、雷鼓、电火等物，各以板图藏于庙内。每逢上元日，文武官员皆入庙致祭，名曰“开雷”。并备办酒席，宴享各官，俾官民同乐。宋朝宰相李纲被贬雷州时，曾游雷祖庙，并有诗云：“公余策马到英灵，幸有官员伴使星，人物熙熙风景盛，好将佳会入丹青。”

在民间信仰的偶像中，人上天变为神和神下地变成人的例子，不胜枚举，雷州因多雷而使人们酷信雷神之存在，亦在情理之中，然而中国人，特别是中国古代先民，多重实际而轻玄想，纯粹的观念神不多，雷神的产生和演变也体现了这一点。古籍上虽有“上帝”之称，但与西方的上帝有别。中国的上帝就是燎祭的对象，最初只是司雷雨之神，后才衍化为玉皇大帝。虽为天神，但仍是一个血肉之躯。雷州的雷神也是一样，陈文玉的形象本此而生。关于这一点，屈大均在《广东新语》中已有论述：“然厥初先民，皆由气化。虬卵吞于简狄，帝武感乎姜嫄。神圣之生，天必示之怪异。况雷于天地为长子。易曰：‘震，一索而得男。’神生于霹雳，为天地始阳所孕，理诚有之。况雷与龙同体。其从龙而伏也则在山，从龙而起也则在田。雷者龙之声也，电者龙之光也。龙本卵生。故雷亦卵生。卵不从天降而从地出，又所谓雷出地奋也。又雷与风牝牡也；雷风相薄，雷之精入于风之血，故卵生焉。卵得乾之初气，故为雷子，其生于雷州，则为雷州乃炎方尽地，瘴烟所结，阴水所燻，旧风薄之而不散，溟海荡之而不开，其气奔激，多鼓动而为雷。”（卷六“神语”）从现代科学的观点来分析，雷州半岛三面环海，南边与海南岛隔海相望，夏季在强烈的阳光照射下，陆地表面温度激增，而周围海域升温较慢，形成了海陆温差，很容易造成局部性的热力对流，产生雷雨云团；加上5月至8月气流偏南，水汽充沛，易受辐射产生雷雨，7月、9月又受热带低压和台风影响，雷雨大作，成为我国著名的雷区。

陈文玉的形象，正是这样的一个复合体。

三、祀雷风俗事象

古代雷州先民，家家户户祀雷神，称谓“雷首公”，其塑像为人身鸡喙，拿着斧和凿，形容可怕。在人们的观念中，认为“雷为万物之首”，故“雷出万物出，雷入万物入。入然除弊，出然其利”（《海康县续志》）。所以人们对雷神“畏敬甚谨慎，每具酒淆奠焉”，“或有疾即扫虚室，设酒食，鼓吹旛盖迎雷于数十里外，即归屠牛豕以祭”。若遇旱灾，还要到雷祖庙“乞雨”，请道士大作法事，抬着雷祖圣像游街，三跪九叩，悲戚十分，直至老天爷下雨为止。

在古代，每岁三月，太守至庙为雷司开印；八月，雷将闭藏，太守至庙为雷司封印。每年六月廿四为雷祖诞，雷州人必定要举办盛大的酬雷活动，以感谢雷神之恩德，俗称“雷州换鼓”。意即让雷公换上新鼓新车，以便更好地驱车擂鼓，行云作雨，除瘴灭灾。

平时，人们如有不测，如死人塌屋，或人畜意外遭到雷击之类，便以为当事者做了坏事，上天报应，指派雷公来惩罚他。为了求得雷公的宽恕，就要设雷坛，作“雷坛斋”，向雷公赔罪。要请当地的道士来作法事，当事人要带头“下火海”（俗称“踩火场”）。场面相当恐怖，法师带着当事人从熊熊炭火中走过，以此举来表示自己悔改的决心。

每逢大雷雨后，暴雨冲刷地面露出原始社会人类使用的生产工具如石斧、石磅、斧柄、凿柄等，人们以为是行雷的产物，称之为雷公斧、雷公墨、霹雳楔等，敬之为神物，传说小孩佩戴雷公楔可辟邪，孕妇磨服可催生，甚至打官司写讼状，以雷公墨书写亦多吉利。唐代广州司马刘恂《岭表录异》载："（雷州）每大雷雨后，多于野得墨石，谓之雷公墨，……凡讼者投牒，必以雷墨杂常墨书之为利，又以霹雳处或土木中得如斧者谓之霹雳楔，小儿佩带皆辟警邪，孕妇磨服为催生，药必验。"

这一雷文化的积淀，产生了强烈的辐射，使得雷州的山山水水，人物事象，都冠之以雷的威名。至今雷州仍有擎雷公、擎雷水、打雷沟；雷州才子陈乔森自号为"擎雷山人"；歌有"雷歌"，剧有"雷剧"，传说故事中还有许多关于雷和"斗雷"的传奇，青年农民陈鸾凤成了人们心目中的"斗雷英雄"；还有那雄伟的雷祖祠、牌坊、石柱、石砖、器皿等，都留下了雷的痕迹，或有雷公像，或有云雷纹、龙蛇纹等，使之具有鲜明的地方特色，成为研究雷州文化的宝贵材料。

四、对灵石以及皇权的崇拜

古人既认为龙雷一体，龙生于石，雷也生于石。所以雷州半岛的雷神崇拜，实际上是中华民族龙图腾崇拜的一种形式。对龙的崇拜自古以来就与封建皇权崇拜混为一体，因此，灵石崇拜也与皇权崇拜结下了不解之缘。

对灵石的崇拜和对雷神的崇拜，在我国各民族中都极为普遍。击石取火，结束了原始人类茹毛饮血的生活，又以石斧、石杵、石纺、石旋等工具，开辟了人类文明的"石器时代"，由此产生了石头崇拜的原始信仰。面对各种奇异的石头，古人产生了许多遐想，并赋予它们各种人文性的解释，使之具有灵性，把顽石变成了有生命的灵石，作为力量、幸运和永恒的象征，从此产生了许多神话和宗教的礼仪。古代先民还把石头视为社稷之神，农耕与司雨之神。传说禹及禹的儿子启，都是从石头中诞生的。久旱无雨，人们祭石祈雨；妇人无子，可乞石求子。灵石还可作护身符，石药可以治病，立石可以盟誓，泰山石敢当可以禁压不祥等，都是灵石崇拜的产物。

雷州人对灵石的崇拜，更是五体投地。他们认为："雷以石为胎，其起也破石而出；石迸散于人间，故为雷公石也。"① 在他们看来，石既为雷之母，又为雷之子，故为万物之首。半岛上几乎每条村庄，都有几块灵石，最多的是石狗，每逢有什么水火灾异、人间福祸都可在石狗身上反映出来，或眼睛出血，或汪汪直叫，唤起人们的注意。石狗成了雷州吉凶的晴雨表。还

---

① 清·屈大均. 广东新语［M］. 北京：中华书局. 1985：神语.

有石牛、石马、石猪、石虎、石龟、石蛤、石鹅、石蝙蝠等，即便是一块普通的石头，也会被人指为山神土地，烧香礼拜。

半岛东面有个硇洲岛，怪石林立，什么通天石、响锣石、石虎、宋皇石墙等，不但形容古怪，鬼斧神工，至今尚有一层神秘的色彩。因南宋端宗曾败退此岛，在岛上驾崩，幼帝赵昺在此登基，因而把硇洲岛升格为翔龙县，并于此诏令天下，重整朝纲，护宋抗元。他们在岛上构筑皇城，拟将广州湾（现湛江市霞山一带）至津前大海填平，造田万顷，供20万军马屯垦；并将东海岛与硇洲岛连成一片，再图兴邦。可是岛上白沙茫茫，没有一块石头，更无木料砖瓦，筑城谈何容易。此事感动了上苍，玉皇大帝传令各路神仙，各显神通，协助宋皇建城。大力神操着赶山鞭，把巨石化为禽兽，赶将起来，从四面八方奔向硇洲；海神翻沙逐浪，涌向硇洲；山神赶着木料、砖瓦从东边汇集过来。霎时间三山五岭都动了起来。电闪雷鸣，黄尘滚滚，惊醒了正在酣梦中的土地神。他心想自己也算一方神圣，虽然地位低微，但在他领地上大兴土木，居然不向他通报一声，心里愤愤不平。于是他跑到海边的高岗上假装鸣啼，众神仙闻声以为天亮了，急忙放下手中的活路，隐遁而去，留下了一堆堆乱石、砖瓦、木料和泥沙，至今仍在岛上。东面的宋皇墙，才垒了一半，现在还屹立在海边；东海岛的飞龙滩至硇洲南角的淡水沙滩，都是海神推来的；海滩上还留下了许多砖瓦碎片，晏村的水田里还有许多腐烂的木头，传说都是那时留下的。还有遍布岛上的巨石：通天石、蝙蝠石、石虎、石鹅、石蟾蜍等。土地神的倒行逆施，激起了全岛百姓的公愤，他们把土地庙统统铲平，把土地公扔到大海里。这一事象，反映了人们对独霸一方、恃势欺人、敲诈勒索的现实社会地方官僚的憎恶。他们巧借对皇权的忠亲，来鞭挞和惩处对皇室不恭的地方恶势，同时发出了一个无神论的宣言：硇洲人不信土地神，大地照样生长五谷，村寨照样得保平安！

硇洲岛的灵石崇拜，最著名的要数宋皇墙和通天石。宋皇墙实际是一道天然的石头屏障，类似城墙，因岛上曾有宋皇筑城之举而附会；通天石又称天梯，传说古时仙人常从这里下凡游览，凡间有何冤屈也可由此上天告状。有一年天大旱，岛民由此上天请求玉皇大帝降雨，玉皇大帝认为此等小事不该烦扰他，命令雷公把天梯劈断，禁止凡人上天。被劈断的天梯一截飞落薄荷东海，一截落到潭井海滩，后来每逢久旱无雨，人们便去拜那截石头，并敲响邻近的一面石锣，乞求天公降雨。每逢台风来临之前，那截掉落薄荷海中的巨石也会发出响声，给人们报信。经常是东海响，西海应，满岛尽闻其声，至今依然。另外还有张世杰的拴马石、宴贼洞、宋皇碑、圣旨匾、宫保坊、石砖街等许多石迹遗址。过去文武百官经过宫保坊、圣旨匾前，都要下马落轿的。封建统治者利用人们崇拜灵石的心理，巧妙地把它与神灵崇拜、皇权崇拜渗结在一起。本来区区一个儿皇帝，亡国之君，败军之将，何足挂齿？然而他却借助诸灵石之永恒而流芳千古，可见这传统思想势力之大，影响之深远。

这些灵石之所以被当作崇拜的对象，除了灵石本身具有一定的神秘性之外，其主要的心理依托，来源于古人的石头信仰，特别是农业社会中的石头农耕礼仪，如石头咒术、石头感生、美玉护身、灵石镇邪、砭石为药、立石为信、金石永恒等。后与祖宗神灵崇拜和封建皇权崇拜相结合，形成了一种传统内核文化与沿海文化兼容的心理。

综上所述，雷州半岛的雷神崇拜、灵石崇拜乃如出一辙，雷者龙也、灵也、王也、帝也、石也、火也。雷神就是龙神，龙的真相就是雷。龙的观念的产生，不过是从“雷电——雨”的自然取向到“龙（神）——雨”的神性关系取向的一个飞跃。“灵”（靈）是雷崇拜的演示。靈字本身就反映了祭祀雷神时众口祈祷的求雨的巫术仪式。雷、龙与龙、帝实为一体。《史记·天宫书》注云：“轩辕，黄龙之体……主雷雨之神。”《山海经·海内经》载：“黄帝妻雷祖。”此中的轩辕即黄帝，在天为司雷，在地为人神，与“王”的字形象一样，是“最高的奴隶主”①，引申为权利的象征，对雷神和灵石的崇拜，发展为对封建皇权的崇拜，亦顺乎义理，所以今天虽然科学昌明，半岛上一些敬雷崇雷的民俗事象至今犹存，但人们已经把它世俗化，敬雷祖多于祀雷神，在他们的心目中，雷祖就是雷神，就是为人民做了许多好事的雷州刺史陈文玉。硇洲岛上的许多圣迹，几经沧桑，仍为人们所津津乐道。岛上有个宋皇村，这个名字人们至今不肯改移。这些事象，说明雷州先民，既与华夏民族同源，又力图保留雷州土著的特色，这就是一方红土文化的根基。

第五节　术数：民间神秘游戏探秘

民间的神秘游戏，各地都有，然“粤人俗鬼”、“岭表占卜甚多”，所以这类游戏更为普遍，如扶箕、拆字、请菜篮神、伏仙姑、迷童子、降八仙、

① 徐中舒．土王皇三字之探原．

去阴阳街之类，各地城乡流传甚广，人们以此占卜凶吉，预示人生福祸，会晤先人，问询仕途、爱情、健康、子女运程、酬唱联语、习武取乐等。从原始信仰、迷信逐渐变成为一种民间娱乐。妇女和孩童每每于春节、元宵节、中秋节期间，相约为之，只知其然，不知其所以然，带有相当浓重的神秘色彩，即使今天用科学的观点来审视之，其中仍有一些不解之谜，现分别述评如下。

一、扶箕——幽灵信仰与感应

扶箕，古作“扶乩”，俗称“簸箕仙”。是一种古老的占卜术数，世界各地都有流行，国外称之为“箕占”或“饰占”（caseinsmancy），近代呼为“碟仙”。我国的扶箕活动，早在宋人洪迈的《夷坚志》中已有载：“但以箕插笔，使两人扶之，或书字于沙中，不过如是。”即把粪箕、簸箕或竹筛之类，倒扣于沙土或面粉之上，其下插上一支笔或筷子，作术的人据说还多有应验的。所问不外乎功名、前程、生死、恋情、酬唱等，箕仙还可与人谈道论教，示人医药及技艺。箕仙多为紫姑神，亦有其他神灵如何仙姑、巫山神女或一些精怪。也有关公、岳飞、史可法等人神，但绝大多数为厕神紫姑，所以扶乩又称为“请紫姑”。过去请紫姑多是在元宵节夜间进行的，因为紫姑是在正月十五夜被害于厕中，“天帝悯之，命为厕神。故世人作其形，夜于厕间迎，以占众事，俗称三姑”①。据许地山先生考证，汉魏时代的狐仙多自称为“阿紫”，紫姑可能就是这些狐仙，故能卜知休咎。南宋以来，随着科举制度的兴盛，扶乩还被用来问测试题，酬唱猜谜等。大诗人陆游亦曾与家人玩扶乩游戏，并写下了《箕卜》一诗；江西名士吴曾亦常扶乩请紫姑，问仕途，并为他人卜凶吉。典籍和野史中关于扶乩应验的事例甚多，后来又被道教徒借书法加以利用，并与“关亡”术相结合（“关亡”即召死灵以解答问题的一种巫术），故以一直流传至近代，乃至十多年前台湾及粤北一些地方还有流传，一些江湖术士聚众演示，刮起了一阵“扶箕风”，直到公安部门明令取缔，方才平息，但民间不时仍有人信以为真，或作为一种民俗游戏玩耍。

这一事象，早已引起方家学者的注意。南朝刘敬权的《异苑》，梁宗懔的《荆楚岁时记》、北宋徐铉的《稽神录》，明·刘侗、于奕正的《帝京景物略》等都有记及。半个多世纪前，著名学者许地山先生还发表过一本专

---

① 俞正燮. 癸巳存稿. 卷十三.

著《扶箕迷信底研究》，可是此书流传不广，鲜为人知。许先生当时就已指出，扶箕现象“除去一部分是职业的行为以外，其余多半可以用心理学和心灵学的原理来解释它们，自然地，信箕是因降箕的有前知的本领，而这本领是属于鬼灵或神灵的，幽灵会回到人间示人以当来的事情与命运”，所以活人随时可以跟他们沟通，“扶箕便是人鬼交通底一个方法”。至于是否有鬼灵或神灵存在，许先生认为是没有的。他指出，“鬼灵底存在多半由于推理错误或视察不周密”而产生，即幻听幻觉所造成的。并指出“箕动与感应”有关，“感应现象也有它的生理原因”，除了光波、音波可引起生理的感应之外，电波、以太波（微波）也可作为媒介，扶箕者是受到发动者通过这些媒介所操纵的。这一分析相当精明独到，比一般认为主持与参与者有默契更加令人信服，因为有些参与者与主持者是素不相识的，任何一个观众都可以作为参与者，甚至考察这一事象的研究者，都可以亲身体验一下。

科学发展到今天，人们于视、听、嗅、味、触觉之外，发现了第六感观的存在，凭借以上感观的经验，可以生成所谓的“综合图像”，自幼全盲、全聋的人，仍可感知他周围的客观世界，一个生下来就失去视觉、听觉的孩子，也绝不会说太阳是方的。盲人能作画、摄影，并有很高的造诣。科学还证明，人们可以通过光、声、磁、气、微波、生物电等控制或影响其他物体的现象，现实中已有遥感、遥控等技术得到了应用，扶乩就是这些术数的综合运用。这其中有三个环节是很重要的：一是扶箕人的技巧，熟练、默契、敏锐地领悟主持人发出的信息，并不露痕迹地表达出来；二是主持人对求卜者的判断，低能的江湖术士多察言观色，进行心理推算；高明术师则可通过相学、心理调控、预测等全面把握对方；三是主持人的应变能力，因为任何事物除了一般规律之外，都有特殊规律，所以再高明的术师也有误断之时。聪明的现代扶箕者多是写一两个可供主持人发挥的字，即使如此，有时亦有会错意的，主持需有丰富的知识，旁征博引，左右逢源，方能应变自如。加上一些术士装神弄鬼，兼夹巫术、魔术、幻术的一些伎俩，掩人耳目，所以至今还有一定的市场。作为一种民俗游戏，扶箕反映了一定的社会现实，特别是后来文人用以酬唱的诗文多少有点文化价值，这与江湖术士所搞的封建迷信活动是有区别的。

二、拆字——艺术与命运的游戏

拆字，又叫测字、相字，它利用汉字特有的结构，根据偏旁部首的组合，运用分、合、增、减的手法，以及字形相似、相近，语音相同、相谐和一字多义、一字多音等特点，寻求语言符号同语义之间的联系，进而附会人事，占卜人生福祸的方术。如宋朝有名的拆字大师谢石，宋徽宗曾亲书一个“朝”字，令宦官持见卜问。谢石审视良久，断定此字非来人所写。因“朝”字离之是十月十日，不是此月此日所生之人，有谁写这个字呢？依此断定为当朝皇帝宋徽宗亲笔御书。后被徽宗召入宫中，封为补承信郎。朝中有一官员，其妻怀孕13个月未产，遂令其妻写了一个“也”字去请谢石拆卜。谢石见字道：“焉哉乎也，皆为语助词，这是你内助所写的吧？”官员答是。谢石又说：“也字上为三十，下为一字，夫人盛年三十一岁吧?!”所言正是，举座皆惊。谢石又道：“官人让拆此字，是欲有所动而不能也。也字着水则为池，有马则为驰，今池运则无水，陆驰则无马，所以动弹不得；再者，也字着人是他，着土为地，现不见有人，也不见有土，你内人的父母兄弟已无存者，家资亦荡尽。”言之确凿。最后说到怀孕十三个月未产之事，谢石说：“也字加虫为虵（古蛇字），夫人所怀是一怪胎。”后果然产下一条大蛇。

普普通通一个“也”字，谢石居然能拆出那么多名堂来，且有几分灵验，难怪皇帝也佩服他。拆字术亦因此盛极一时，一些术士为了取信于人，皆托名为谢石的门生，较著名的有朱安国、周生等。传说宋高宗南渡之时，车驾至杭州，有人随便写了一个“杭”字，让周生占吉凶。周生拆为“兀术”二字，暗示金兀术将统兵南侵，果然应验。绍兴初年，宰相赵鼎与秦桧不和，各欲引退，皆密书一个“退”字，向周生求占。周生看了二人写的字道：“赵必去，秦必留。日者象君，赵鼎写的退字，人离日甚远；秦桧写的退字，人字密附日下，且日字左笔下连，而人字左笔斜贯之，二字兆象明显，去留已定。”原来他是把“退”中的“艮”字解为“日”字和“人”字，以日为君，以人为臣，然后根据二人的行笔走势，判断亲疏，亦有一定道理。现代科学证明，人的字迹与各人的性格、心理、处境都有密切的关系，还可运用电脑对字迹作科学分析，断决案情。但如上述谢石、周生这样凭字迹来推知人生福祸，恐怕还要借助于其他术数的帮助。

目前民间亦有敢于在街头设摊拆字的，香港电视台上还有专门的拆字节目，在群众中还颇有影响。笔者曾见一女青年写一“美”字求占，术士说美字从羊从大，皆属土，时为癸酉鸡年，属水，水土相克，所以断定那位女青年要到甲戌年才能找到如意郎君，求占者亦点头称是。还有一中年男士，写了一个“親”字求占，把“亲”上的“立”写成“立”，术士问明求占者系冬天出生，属水，当时做木工，当年为金旺水相之年，他把“立”上的一点写成了“7”字，说他“7 水入中宫，立木全见，7 月至 9 月必交好运。”所释虽不如大师们那么自然流畅，所言多为日后之事，并无人去追踪验证，但所运用的手法，都是在汉字的分解组合上做文章，加上一些阴阳五行的道理。概括起来，术士们的手法不外有三：一是分合增减法，如以“黄头小人”为恭，以“货泉”为白水真人，以“土上一划”为王等；二是从所拆之字生发开去，寻找字形相似或相近的加以附会，如“一”字，既可作“生之尽”，亦可作“死之初”，问卜者若属牛，“牛”字下面加“一”，便可作生发解释了。一次有一学子写了一个“串”字向周生卜问功名，周生说他可以连中二元，因为串字就是两个连体的“中”字。后来另一学子又以此字问卜，周生却叫他“谨防患疾”。为什么？因为前者无意，后者有心。不愧为附会的高手。三是从运笔走势上大做文章。这本无可非议，行笔确能反映书家的性格和心境，故有“字如其人”之说。但拆字术士运用其他信息的辅助，对此加以夸大。如曾有人写了一个“申”字向谢石问卜，谢石见字中有“飞白”（燥笔），说其人“丹田既燥，其人必死”。因为丹田是人体中凝真气之处，“申”字中间是“田”字，“田”中有燥笔表示丹田枯竭。这是没有科学根据的，谢石或许是以相学和医道的手段加以判断的。这种现象，古人早已注意到，一些术士也直认不讳。《夷坚志补》曾记载了这样一个故事：南宋淳熙末年，福建有个穷秀才曹仁杰，因贫穷不能自给，遂设肆卖卜，为人拆字，而且多有应验，因此而发家致富者持钱来馈，称赞他的拆术神通，他笑曰“我本不能卜筮，而粗晓相法”，不过是根据来人的身份，言行表情，随机应变而已。这是实话。一般来说多数拆字术士都懂得星相学、堪舆学、命理学，拆字只是一种技巧，一种游戏，成为他们相命的一种工具。

三、迷童子与降八仙——催眠与预测的结合

迷童子，又称迷牛、迷魂、关亡、瞽目戏，流行于南海、东莞、佛山以及现海南省琼山县一带。一般是在中秋节前后月明星稀的晚上进行。游戏开始时，先敲锣打鼓聚集乡里儿童，清洗场地，然后令一男童立于月下场中，低头闭目，排除杂念，一心进入角色。有的地方由一成年人焚香诵咒，有的由周围的儿童围成圆圈，各引一只蜻蜓，绕着场中的儿童团团转圈，一边诵咒。咒语各地稍有差异，择一如下：“迷童子，迷魂阵，请你师傅下凡耍一阵，大哥看牛烧香多，人为你，你为人；罗罗转，转头晕，担杆鬼，担杆神，请你师傅下凡耍一阵。”如此循环往复，直至场中的男童痴迷倒下，在

地上打滚，起来后就有如神灵附身。在旁的人问他："师傅尊姓大名？"答曰："良灯罗守仁。"（罗为南海良灯乡著名拳师，当时已故）并从场中摆着的刀、叉、棍、棒各种兵器中选取一件，耍舞起来，有套有路，围观者还可递给他其他兵器，令他耍舞，确有几分当日罗守仁的招式。着迷者不一定有功夫底，即使完全不懂拳术者也可玩上几招，令众人赏心悦目，开怀大笑。玩毕，由发动者含一口冷水（俗称"符水"，有的用柚子叶浸泡过）喷洒着迷者，瞬即醒来，惘然不知刚才所发生的一切，更引得观众哈哈大笑。

琼山一带的瞽目戏则是有人执导的，其人必须懂得咒语，边诵边引，引得着迷的男童如痴如醉，令他学狗叫，他就学狗叫；令他学青蛙跳，他就趴在地上学青蛙跳；引他跳到垃圾堆里，他也全然不顾。在这过程中，必须不断地念诵咒语，诵声一停，男童便张目而醒，游戏便宣告结束。若再玩一场，需另换一人，但有的人天生是不能着迷的（俗谓"命硬"），也有的人很容易着迷，因而成了玩耍这种游戏的"专业户"，这种人一般是智商较低或耳朵有点聋的。这为我们解开这种游戏之谜提供了一条线索。

与南海迷童子相似的，东莞一带还有一种"降八仙"，也是中秋节前后玩的一种神秘游戏。游戏前以圣水清洒场地，中间放个香炉，供上茶酒果品，然后命一青年男子卧于地上，由一执导者诵"降仙文"："请请请，请一心，奉请归王里。请出龙王来护持，护持三太子；太子李将军，思二姐，李三娘，花和尚；红眼睛，黑眼睛，猪八戒，马骝精，唐三藏，取西经……第一位，汉中离，昆仑山上念阿弥；第二位，铁拐李，手执火葫芦；蓝采和，韩湘子，果老洞宾同象棋；何仙姑，手执莲枝尾；国舅含烟喷水微……"如是念上三遍，卧于地上的人就睡着了。围观者这时就可以和他对话："师傅，你是文仙抑或武仙？"若他回答是文仙，便取笔（一根桃木棍）、纸（沙盘）给他，他便在上边写字，有诗有文，即使是平常不读诗书的人，也可写出几句像样的诗文来，颇似前边讲的扶箕仙。他若回答是武仙，即可取刀、叉、棍、棒交给他，他就当场耍舞，与他所自报的拳师的招式完全一样，俨然一个入室弟子。一直舞到他筋疲力尽，执导者才用一口"符水"把他喷醒。然后再由有兴趣的人去扮演这一角色，直到兴尽夜深，方才散去，次日晚上又再来，往往一连几个晚上，非常之热闹。

广州的"迷牛"，程序与之大致相仿，咒语略有变异："请请请，请到师傅多喜欢，师傅年年走到来，莫俾四边游四海。铁打江山多点将，石头磨粉化成灰。"据说这些咒语还是义和团传下来的。

综观此类游戏，核心都有一人着迷，或文仙、武仙下凡附身，或变成蛤魈鬼、担杆鬼等鬼神；有的由一人执导，有的则是集体运作，其间并无默契，故有些人着迷，有些人不着迷，这与各人对外界信息接受的敏感度有关。这是一种运用巫术交感传导所作的催眠术，喃喃的咒语正是催眠曲。香烟缭绕，圣水喷洒营造了一个超静觉的环境氛围，并利用众人的意念，筑造了一个气场，在神秘莫测的星空之下，浮想联翩，传递给着意入迷者，一拍即合，很容易便进入了若即若离的状态。成为诱发他模拟各种动作的起因。这类游戏的成功与否，与执导者和着迷者密切相关。民间各地都有群众公认的执导这类游戏的“把式”，凡做这类游戏就要公推他来主持；也有专门演示着迷者的“傻瓜”。笔者曾亲眼见过一些着迷者进入角色后唤不醒的情形，需要执导者用香火灼炙才醒来的。亦有灼炙不醒者，以致成讼，原来是执导者的一个仇人故意捉弄他，后者当是更加高明的交感巫术师。

四、伏仙姑与降女仙——天人感应术

伏仙姑，又叫落三姑、请篮姑、请菜篮神，与东莞一带流行的降女仙同属一类，是一种贯通阴阳两界的神秘游戏，前者流行于潮汕、梅县一带，后者流行于珠江三角洲。

三姑为民间传说中一位阴阳二界的外游者，可请她降落阳间某一“同身”，让阳间的人魂游阴曹地府，会见死去的亲人。过去，普宁、潮州一带的妇女们，多于中秋节期间（八月初八至九月初九期间）进行这一活动。她们邀集同伴到某一家去，烧香念咒，请三姑降落某人身上，让某人到阴间去会见亲人。某人到阴间的所见所闻，确凿如真。旁人亦可通过她，了解自己死去的亲人的情况。

类似的游戏，梅县一带叫“伏仙姑”。妇女们于中秋之夜，聚集一处，推举一人为“仙姑”，令其伏于桌上。周围的人烧香礼拜，向月神敬酒献茶，片刻“仙姑”落身，伏者口中念念有词，作出各种古怪的动作，并假托为某人死去的亲属，和周围的人对话。直至旁观者用冷水喷之，疾呼其名，方才醒来。她对刚才发生的事情，全然不知，连做梦的迹象也未留下。

这种情形，和东莞一带流行的“降女仙”相似，也是专供妇女玩的。游戏开始时令一女子瞑目伏案，执导者在她头上插一炷香，诵“请神诀”：“焚香一拜请．焚香二拜请，焚香三拜请，请到刘家姬小姐，又请来家八位神。请到观音神下降，又请斗姥娘娘带契妹身。契妹身中心自爱，心心悬念上天台；又请玉皇大帝女，游天七姐众位仙娘。”然后又唱“迷魂歌”：“尚有几多诸姐妹，清闲无事把言开。讲到其详他此事，同往阴阳览一回。古云

连姐初三岁，衷情兄长请渠到浮台。一生所作人间爱，只用焚香纳宝财。桌上轻排一碗水，菓酒杯浮理所该。银烛高烧香吐蕊，丙丁一树照粧台。一碗水，白茫茫，纸钱烧化定阴阳。人话阴阳真好景，烦娇携带料阴阳。”一边诵，一边烧纸钱，直至伏案者昏昏入睡。此时即有仙女降身，引导伏案者的灵魂漫游天台地府。若她双亲健在，便给你描述天堂胜景；若她双亲已故，在地狱中非常痛苦，便放声大哭，言其阴司惨状，其细微处与生前状况吻合，令人不能不信。

此外，梅县、兴宁一带妇女玩的“请菜篮神”，广州叫“请篮姑”，潮州叫“篮饭姑”，玩法大同小异。游戏时妇女们取一竹篮、竹箕之类，用衣裙把它围住，找个静僻之处，由两名妇女扶持，其余的人烧香礼拜，唱“请篮姑歌”：“菜篮姐，菜篮姑，八月十五请你嬲一晡（嬲，尽情玩乐，晡，晚上），你爱来来只管来，莫去河唇口玩绿苔，灯心架桥你爱过，竹叶做船你爱坐。”反复念几遍后，菜篮就开始抖动了，篮姑来了，围观者便开始问占。如问她：“阿姑知我盒里装有几个月饼”、“阿姑知我几多岁”等，所问多为数目字，篮姑即以摇动次数作答，而这些数目大都是扶箕者所不知道的。这实际是前边所讲的扶乩的最简单的形式，机理如上所叙，此不絮烦。

值得注意的是所谓神仙落身附体的事。这里有两种情况。一是巫师（或执导者）自己表演附体的种种情况，作为某神仙的化身或代言人，佯装作态，察言观色，亦有言中几分的，较高明的巫师则兼有星相、医术、遥感、预测等本领，附体的神仙或灵魂实际是以上技术的综合体现。笔者曾有一位邻居，平时对巫术有点爱好，常与巫师为友，一年半载总要去找灵媒降体的巫师“问神”。有一天，她也突然“巫性”大发，跳神弄鬼，全家人为她整整忙了一天，还招来不少善男信女，来问她这位突然驾到的尊神。她居然也像职业巫婆一样，回答得头头是道，令人惊叹不已。事后她竟全然不知其所为。这突发的“巫性”与她平日潜意识的积聚有关。她终日“问神”，自然想进入一种境界，只是客观环境未能促发她的这一灵感，或者说沟通这一灵感的机体上的开关尚未启动，所以不能如愿。一旦条件成熟，便可一触即发。

以上几种游戏的核心是把参与者引入梦境，或是半迷半醒的状态，这时执导者的行为可诱发他的许多功能：如在他面前划一根火柴，他会梦见大火，在他身上滴一滴水，他会梦见下雨或蹚水过河，给他闻一闻香水的幽香，他会做性爱的梦。这些都是经过科学家试验证明了的。在这种情况下，若递给他刀、叉、棍、棒，他便会武打。但平常不懂武术的人，为什么会打得有套有路呢？这与梦能激发灵感有关。科学家认为，在梦境中，人脑细胞可以自由奔放地活动，对曾经接受过而储存的信息进行加工，充分发挥潜意识的作用，创造出新的信息和技能来。70%的数学家承认，梦帮助他们解决了不少难题，德国大数学家高斯苦苦思索了两年之久的一条定理，突然“像闪电一样，谜一下解开了”；物理学家开普勒就是在一次“白日做梦”中发现粒子的规律的。他事后回忆说：“我看到能量像飞瀑一般从太空倾注而下，粒子以有韵律的波动而生生灭灭。我看到元素的原子和肉体的原子参加了这一场宇宙的舞蹈。”举世闻名的大画家凡·高也说：“我是在幻梦中想出那些图画的。”英国作家史蒂文森的名著《杰凯尔博士和海德先生奇案》就是根据一场噩梦写成的。这样的事例不胜枚举。梦是一种朦胧状态下的灵感思维，是潜意识活动的结果，它可以综合人的视觉、触觉、听觉和意觉图像，激起人们心里希望看到奇迹的憧憬之情，在咒诀、火光、符水的诱导下，产生一种生理、心理和意识的双向节律效应，这就是所谓的巫术“力”。这种巫术力之所以神秘，在于它大大超越了文化迫力的规范，它能使一个完全不懂英语的非洲女孩，在一场大病之后忘记本民族的语言；使一字不识的藏胞，在一场劫难之后成为民族的“仲垦”（唱师），能演唱长篇史诗《格萨尔王传》。此非“神授”，而是灵感与梦幻思维交织冲开机体某“键盘”所产生的悟性。这与佛门禅里所谓的“悟”是一样的，这悟就是“般若”（智慧）的终极，是偶然的机遇所得到的，即所谓“顿悟”，并非修炼的结果（“渐悟”）。慧能的伟大也在于此。他认为人人皆有佛性，我就是佛，我心即佛。关键在悟，悟道一通，放下屠刀，立地成佛。这就是“顿悟”。

由于科学发展的无止境，自然界至今尚有许多不解之谜，一些江湖术士正是利用这个空子，使尽各种手法来欺骗愚昧的群众。我们破除迷信，光靠行政命令不行，要从根本上提高群众的文化水平，帮助他们分析术数的伎俩，识破术士的手法。破除迷信和发展科学一样，任重道远呀！

参考书目

（按本书篇章所用排列）

1. 胡朴安. 中华全国风俗志：上下编［M］. 石家庄：河北人民出版社，1988.

2. 广东省民族研究所. 广东少数民族［M］. 广州：广东人民出版社，1982.

3. 杨伟群. 南越五主传及其他七种［M］. 广州：广东人民出版社，1982.

4.（英）弗雷泽. 金枝［M］. 北京：中国民间文艺出版社，1987.

5.（英）马林诺夫斯基. 文化论［M］. 北京：中国民间文艺出版社，1987.

6. 李宗桂. 中国文化概论［M］. 广州：中山大学出版社，1988.

7. 程蔷. 论洋人盗宝传说［M］// 钟敬文. 民间文艺学探索. 北京：北京师范大学出版社，1987.

8. 程蔷. 论唐代西域胡人识宝传说［M］// 钟敬文. 民间文艺学探索. 北京：北京师范大学出版社，1987.

9. 程蔷. 识宝传说在唐代以后的发展演变［M］// 钟敬文. 民间文艺学探索. 北京：北京师范大学出版社，1987.

10. 中国民间文艺研究会上海分会. 民间文艺集刊：第三集［M］. 上海：上海文艺出版社，1983.

11. 中国民间文艺研究会上海分会. 民间文艺集刊：第五集［M］. 上海：上海文艺出版社，1985.

12. 广州市社会科学研究所社会问题研究室. 广州的文化风格［M］. 广州：广州文化出版社，1988.

13. 清·檀萃. 楚庭稗珠录［M］. 广州：广东人民出版社，1982.

14. 清·屈大均. 广东新语：上下册［M］. 北京：中华书局，1985.

15. 清·范端昂. 粤中见闻［M］. 广州：广东高等教育出版社，1986.

16. 六祖坛经［G］. 新兴佛教协会据曹溪原本刻印。

17. 方广锠，等．佛经中的民间故事［M］．北京：中国社会科学出版社，1989.

18. 王忠欣，等．世界宗教史略［M］．北京：人民邮电出版社，1989.

19. 邱钧．肇庆民间故事选［M］．广州：广东人民出版社，1989.

20. 钟敬文．刘三姐传说试论［M］// 钟敬文．新的驿程．北京：中国民间文艺出版社，1987.

21. 岑元沨．阳春山水［M］．广州：广东高等教育出版社，1991.

22. 梅县地区文化馆．粤东客家山歌［G］．1981 年内部印行.

23. 清·李调元．粤东笔记［M］．上海：上海会文堂新记书局，1928.

24. 广东省群众艺术馆．民族民间艺术研究：第一集［G］．1983 年内部印行.

25. 广东省群众艺术馆．民族民间艺术研究：第二集［M］．广州：广东人民出版社，1986.

26. 王乃剑，等．广州人：昨天与今天［M］．广州：广州文化出版社，1987.

27. 李桢苏．名城广州常识［M］．广州：中山大学出版社，1990.

28. 李秀松，等．食经：1～5 辑［M］．广州：广东科技出版社，1985—1990.

29. 邓端本，等．岭南掌故［M］．广州：广东旅游出版社，1990.

30. 李振澜，等．外国风俗事典［M］．成都：四川辞书出版社，1989.

31. 叶大兵．中国风俗辞典［M］．上海：上海辞书出版社，1990.

32. 唐祈．中华民族风俗辞典［M］．南昌：江西教育出版社，1988.

33. 丘桓兴．中国民俗采英录［M］．长沙：湖南文艺出版社，1987.

34. 陈夏生．中华文明五千年·服饰篇［M］．台北：东方书局。1986.

35. 韩世华．仪表美［M］．海口：海南人民出版社，1987.

36. 潘先椤，等．陵水黎族风土见闻录［G］．陵水政协，1989 年内部印行.

37. 王国全．黎族风情［G］．广东省民族研究所，1985 年内部印行.

38. 秦牧．花城［M］．北京：作家出版社，1961.

39. 孔一令．咏花古诗千首［M］．北京：北京出版社，1990.

40. 梁中民．花埭百花诗笺注［M］．广州：广东高等教育出版社，1989.

41. 陈乃刚．岭南文化［M］．上海：同济大学出版社，1990.

42. 陆国松，等. 广东特产风味指南［M］. 广州：花城出版社，1983.
43. 广东民间欢乐节艺术节组委会. 历届欢乐节资料［G］. 内部印行。
44. 广东省文史馆. 广东文史资料：第12集［G］. 1964。
45. 冯俊科. 中外婚俗奇观［M］. 北京：北京职工教育出版社，1988.
46. 欧阳若修. 中国婚俗集锦［M］. 桂林：漓江出版社，1986.
47（保加利亚）瓦西列夫. 爱情面面观［M］. 广州：新世纪出版社，1988.
48.（芬兰）韦斯特马克. 人类婚姻史［M］. 上海：上海文艺出版社，1988.
49. 文蔚. 细说中国拜拜［M］. 台北：联亚出版社，1981.
50. 蓟午子. 漫话神鬼世界［M］. 哈尔滨：北方文艺出版社，1990.
51. 民俗周刊，1929. 第41、42合刊.
52. 蔡泽民. 潮州风情录［M］. 北京：中国民间文艺出版社，1988.
53. 程曼超. 诸神由来［M］. 郑州：河南人民出版社，1987.
54. 唐·刘恂. 岭表录异［M］. 广州：广东人民出版社，1983.
55. 马书田. 华夏诸神［M］. 北京：北京燕山出版社，1990.
56. 李乔. 中国行业神崇拜［M］. 北京：中国华侨出版公司，1990.
57. 张亮采. 中国风俗史：影印本［M］. 上海：上海文艺出版社，1982.
58. 杜而未. 中国的神话与传说·石头的古代信仰与神话传说［M］. 台北：时报出版公司. 1972.
59. 张紫晨. 中国民俗与民俗学［M］. 杭州：浙江人民出版社，1985.
60. 张紫晨. 民俗调查与研究［M］. 石家庄：河北人民出版社，1988.
61.（美）马文·哈里斯著. 文化人类学［M］. 北京：东方出版社，1988.
62. 王文宝. 中国民俗学论文选［M］. 北京：中国民间文艺出版社，1986.
63. 中国民间传说论文选［M］. 北京：中国民间文艺出版社，1986.
64. 黄新美. 珠江口水上居民（蛋家）的研究［M］. 广州：中山大学出版社，1990.
65. 朱俊明. 百越史研究［M］. 贵阳：贵州人民出版社，1988.

后　记

此书是在《岭南民间文化》的基础上，应一些高校教学的需要略为修改而成的。

原书自2000年出版以来，已第7次印行，用书单位反映，内容涵盖面稍嫌窄些，且偏重于广府，现拓展为“民俗文化”，加大了客家、潮汕的篇幅，按照民俗学的分类：有形文化、口承艺术和心意现象，分别展示其章节细目，择其最能体现岭南民俗文化特色者，重点分析，以图窥一斑而观全豹，兼收概述的效果，作为基础教材，比全面系统的泛泛而论给人的印象会深刻些。

当前，全国各地都在建设文化强省、强市，民俗文化作为文化软实力的重要方面，受到各级领导的高度重视，对这些文化现象作进一步的梳理，使之引领经济，给力经济建设，很有裨益。特别岭南民俗，独树一帜，开放包容，嬗变务实，应当很好弘扬，开发利用，为建设文化强省、幸福广东多作贡献。

叶春生

2011年5月6日